Vencer el estrés con mindfulness

Autoayuda

Últimos títulos publicados

J. James, *El arte de confiar en ti mismo. Trucos y técnicas que te ayudarán a liberar todo tu potencial*
J. E. Young y J. S. Klosko, *Reinventa tu vida. Cómo superar las actitudes negativas y sentirse bien de nuevo*
F. Gázquez Rodríguez, *Mindfulness. El despertar a la vida. Cinco pasos para vivir el presente*
T. Baró, *La gran guía del lenguaje no verbal. Cómo aplicarlo en nuestras relaciones para lograr el éxito y la felicidad*
J. Bustamante Bellmunt, *¿En qué piensan los hombres? Todo lo que has de saber sobre el deseo y la sexualidad masculinos*
D. O'Brien, *Cómo aprobar los exámenes*
G. G. Jampolsky y D. V. Cirincione, *Amar es la respuesta. Cómo establecer relaciones positivas*
A. Ellis, *Cómo controlar la ansiedad antes de que le controle a usted*
J. Gottman y N. Silver, *¿Qué hace que el amor perdure? Cómo crear confianza y evitar la traición en la pareja*
M. Williams y D. Penman, *Mindfulness. Guía práctica para encontrar la paz en un mundo frenético*
R. Amills, *¡Me gusta el sexo! Las claves para la felicidad sexual*
A. Rosa, *Hablar bien en público es posible, si sabes cómo. Impacta, enamora y marca la diferencia con tu oratoria*
T. Baró, *Guía ilustrada de insultos. Gestos ofensivos de varias culturas*
A. Ellis y R. C. Tafrate, *Controle su ira antes de que ella le controle a usted. Cómo dominar las emociones destructivas*
M. Haddou, *¡Basta de agobios! Date un respiro y aprende a vivir mejor*
S. Budiansky, *La verdad sobre los perros. Todo lo que necesitas saber sobre tu mejor amigo*
R. Santandreu, *El arte de no amargarse la vida*
G. Nardone, *Psicotrampas. Identifica las trampas psicológicas que te amargan la vida y encuentra las psicosoluciones para vivir mejor*
G. Winch, *Primeros auxilios emocionales. Consejos prácticos para tratar el fracaso, el rechazo, la culpa y otros problemas psicológicos cotidianos*
A. Payàs, *El mensaje de las lágrimas. Una guía para superar la pérdida de un ser querido*
N. Mirás Fole, *El mejor peor momento de mi vida o cómo no rendirse ante una mala jugada del destino*
J. Teasdale, M. Williams y Z. Segal, *El camino del mindfulness. Un plan de 8 semanas para liberarse de la depresión y el estrés emocional*
T. Baró, *Manual de la comunicación personal de éxito. Saber ser, saber actuar, saber comunicarse*
P. Sordo, *Bienvenido dolor*
M. Bradford, *Transforma tu alimentación con Montse Bradford. Aprende paso a paso cómo estar sano y vital*
S. Alidina, *Vencer el estrés con mindfulness*

Shamash Alidina

Vencer el estrés con mindfulness

Programa de ocho semanas para fomentar la salud, la felicidad y el bienestar

Traducción de Remedios Diéguez

PAIDÓS
Barcelona
Buenos Aires
México

Título original: *The mindful way though stress,* de Shamash Alidina
Publicado originalmente en inglés por The Guilford Press

Traducción de Remedios Diéguez Diéguez

Diseño de cubierta: Departamento de Arte y Diseño, Área Editorial del Grupo Planeta
Fotografía de cubierta: Shutterstock

1ª edición, junio 2015

ISBN: 978-84-493-3140-4
Fotocomposición: Víctor Igual, S. L.
Depósito legal: B. 11.579-2015
Impresión y encuadernación: Limpergraf, S. L.

El papel utilizado para la impresión de este libro es cien por cien libre de cloro
y está calificado como papel ecológico

Impreso en España – *Printed in Spain*

Este libro está dedicado a todas las personas que sufren de estrés. Que descubráis la libertad y la alegría de vivir con plena conciencia en el momento presente

Agradecimientos

Escribir es un gran privilegio. Tu disposición a comprar este libro me es de gran ayuda. Me gustaría darte las gracias personalmente por eso.

Gracias a Jon Kabat-Zinn, Saki Santorelli y sus colegas del Centro de Mindfulness de Massachusetts por desarrollar el programa de reducción del estrés basado en el mindfulness (MBSR), la fuente de este libro. Deseo agradecerles en especial la formación que ofrecen. Yo soy uno de sus alumnos. Este libro no existiría sin el esfuerzo de su equipo. También me siento agradecido con los profesores del Centro de Investigación y Práctica de Mindfulness de la Universidad de Bangor (Reino Unido). Además, cientos de investigadores trabajan incansablemente para reunir las pruebas que constituyen la base del programa, y les agradezco ese esfuerzo.

Me gustaría darles las gracias a mis amigos y a mi familia por su generosidad y su apoyo. Siento un agradecimiento especial por su buena disposición ante mis bromas tontas y mis ausencias mientras escribía el libro. Probablemente, me habría estresado mucho sin ellos.

Un gracias enorme a Kitty Moore y Chris Benton, de la fantástica Guilford Press. Forman un equipo realmente estupendo y han desempeñado un papel fundamental en la producción de este libro, además de hacer el mindfulness más accesible mediante otras muchas publicaciones. Me gustaría agradecerle a Kitty su confianza en mí, su apoyo y nuestras maravillosas reuniones en San Francisco. Y gracias a Chris por su meticulosidad en todos los detalles, las muchas horas de revisión del manuscrito y sus sólidos consejos. Siempre le estaré agradecido por su sabiduría y su compasión.

Soy consciente de que muchas más personas de Guilford han trabajado «entre bambalinas» para producir este libro. Me gustaría reconocer y agradecer su papel en el desarrollo de este trabajo.

Por último, pero no por ello menos importante, deseo darle las gracias a Christopher Reinke por las ilustraciones de este libro. Me siento inmensamente agradecido por su generosidad, su paciencia y la gran calidad de sus dibujos. Gracias.

Sumario

Las personas que adquieran el libro pueden descargar los archivos de audio (en inglés) y seleccionar herramientas prácticas de este libro en: <www.guilford.com/alidina-materials>.

Introducción

Sarah era la típica madre trabajadora, siempre ocupada. Su primer matrimonio no funcionó como esperaba. Tras el divorcio no pudo afrontar la idea de buscar a un hombre, además de hacer frente a todas sus obligaciones. Era subdirectora de un pequeño hotel y tenía que cuidar de su hijo de seis años, un niño encantador pero también difícil. Los profesores la llamaban con frecuencia para informarle de su comportamiento agresivo con los demás niños. Sarah, además, tenía que hacer malabares para ayudar a su madre, que vivía a dos horas en coche. Si no la visitaba cada domingo, se sentía tremendamente culpable. Su padre había muerto el año anterior y su madre se sentía muy sola. Sarah ni siquiera había tenido tiempo para procesar las emociones relacionadas con la pérdida de su padre, y continuaba teniendo arranques repentinos de llanto.

Esas eran solo las presiones externas. Por dentro, Sarah tenía que lidiar con la frustración y la rabia que le provocaba su jefe; estaba permanentemente preocupada por su hijo y se sentía triste por lo difícil que le parecía la vida en aquel momento.

Tenía la sensación de que llevaba meses sin dormir bien. Siempre estaba cansada y la vida se le antojaba una tremenda lucha. No veía una salida a aquel ciclo negativo. Probó a hacer más ejercicio, pero no le sirvió de gran ayuda. Y entonces comenzaron los dolores de estómago. Tras una revisión, el médico le dijo que creía que podían ser debidos al estrés. Sarah no tenía muy claro que un dolor físico pudiese estar provocado por el estrés, y tuvo todavía más dudas cuando el médico le recomendó que acudiese a una clase de mindfulness. ¿Cómo iba a acabar aquello con todos los problemas que tenía?

Con todo, no tenía ninguna otra opción y se decidió a probar. Al principio pensó que las clases le hacían más mal que bien. Era incapaz de relajarse durante las sesiones y, de hecho, empezó a darse cuenta de lo negativos que eran sus pensamientos, lo cual hacía que se sintiera todavía peor. A pesar de todo, tenía que admitir que era agradable conocer a gente nueva y decidió asistir a las clases con la idea de que continuaría si le resultaban soportables. En casa hacía los deberes (o los «experimentos», como los llamaba el profesor). Poco a poco empezó a sentirse distinta.

Para Sarah, el auténtico avance llegó en la tercera semana, cuando el instructor guiaba una de las meditaciones. Se dio cuenta de que el dolor de estómago había desaparecido casi por completo. Y, lo que es más, sentía que estaba recuperando cierto control sobre su vida, aunque las circunstancias externas no hubieran cambiado. En la semana siguiente, Sarah tomó mucha más conciencia de los pensamientos que asaltaban su mente, pero ya no se apoderaban de ella como antes. Mejoró la calidad de su sueño y aprendió nuevas maneras de gestionar las emociones difíciles en las semanas que siguieron. Al final del curso sintió que había aprendido no solo un conjunto de técnicas, sino también una manera de vivir, «vivir en atención plena», que en muchos aspectos parecía un salvavidas.

¿Es este un libro para ti?

La historia de Sarah no es un relato de ficción; esos son los resultados que logran miles de personas en todo el mundo a raíz de la práctica del mindfulness, término inglés que significa «atención plena». Las pruebas científicas, cada vez más numerosas, procedentes de cientos de universidades (y de centros especializados de la Facultad de Medicina de la Universidad de Massachusetts, Estados Unidos, y la Universidad de Oxford, Reino Unido) sugieren que el mindfulness no solo reduce el estrés, sino que, además, fomenta el desarrollo de una fortaleza interior que hace que los futuros factores estresantes tengan menos impacto en nuestra felicidad y en nuestro bienestar físico.

Con la lectura de este libro y la práctica de los ejercicios que en él se proponen aprenderás métodos antiguos pero profundamente beneficiosos en nuestro mundo moderno. Se ha comprobado con escáneres cerebrales que la práctica regular de estos ejercicios produce beneficios en tan solo ocho semanas. Es el programa que se ofrece en este libro. Aquí puedes aprender los mismos enfoques que conoció Sarah en sus clases, y que te permitirán explorar la posibilidad de una vida con más resiliencia frente al estrés. El viaje no siempre será fácil, pero haré todo lo posible para animarte a continuar.

En primer lugar, no obstante, te planteo una pregunta: ¿el problema al que tú te enfrentas es el estrés?

¿Tu patrón de pensamiento responde a alguno de los siguientes modelos?

- Preocupación constante
- Predicción de lo peor
- Mente acelerada
- Pensamiento negativo

¿Has experimentado alguno de los siguientes sentimientos?

- Desánimo
- Sensación de ineptitud
- Ansiedad
- Frustración
- Pánico

¿Has tenido alguno de los siguientes síntomas físicos?

- Dolores de cabeza
- Problemas digestivos o intestinales
- Sudoración
- Mareos

- Falta de aliento
- Problemas sexuales

¿Te has comportado de alguna de las siguientes maneras?

- Sentirte despistado o torpe
- Mostrarte insociable
- Comer más o menos de lo habitual
- Estar siempre ocupado
- Fumar o beber más
- Tener ataques de ira

Todos estos son síntomas de un estrés excesivo, un fenómeno que influye en los pensamientos, las emociones, el bienestar físico y la conducta. Sin embargo, hay que saber que podría existir una razón médica para tus síntomas. Por lo tanto, conviene obrar con cautela. El estrés puede apoderarse de ti poco a poco y acabar convirtiéndose en una carga muy pesada hasta el punto de que cada día sea una lucha. Tal vez sepas de manera intuitiva que existen dos maneras de aliviar la carga del estrés: eliminar los factores estresantes de tu vida o reducir los efectos que estos te provocan. **Este libro puede ayudarte en las dos cosas; para conseguirlo, te enseña a adoptar el nuevo modo de vida que aprendió Sarah: la vida de la atención plena.**

El mindfulness puede ayudarte a reducir el estrés, desarrollando un nuevo nivel de conciencia sobre:

- los **pensamientos** que desencadenan la respuesta de estrés;
- las **emociones** (tuyas y ajenas) que acaban provocando conflictos;
- las **señales físicas** de que tu cuerpo está sufriendo;
- las **conductas** que podrían fomentar el estrés y las que te ayudan a relajarte.

La respuesta que supone el estrés es compleja, y el mindfulness tiene muchos matices y un gran poder. En el Capítulo 1 se explica con más detalle la idoneidad del mindfulness como herramienta para controlar el estrés. Este libro aprovecha sus beneficios y presenta una versión de autoayuda del programa de reducción del estrés basado en el mindfulness (conocido como MBSR, por sus siglas en inglés), un curso de ocho semanas creado en 1979 y que normalmente se sigue en grupo, con un monitor especializado. Cientos de miles de personas ya han realizado este curso de mindfulness, el más investigado del mundo. Por lo tanto, lo más lógico parece empezar ya si para ti el estrés es un problema.

El objetivo del curso consiste en enseñarte una batería de ejercicios y meditaciones mindfulness para ayudarte a reducir el estrés a largo plazo. Además, el curso ofrece la posibilidad de explorar actitudes y valores de atención plena para que puedas enfrentarte a los retos futuros de la vida de un modo que reduzca tu estrés en lugar de aumentarlo. Por último, el MBSR te ofrece un modo de vida que te permitirá percibir y apreciar las cosas sencillas que todos damos por sentadas. Gracias a ello, te centrarás en lo que va bien en tu vida, no solo en lo que va mal, por muy difíciles que parezcan las cosas.

Cuando el doctor Jon Kabat-Zinn y sus colegas de la Facultad de Medicina de la Universidad de Massachusetts crearon el MBSR, el objetivo era hacer accesibles los beneficios de la meditación mindfulness budista tradicional, de un modo seglar, a personas afectadas de dolor crónico y otros trastornos de salud prolongados en el tiempo. El programa se diseñó para incluir no solo la meditación, sino también el yoga, los modelos sobre el estrés, charlas en grupo y maneras de integrar el mindfulness en la vida cotidiana. Todos estos elementos, excepto las charlas en grupo, se ofrecen en este libro. Además, encontrarás historias y citas representativas de lo que me han contado personas que han reducido sus niveles de estrés mediante el MBSR a modo de aproximación a la experiencia grupal.

Personalmente, descubrí el MBSR mientras investigaba las bases científicas de la meditación. Asistí a una clase de MBSR en Londres y me impresionaron su formato y su enfoque seglar. Deseaba compartir ese curso con los demás, y así comencé a formarme en MBSR con Jon Kabat-Zinn y Saki Santorelli en el Centro de Mindfulness de la Facultad de Medicina de la Universidad de Massachusetts. Después dediqué varios años a estudiar cómo enseñar MBSR en el Centro de Mindfulness de la Universidad de Bangor, en el Reino Unido. Empecé a enseñar MBSR a personas aquejadas de estrés en mi zona, tanto en grupos reducidos como de manera individual. A lo largo de los años, enseñé a numerosos grupos, sobre todo a público general que deseaba descubrir un modo diferente de gestionar su estrés. Posteriormente publiqué mi primer libro sobre el tema, y a raíz de ello empecé a recibir invitaciones para dar charlas y talleres sobre mindfulness en todo el mundo. Un auténtico privilegio. Actualmente también ofrezco programas de formación online para profesores de mindfulness, así como también otras actividades. Y continúo impartiendo talleres cuando me ofrecen la oportunidad.

Cómo se utiliza este libro

Este libro no es un cuaderno de ejercicios, sino un manual práctico. Ocho capítulos te guiarán en el programa de otras tantas semanas. Incluyen instrucciones completas sobre qué tienes que hacer y en qué momento. Te animo a que comiences un diario, ya sea en papel o en tu tableta, teléfono u ordenador, para anotar tus reflexiones acerca de las experiencias con el programa y cómo este influye en tus niveles de estrés. El hecho de contar con un registro escrito te brindará material para consultar y mejorar tu práctica en los días y los años venideros. El diario, además, potenciará tu modo de vida en atención plena de una manera que irá mejorando con el tiempo. Por último, el registro escrito te servirá para recordar todas las cosas buenas de tu vida que el mindfulness te ayuda a identificar, además de los retos que se te vayan presentando.

También se proporcionan pistas de audio que se pueden descargar de la web para las prácticas de meditación. Están disponibles en <www.guilford.com/alidina-materials>. Si en cualquier momento sientes la necesidad de practicar las meditaciones mindfulness sin guía, hay un conjunto de audios (los números 21 a 24) en los que solo suenan campanillas cada cinco o diez minutos para recordarte que debes poner atención plena. Utiliza esas pistas siempre que lo desees en lugar de las meditaciones guiadas.

En el Capítulo 1 verás cómo se reduce el estrés con el mindfulness. Los Capítulos 2 y 3 te ayudarán a observar más de cerca tus propios niveles de estrés en el momento presente (también para ver si tu estrés es lo suficientemente severo como para aconsejarte que busques ayuda profesional). Además, se explica cómo se realiza el programa. Ofrezco dos vías para seguir el curso (una versión reducidad y una versión completa) a fin de que puedas adaptar el programa a tus propias necesidades y deseos, y asegurarnos así de que el programa reduzca de verdad tus niveles de estrés en lugar de agravarlos. También incluyo un capítulo ilustrado con ejercicios de yoga en atención plena (versiones breve y completa) que mencionaré a lo largo del libro. Al final encontrarás una lista de recursos para obtener más información y más ayuda; si lo deseas, podrás leer los informes completos de las investigaciones que se mencionan en este libro.

La vida puede ser tremendamente estresante, y existen muchas maneras de afrontar esa presión. Me honra que estés considerando la posibilidad de «caminar» conmigo para entender y desarrollar una mayor conciencia del aquí y el ahora. Gracias por tu atención. Espero sinceramente que el curso flexible que ofrece este libro te ayude a aliviar tu estrés y a enriquecer tu vida.

UNO

Cómo ayuda el mindfulness a afrontar el estrés

En tibetano existe un dicho: «La tragedia debe ser utilizada como una fuente de fortaleza». No importan las dificultades, o lo dolorosa que sea la experiencia, pero si perdemos la esperanza, ese es el verdadero desastre.

DALÁI LAMA

Cuando Sarah comenzó a practicar ejercicios de mindfulness, tomó conciencia de lo inquieta que estaba su mente. De ella entraban y salían pensamientos de todo tipo, muchos de ellos sin relación alguna con el tema en el que intentaba concentrarse. También se dio cuenta de lo negativos que eran muchos de esos pensamientos: «No sirvo para nada», «¿Qué me pasa?» o «No puedo con este trabajo y toda la demás carga». Esos pensamientos no dejaban de dar vueltas en su cabeza. A través del mindfulness aprendió a distanciarse de los pensamientos que invadían su mente, de manera que su influencia en la sensación de estrés era cada vez menor.

Cuando empezó a sentir su mente un poco más despejada, notó también que tenía más control sobre su vida. Se dio cuenta de que ya no reaccionaba de la misma manera cuando su hijo no la obedecía; veía por qué el niño se portaba mal —llevaba horas sin comer o estaba cansado del colegio, por ejemplo—. Empezó a sentir más compasión hacia él, y el niño respondía mejor al tono de voz más calmado de su madre.

Además, Sarah se sentía menos cansada en el trabajo porque habían mejorado su capacidad de concentración y su eficacia, y podía salir antes de la oficina.

Por las tardes, cuando llegaba a casa, realizaba un breve ejercicio de mindfulness. La ayudaba a salir del «modo trabajo» y a estar más tranquila y relajada en casa. Aprendió a no sentirse tan culpable cuando no hacía nada, cuando simplemente se sentaba y descansaba o jugaba con su hijo. De hecho, se dio cuenta de que aquellos momentos eran esenciales.

Todos tenemos una mente inquieta. Todos reaccionamos de manera exagerada a las exigencias de la vida cuando llegamos al límite. Nuestro mundo se viene abajo y perdemos la empatía hacia los que luchan como nosotros cuando el estrés nos atrapa. No es culpa nuestra; al parecer, la naturaleza nos hizo así. Pero, por suerte, no tenemos por qué perder la esperanza de que las cosas puedan ir a mejor. La historia de Sarah ilustra que, aunque el mindfulness es un proceso lento, no un viaje rápido y fluido hacia una vida sin estrés al instante, si lo practicas, calmará tu mente y tu corazón, de manera lenta pero segura. Todas las facetas de tu vida saldrán ganando. Podríamos compararlo con una lluvia fina que empapa una tierra muy seca. La lluvia es el mindfulness. La sequía es el ajetreo constante de la vida moderna.

Para entender de qué modo el mindfulness puede aliviar el estrés debemos empezar por analizar qué es el estrés.

¿Qué es exactamente el estrés?

Veamos una definición:

El estrés es el sentimiento de encontrarse bajo mucha presión.

La presión puede ser externa (el mundo que nos rodea) o interna (los pensamientos, las emociones y las actitudes).

Entre los ejemplos de presiones externas figuran factores como:

- Obligación de acabar el trabajo
- Obligación de realizar tareas dentro y fuera de casa
- Cuidado de uno mismo y de otras personas
- Obligación de desplazarse al trabajo o a eventos sociales
- Enfermedad propia o de algún allegado
- Correos electrónicos, llamadas de teléfono y otras comunicaciones
- Cuidado de los hijos
- Necesidad de hacer ejercicio
- Falta de dinero

Entre los ejemplos de presiones internas figuran factores como:

- Pensamientos negativos y críticos acerca de uno mismo
- Pensamientos negativos y críticos acerca de otras personas
- Pensamientos o ideas negativos sobre el mundo
- Autoestima o autocompasión bajas
- Tendencia al perfeccionismo
- Emociones difíciles (depresión, ansiedad, ira, culpabilidad o remordimientos) que se prolongan durante semanas
- Malestar o dolor físico

Todos necesitamos cierta presión externa que nos motive y nos ayude a activarnos. Si la presión es demasiado baja, te sentirás aburrido o inútil. Si la presión es excesiva, experimentarás niveles elevados de estrés. En cierto modo, tu vida es un acto de equilibrio que consiste en encontrar actividades que te aporten el nivel adecuado de presión para ti. Todos somos distintos y en función de cada momento necesitamos niveles distintos de presión, interna o externa, para vivir de manera óptima.

Si para ti la presión es demasiado elevada y dura mucho tiempo, te puede provocar estrés crónico. Y ahí radica el peligro.

Puede ocurrir que las presiones que experimentas no sean mucho más elevadas de lo que puedes afrontar. Sin embargo, si se prolongan en el tiempo, pueden causar problemas. Imagina, por ejemplo, que te pido que sujetes un vaso de agua con el brazo extendido delante de ti. Si tuvieses que mantenerlo así un minuto, no habría ningún problema. Serías capaz de hacerlo y sonreír al mismo tiempo. Si te pidiese que sujetases el vaso durante diez minutos, la tarea se complicaría un poco y tal vez no sonreirías tanto, pero podrías lograrlo. Pero si te pidiera que sujetases el vaso todo el día y toda la noche, es probable que al final del día tuviera que llamar a una ambulancia.

El vaso de agua representa la presión que afrontas. Como puedes ver, la presión en sí misma no es el problema; la cuestión es cuánto tiempo te ves sometido a ella. La duración de la presión hace que esta aumente hasta provocar estrés. Eso significa que los picos de presión ocasionales no son dañinos, pero la presión a largo plazo puede convertirse en estrés.

Conseguir el nivel adecuado de presión conduce a una vida plenamente feliz. Si estás leyendo este libro, doy por sentado que actualmente te encuentras bajo una presión excesiva y te ofrezco medios para ayudarte a aliviarla.

¿Cuál es el precio que se paga por el estrés?

El estrés o, para ser más precisos, la respuesta de estrés, provoca cambios en el cerebro y en el cuerpo. Esos cambios pueden comportar diversas dolencias cuando el estrés pasa a ser crónico:

- El estrés persistente puede provocar diversas **enfermedades físicas.** Según algunos cálculos, hasta el 75 % de las visitas al médico guardan alguna relación con el estrés. El estrés puede provocar hipertensión y problemas cardíacos (entre otros, infartos), migrañas, dolor de espalda y úlceras. Además, debilita el sistema inmunológico, lo que nos deja expuestos a diversas enfermedades.
- El estrés crónico influye en el **bienestar mental.** Puede provocar depresión clínica, ansiedad y agotamiento. Además, reduce la capacidad de concentración.
- El estrés afecta a la **vida familiar.** Cuando los niveles de estrés son elevados, se es más propenso a hablar bruscamente con la pareja o con los hijos. Si esto ocurre con demasiada frecuencia, la calidad de las relaciones se resentirá. El estrés debilita la inteligencia emocional y la capacidad para ver las cosas desde el punto de vista de los demás.
- La **adicción** a las drogas, el alcohol o el tabaco puede estar relacionada con el estrés crónico. Es posible que utilices dichas sustancias para aliviar la sensación de estrés, aunque el alivio es pasajero y la adicción aumenta el nivel de estrés general.
- **La sociedad en su conjunto** sufre de estrés. El coste debido a la disminución de la eficacia y al absentismo laboral como con-

secuencia del estrés asciende a cientos de miles de millones de euros. Y eso sin contar la reducción de los niveles de creatividad y comunicación a causa del estrés.

¿Cómo se reduce el estrés mediante el mindfulness?

El estrés constituye una realidad compleja y, por lo tanto, el camino para aliviarlo no es directo (como descubrió Sarah). No obstante, para simplificar las cosas, veamos algunos resultados positivos del mindfulness en la reducción del estrés.

- Adquieres **más conciencia de tus pensamientos,** lo que te permite distanciarte de ellos y no tomártelos tan al pie de la letra. De ese modo, tu respuesta de estrés no llega a producirse.
- **No reaccionas inmediatamente** ante una situación, sino que te tomas una pausa y utilizas tu «mente sabia» para hallar la mejor solución. El mindfulness te ayuda a ello mediante los ejercicios de atención plena.
- **El mindfulness pone en marcha tu modo mental «ser»,** que se asocia con la relajación. El modo mental «hacer» se asocia con la acción y la respuesta de estrés.
- Eres más **consciente de las necesidades de tu cuerpo y sensible a ellas.** Es probable que notes antes el dolor y puedas emprender así las acciones oportunas.
- Eres **más consciente de las emociones de los demás.** A medida que aumenta tu inteligencia emocional se reducen las probabilidades de conflicto.
- **Aumentan tus cuidados y tu compasión hacia ti mismo y hacia los demás.** La mente compasiva te calma e inhibe tu respuesta de estrés.
- La práctica del mindfulness **reduce la actividad en una parte del cerebro denominada «amígdala».** La amígdala es fundamental para activar la respuesta de estrés, de manera que tu nivel base de estrés se reduce.

- **Tu capacidad de concentración mejora.** Trabajas con mayor eficacia, lo que incrementa tu sensación de bienestar y, por lo tanto, reduce la respuesta de estrés. Tienes más probabilidades de «entrar en la zona» o de «fluir», según lo llama Mihály Csíkszentmihályi en el campo de la psicología.
- **Puedes cambiar tu actitud hacia el estrés.** En lugar de limitarte a ver las consecuencias negativas de sentirte estresado, el mindfulness te ofrece el espacio para pensar de manera distinta acerca del estrés en sí mismo. Observar cómo el aumento de la presión te aporta energía ejerce un efecto positivo en tu cuerpo y tu mente.

Más adelante, en este capítulo, describo con detalle los beneficios físicos, mentales, emocionales y relacionales del mindfulness. Antes, sin embargo, es importante entender la diferencia entre el estado mental habitual (el llamado *mindlessness*, que en inglés significa «con baja atención, distraído, rutinario») y el mindfulness.

> **«El curso de mindfulness me ayudó a darme cuenta de que vivía en un estado de sonambulismo. En mi caso, la reducción del estrés fue solo uno de los muchos beneficios del mindfulness.»**

Mindlessness: el modo mental habitual

Probablemente, tu estado mental normal durante tus actividades rutinarias es un estado rutinario, de mindlessness. No pretendo acusar ni molestar a nadie; simplemente, se trata de la configuración básica del cerebro. En el estado rutinario o distraído, vives una vida de hábitos no conscientes. No prestas toda tu atención a las actividades que realizas; te limitas a seguir los movimientos habituales.

El cerebro está diseñado para crear hábitos. Ese proceso nos ayuda a realizar las tareas con mayor eficacia. Un hábito es en realidad el proceso de conexión de las neuronas del cerebro debido a la puesta en marcha de una vía determinada. Podríamos imaginar los hábitos como programas informáticos. Se producen de manera automática y rápida, y no requieren una conciencia plena. Los hábitos se forman mediante un proceso de repetición. Cada vez que repites una actividad, empiezas a crear ese programa habitual. Los hábitos presentan varios beneficios:

- La actividad se puede realizar sin pensar, de manera que se invierte menos energía en la conciencia plena. Cuando caminamos no es necesario pensar «mover la pierna izquierda, mover la pierna derecha». Simplemente, sucede.
- No se malgasta energía en tomar decisiones. Te levantas por la mañana y te cepillas los dientes; no tienes que decidir cada día que te cepillarás los dientes.
- Las actividades habituales se realizan con mayor rapidez. Hacer algo nuevo, como tocar el piano, resulta mucho más difícil y lento al principio.
- Te sientes más relajado. No tienes que esforzarte para adoptar el hábito, pues ocurre de forma natural. Si tienes la costumbre de comer una manzana al día, no tendrás que esforzarte para obligarte a consumir esa fruta.
- Puedes ser más eficaz en tus actividades. Cuando pruebas a hacer malabarismos por primera vez, es difícil y las pelotas se te caen continuamente. Cuando se convierte en una acción automática, puedes saltar a la pata coja y explicar un chiste al mismo tiempo.

Los hábitos, no obstante, también presentan inconvenientes:

- Dado que casi siempre son actos inconscientes, no estás atento a la experiencia. Si juegas con tu hijo de forma habitual, te pierdes el momento especial y precioso de estar juntos. La experiencia no se saborea si es habitual.
- Pierdes poder de decisión. ¿Cómo podrías tomar decisiones si actúas de manera automática y basada en hábitos? Si siempre

recorres en avión el trayecto entre San Francisco y Chicago, reservas el billete de manera automática. No piensas en la posibilidad de viajar en tren o por carretera con unos amigos.
- Cuando tus pensamientos, tus emociones y tus actitudes son habituales y negativas, tienes muchas más probabilidades de padecer estrés. Los pensamientos negativos rutinarios y persistentes activan tu respuesta de estrés.

Los pensamientos negativos habituales sobre ti mismo, los demás y el mundo constituyen la base de una gran parte del estrés. El mindfulness te ayuda a desmontar esos hábitos dañinos y a renovar tu cerebro para generar más felicidad y menos estrés crónico.

PRÁCTICA. Ejercicio de mindfulness en dos minutos

Pista de audio 1: 2 minutos

Prueba a realizar este ejercicio ahora mismo.

1. Prepara un cronómetro para que te avise dentro de dos minutos.
2. Empieza inspirando y espirando profundamente, una vez.
3. Presta atención a la **sensación** que te produce tu respiración. Respira de forma natural. Cada vez que notes que la mente se desvía hacia otros pensamientos, vuelve a centrar tu atención en la respiración.
4. Cuando hayan transcurrido dos minutos puedes parar.

Reflexión

Concédete un momento para reflexionar sobre las siguientes preguntas. Si te apetece, escribe las respuestas en tu móvil o tu tableta (si tienes). Cuando empieces el programa de ocho semanas, te animaré a que lleves un diario o que empieces a anotar esas reflexiones en el aparato que prefieras, así que puedes empezar ahora mismo.

1. ¿Qué has sentido?
2. ¿Has podido concentrar tu atención en la respiración?
3. ¿Adónde más se ha desviado tu atención?
4. ¿Cómo te has sentido al final del ejercicio?
5. ¿Te ha resultado fácil o difícil?

Recuerda: tu mente se desviará hacia otros pensamientos. Es normal que suceda. No significa que lo estés haciendo mal. De hecho, si te das cuenta de que te despistas, es que estás haciendo correctamente el ejercicio.

Ahora repite el ejercicio, pero esta vez prueba a sentarte o a permanecer de pie y cierra los ojos si los has mantenido abiertos en el primer intento. Después vuelve a responder a las preguntas anteriores. ¿En cuál de los dos ejercicios te ha costado menos mantener la concentración?

Entender el mindfulness

El mindfulness es lo contrario al modo de vida automático basado en los hábitos. El mindfulness nos enseña a vivir de manera más consciente. Sigues teniendo tus hábitos, porque forman parte de la naturaleza del cerebro, pero eres más consciente de ellos y ganas en poder de decisión.

Veamos mi definición del mindfulness, que reúne la esencia de las numerosas definiciones compartidas por los maestros de esta disciplina:

Mindfulness significa prestar atención de manera intencionada a la experiencia del momento presente con actitudes atentas, como la aceptación, la curiosidad, la autocompasión y la franqueza.

Vamos a analizar detenidamente esta definición para entender mejor su significado.

De manera intencionada

En general, el mindfulness no es un proceso automático. Estar presente no es lo habitual. El mindfulness es un proceso que surge de una decisión: tienes que elegir estar presente. Y a continuación realizas cierto esfuerzo, al menos al principio. Cuando empiezas a formar parte del flujo de la conciencia plena, el nivel de esfuerzo necesario se reduce, pero al principio es preciso prestar atención a una decisión deliberada.

Es interesante que recuerdes esto: casi siempre estamos prestando atención a algo. La cuestión es a qué se la prestamos. Mientras lees este libro, tu mente podría estar en la televisión, que suena de fondo. O podrías estar pensando en lo que ocurrirá en el trabajo mañana. O repasando lo que ocurrió ayer. Eso es atención pasiva, y la atención pasiva es involuntaria. El mindfulness es algo más que prestar atención de manera pasiva a aquello en lo que tu atención se centra.

El mindfulness es una atención activa, no pasiva. Una atención activa, o deliberada, requiere una elección y cierto grado de esfuerzo. Volveremos a esta cuestión más adelante, en este mismo capítulo.

Prestar atención

Podría decirse que la atención es la conciencia concentrada. La palabra *atención* procede del latín *attendere*, que significa literalmente «estirarse hacia». Cuando prestas atención en una conferencia, por ejemplo, estás estirando tu conciencia hacia la voz del orador.

La atención consiste en percibir las cosas, en ser consciente de lo que está ocurriendo mientras ocurre. Utilizamos nuestros sentidos para prestar atención a las experiencias externas: lo que vemos, los sonidos, los olores, los sabores o el tacto. Por ejemplo, puedes prestar atención a la visión de este libro, al sonido lejano del llanto de un bebé, al olor del aceite de la freidora en un restaurante de comida rápida, al sabor del zumo de naranja que te tomas por la mañana, y a la sensación del peso de tu cuerpo en la silla o la tensión en tus hombros. Cuando prestas atención a esas experiencias de manera resuelta, estás presente.

No obstante, el mindfulness no se limita a los sentidos externos. El hecho de concentrarse de manera consciente en las experiencias internas, como los pensamientos y las emociones, sin dejarse arrastrar por ellas (en la medida de lo posible) también es mindfulness. Puedes prestar atención a pensamientos del tipo «No me voy a enfadar por hacer este trabajo» o «¿Por qué grita esa mujer?», o a emociones como el aburrimiento, el entusiasmo o la frustración. Observar esas experiencias internas en lugar de **experimentarlas inconscientemente,** sin más, es mindfulness. Esa leve sensación de separación entre tú y tus pensamientos o tus emociones es la clave.

Quizás estés pensando: «¿Y? Vale, no estoy atento al 100 % en todo momento. Me despisto. Pienso en otras cosas. ¿Qué tiene eso de malo?». Veamos un típico ejemplo de una experiencia que tuve la semana pasada. Imagina que estás haciendo un viaje por trabajo. Te levantas para tomar el vuelo de regreso a casa, de Chicago a Londres. Consultas el tiempo y compruebas que las previsiones no son buenas. Se prevén 30 centímetros de nieve. La información asegura que muchos vuelos se retrasarán o se cancelarán, y piensas: «¡Oh, no! Van a cancelar mi vuelo. Estaba deseando llegar a casa y pasar algo de tiempo con los niños antes de volver al trabajo. ¿Por qué siempre me pasa esto? Es un fastidio. ¿Conseguiré un hotel para pasar la noche? Esta línea aérea siempre da un servicio pésimo cuando ocurren estas cosas». Y empiezas a sentirte tenso y estresado.

Veamos ahora un escenario alternativo: te levantas pensando en tomar el vuelo de regreso a casa tras un viaje de trabajo. Consultas el tiempo y compruebas que las previsiones no son buenas. Se prevén 30 centímetros de nieve. La información asegura que muchos vuelos se retrasarán o se cancelarán, y piensas: «Oh, no, van a cancelar mi vuelo». Entonces te das cuenta de ese pensamiento. Lo identificas como un pronóstico, no como un hecho. A continuación consultas tu vuelo en la red y compruebas que no se ha cancelado y que, con un poco de suerte, despegará a la hora prevista. Pasas parte de la mañana en una cafetería y disfrutas de la belleza de la nieve mientras saboreas un café. Sabes que tanto si te preocupas mucho como muy poco, las cosas seguirán su curso.

Este es un ejemplo de mindfulness en acción. Al tomar conciencia de tus pensamientos, puedes emprender acciones en lugar de permitirle a tu mente que divague. El ejemplo demuestra el siguiente principio fundamental:

Estar distraído, no atento, provoca más sufrimiento del que imaginas.

En el momento presente

La mayoría de los niños tienen su atención puesta en el momento presente. Son intensamente curiosos. Los niños perciben el sonido de un avión y de un pájaro en el árbol, y el sabor de las uvas. A medida que crecen, su memoria se va llenando con experiencias del pasado y adquieren la capacidad de proyectar en el futuro. Debido a esta capacidad humana única, a medida que crecemos tenemos tendencia a estar menos conectados con el momento presente.

La mente parece repetir de forma natural los hechos pasados y preocuparse por el futuro. Mientras lees esto, es posible que estés pensando en aquel comentario de tu amiga: ¿no fue un poco brusca?

Del mismo modo que un péndulo se mueve de izquierda a derecha sin detenerse en el centro, tu mente pasa mucho tiempo en el pasado y en el futuro. De hecho, una investigación realizada en 2010 por Killingsworth y Gilbert en la Universidad de Harvard llegó a la conclusión de que el cerebro humano medio invierte alrededor de la mitad de su tiempo en pensar en el pasado y el futuro, y la otra mitad en pensar en el aquí y el ahora, en el momento presente.

¿Por qué es importante vivir en el momento presente? El gran Gandhi afirmó en una ocasión: «El futuro depende de lo que hacemos en el presente». Si tu atención se centra excesivamente en el pasado y en el futuro, no puedes actuar de manera eficaz en el aquí y el ahora, en el momento presente. Sin embargo, el mañana nunca llega: solo existe el hoy. Lo que importa es lo que hagas hoy y en qué te centres ahora.

El siguiente ejemplo ilustra esto. El otro día estuve charlando con Katie, una de mis clientas. Me explicó que antes del curso de mindfulness siempre estaba preocupada por sus hijos y su futuro. ¿Era una buena madre? ¿Estaba criando bien a sus hijos, con un enfoque correcto? Leía páginas web y libros, y tenía la sensación de que cada uno daba consejos distintos. Se sentía perdida, confusa y muy cansada. Después de practicar mindfulness, Katie decidió dejar atrás todos aquellos pensamientos y estar presente cuando estuviera con sus hijos. Le dedicaba al más pequeño toda su atención, y el tiempo que pasaba con él le resultaba mucho más especial. Su preocupación fue desvaneciéndose. Sentía que era una madre mucho mejor cuando vivía en el momento presente en lugar de preocuparse continuamente por lo que estaba bien y lo que estaba mal.

Sin un esfuerzo consciente, la mente se dispersa hacia pensamientos sobre el pasado o el futuro. Y los pensamientos sobre el pasado pueden acabar convirtiéndose muy fácilmente en interacciones negativas. Piensas en la discusión que tuviste con tu hermano por enésima vez o en todos los motivos posibles por los que tu nueva novia no te llama.

Por supuesto, pensar no tiene nada de malo. De hecho, resulta esencial para la supervivencia en el mundo moderno. El problema es la preocupación constante que conduce a la infelicidad. El mindfulness ayuda a recuperar parte del equilibrio que se pierde cuando pensamos, nos preocupamos y planificamos incesantemente.

Actitudes atentas de aceptación, curiosidad, autocompasión y franqueza

El mindfulness es algo más que prestar atención. Se trata de prestar atención con la actitud adecuada. Si tu atención va acompañada de negatividad, autocrítica y juicios, es poco probable que resulte beneficiosa. Es preciso que pongas en práctica ciertas actitudes (lo que yo denomino actitudes atentas) para poder asentar tu atención en unos cimientos positivos. No es preciso que esas actitudes se cultiven a la perfección ni que estén presentes en tu conciencia atenta en todo momento. Representan el condimento de la sopa de conciencia presente que estás preparando. Cualquiera de ellas será más que satisfactoria cuando practiques un ejercicio de mindfulness. Aprenderás mucho más de esas actitudes mediante la lectura de este libro.

Relatos sabios. El monstruo que se alimentaba de ira

Érase una vez un rey que vivía en un hermoso palacio. Un día tuvo que ausentarse, y durante su ausencia un monstruo llegó a las puertas del palacio. Era tan feo y tan apestoso, y sus palabras tan desagradables, que los guardianes se quedaron petrificados de la impresión. El monstruo llegó hasta el trono del rey y allí se sentó.

Los guardianes recuperaron el conocimiento, entraron en palacio y le ordenaron al monstruo, a gritos, que se levantase del trono. Con cada palabra desagradable, el monstruo se volvía más apestoso, más feo y más desagradable. La furia de los guardianes fue en aumento y empezaron a blandir sus espadas y a utilizar la violencia para desalojar al monstruo. Pero este no dejaba de crecer y crecer hasta que acabó ocupando toda la sala. Y olía peor y era más feo y más desagradable que nunca. Olía peor que los baños de un bar cutre un sábado por la noche.

Por fin el rey regresó. Era un hombre sabio y amable, y al ver el enfrentamiento entre el monstruo y los guardianes comprendió lo que estaba ocurriendo. Sabía lo que tenía que hacer. Dirigiéndose al monstruo, sonrió y exclamó:

—¡Bienvenido seas a mi palacio!

A continuación le preguntó si le habían ofrecido una taza de café. El monstruo empezó a hacerse más pequeño con cada sorbo de la taza. El rey le ofreció *pizza* y patatas fritas, y los guardianes llamaron de inmediato a una pizzería. El monstruo continuó encogiendo con cada gesto amable del rey, quien a continuación le ofreció un masaje completo. Al final, el monstruo presentaba un tamaño diminuto. Con un último acto de amabilidad, acabó por desaparecer.

La fuente de tu estrés podría ser un monstruo que se alimenta de ira. ¿Crees que tu ira está provocando que tu monstruo se haga más y más grande? En algunas circunstancias estresantes, cuantos más pensamientos, palabras o acciones negativas tenemos, más difícil se vuelve la situación. Puede que este relato te ayude a abrir tu corazón al desafío que te preocupa y que veas el valor de un enfoque más amable. Tal vez lo único que necesitas es ser amable contigo mismo.

Los beneficios físicos del mindfulness

Aunque el mindfulness se describe casi siempre como una forma de entrenamiento mental, el método ofrece numerosos beneficios físicos. Se debe a que el mindfulness reduce el estrés, y el estrés se asocia con diversas dolencias físicas.

Veamos algunos de los efectos positivos más importantes de la práctica regular de los ejercicios y las meditaciones de mindfulness.

Unos músculos más relajados

Cuando te estresas, los músculos se tensan. Y esto tiene una explicación. El estrés pone en marcha la respuesta de lucha o huida del cuerpo. Los músculos se preparan para trabajar duro a fin de que puedas salir huyendo o luchar. El mindfulness te ayuda a percibir la tensión en el cuerpo como una señal de que tus niveles de estrés están aumentando. Ser consciente de ello te permite empezar a emprender acciones para reducir el estrés. Además, la propia toma de conciencia de la tensión en muchos casos ya la reduce.

Recuerdo que trabajé con una mujer que sufría de lo que ella denominaba tensión crónica. Tenía todo el cuerpo tan tenso que le resultaba muy doloroso, a veces imposible, moverse. Los ejercicios tradicionales de relajación no le servían de mucho. En cambio, con el mindfulness aprendió a tomar conciencia de la tensión física sin intentar cambiarla. Aprendió a ser un poco menos crítica y a aceptar un poco más las sensaciones. Y ese aprendizaje la llevó a aliviar y reducir la tensión y el dolor.

Un corazón más sano

Cuando nos estresamos, el corazón late más rápido y la presión sanguínea aumenta a fin de prepararnos para huir o luchar. El cuerpo reacciona como si estuviese siendo atacado. Las enfermedades cardiovasculares son la principal causa de muerte en el mundo, y la ansiedad constituye uno de los factores que las provocan. Un grupo de enfermos cardiovasculares se sometió a sesiones de mindfulness y los resultados demostraron que funciona: sus niveles de ansiedad se redujeron, su capacidad para gestionar las emociones mejoró y aprendieron a afrontar mejor el estrés y a cuidar de su salud con mayor eficacia.

Una mejor relación con la comida

¿Tienes problemas con la digestión? Otro problema de la respuesta de estrés es que el sistema digestivo deja de funcionar eficazmente. El cuerpo reacciona como si estuviese a punto de ser devorado por un tigre. Si vas a acabar siendo la comida de alguna criatura, no sirve de nada malgastar la energía digiriendo tu propio desayuno. Reducir el estrés mediante iniciativas como el mindfulness puede aliviar el malestar digestivo. Y el mindfulness aplicado específicamente a la alimentación también prepara al cuerpo para la digestión: tomando más conciencia de lo que comemos, saboreando la comida y evitando otras tareas, el cerebro envía los mensajes adecuados al sistema digestivo para que comience su trabajo. Se trata de comer con plena conciencia. Existen estudios que demuestran que comer de ese modo puede ayudar a reducir los atracones y el abuso de comida, perder peso, aliviar trastornos crónicos como la anorexia y la bulimia, y reducir los síntomas de la diabetes de tipo 2.

Una vida más larga gracias a la protección del ADN

Se trata de un descubrimiento asombroso. Del mismo modo que los extremos de los cordones de los zapatos tienen una protección que evita que se deshilachen, los cromosomas de las células cuentan con una protección similar, los llamados telómeros. Antes se pensaba que el desgaste de estos extremos protectores era inevitable y provocaba la muerte de las células debido a la «edad». Sin embargo, la doctora Elizabeth Blackburn recibió en 2009 el premio Nobel por descubrir que una sustancia presente en el cuerpo, la telomerasa, protege los telómeros. Más cantidad de telomerasa equivaldría a una vida más larga. Y aquí viene la buena noticia: el mindfulness incrementa la cantidad de telomerasa, lo que ayuda a reducir, o quizás incluso a detener, el envejecimiento de las células. Por lo tanto, ¡practica el mindfulness y tendrás un aspecto joven y vital!

Un sistema inmunológico reforzado

Otra función clave que sufre considerablemente cuando se tiene estrés es el sistema inmunológico. Se trata de un sistema protector a largo plazo, pero se sobrecarga debido a la respuesta de estrés, que es el mecanismo de supervivencia a corto plazo. Si sufres de estrés crónico, tienes muchas más probabilidades de enfermar. Una investigación llevada a cabo por Richard Davidson, profesor de la Universidad de Wisconsin, y sus colegas constató que tras un curso de mindfulness de ocho semanas los participantes producían más anticuerpos contra la gripe que un grupo que no había seguido el curso. Otra investigación demuestra que las personas que practican mindfulness faltan menos días al trabajo por infecciones respiratorias y que sus síntomas son más leves y duran menos tiempo.

En 2009 se llevó a cabo un estudio con 48 personas seropositivas para las que el mindfulness demostró ser muy beneficioso. El grupo que realizó un curso de meditación de ocho semanas no mostró una reducción del número de glóbulos blancos (una parte fundamental del sistema inmunológico). El nivel de glóbulos blancos del grupo que no practicó meditación, en cambio, descendió.

Más alivio del dolor que la morfina

Un estudio publicado en el *Journal of Neuroscience* en 2011 afirma que el mindfulness reduce la intensidad del dolor en un 40 %. ¡Es más eficaz que la morfina! La investigación descubrió que ese alivio del dolor se debe, al parecer, al cambio en el funcionamiento del cerebro cuando aprendemos a estar más presentes. Los investigadores formaron en mindfulness a los participantes durante una hora, y después les pidieron que practicasen mindfulness mientras calentaban una pequeña zona de su piel a 49 ºC durante cinco minutos (una experiencia dolorosa para la mayoría de las personas). Existen otros estudios que demuestran que el mindfulness ayuda a afrontar no solo el dolor agudo, sino también el crónico.

Un sueño mejor

Creo que este es uno de los primeros beneficios que menciona la gente cuando empieza a practicar mindfulness, y existen investigaciones que apoyan sus afirmaciones. Una de ellas, de la Universidad de Utah, descubrió que el mindfulness ayuda a regular las emociones durante el día y a experimentar una «activación menor» por la noche, lo que podría mejorar la calidad del sueño.

Si tenemos en cuenta que nos pasamos alrededor de un tercio de nuestra vida durmiendo, practicar mindfulness solo para dormir mejor está más que justificado. Pero además ayuda a reducir el estrés. El mindfulness alivia el estrés, y de ese modo mejora el sueño. La mejora del sueño, a su vez, hace que nos sintamos menos estresados. En definitiva, el mindfulness pone en marcha una espiral positiva.

Beneficios para el cerebro y la mente

Son los beneficios del mindfulness más conocidos, en especial el modo en que mejora la concentración y ayuda a calmar la mente. No obstante, ¡el mindfulness es mucho más que eso! Veamos lo que demuestran las investigaciones.

Una mente más despejada

Varios estudios demuestran que la práctica del mindfulness reduce la preocupación. Una investigación realizada en 2009 y publicada en el *Journal of Science and Healing* concluye que los participantes de un curso de MBSR de ocho semanas presentaban niveles más altos de bienestar y estaban menos preocupados. Según mi experiencia, uno de los beneficiosos efectos secundarios de todo ello es la creatividad. Cuando practico mindfulness, casi siempre acabo teniendo ideas que me ayudan en el trabajo o en casa. El título de este libro, por ejemplo, se me ocurrió durante una meditación en un retiro.

Una mente más calmada

Diversos estudios demuestran los efectos de reducción del estrés que se consiguen con el mindfulness. Obviamente, ese es el tema principal de este libro. No se sabe con certeza por qué el mindfulness reduce el estrés. Un estudio fascinante, publicado en 2010 en la revista *Emotion*, exploró el tema a través del cine. Dos grupos de personas vieron una película triste. Uno de los grupos había realizado un curso de MBSR y el otro no. Los escáneres del cerebro revelaron que las personas que meditaban tenían menos actividad cerebral en comparación con las que no lo hacían, y esa actividad cerebral era claramente distinta comparada con la actividad que mostraban antes de realizar el curso de mindfulness. Estos resultados sugieren que el mindfulness permite procesar las emociones de manera distinta en el cerebro, y tal vez eso sería una de las maneras en que se reduce el estrés.

Una memoria más desarrollada

En particular, el mindfulness potencia un tipo de memoria que llamamos *memoria de trabajo*. Imagina que tu memoria de trabajo es como una pequeña pizarra blanca. Utilizas la pizarra para tomar notas sobre lo que te dice la gente y lo que tienes que hacer. Una memoria de trabajo pobre sería como una pizarra muy pequeña. Olvidas fácilmente lo que estás haciendo y te distraes con cualquier cosa. Una pizarra más grande significa que puedes recordar lo que estás haciendo y no distraerte tanto. Se ha demostrado que el estrés reduce la capacidad de memoria de trabajo y que el mindfulness la aumenta. Por lo tanto, el mindfulness hace que tu pequeña pizarra sea un poco más grande. Una memoria de trabajo más desarrollada, por su parte, se relaciona con una mejora en la capacidad de aprendizaje, de concentración y de regulación de las emociones.

Una mayor capacidad de concentración

Probablemente ya habrás deducido que el mindfulness también mejora la capacidad de concentración. Una investigación llevada a cabo en 2009 en la Universidad de Liverpool John Moores descubrió que quienes practican la meditación mindfulness son significativamente más eficaces en lo que respecta a los niveles de concentración que quienes no meditan. Cuando te concentras mejor, tienes más probabilidades de entrar en un estado mental «fluido», un modo mental concentrado que se asocia con altos niveles de bienestar (lo contrario de lo que ocurre con el exceso de estrés). Una concentración más desarrollada, además, provoca sensación de satisfacción y mayor eficacia, lo que supone más tiempo para dedicar a la familia y a los amigos. Sientes que tienes el control en lugar de estar fuera de control.

Beneficios emocionales

¡Felicidad!

Llámalo felicidad, bienestar o fluir: el mindfulness lo potencia. La sensación de felicidad está relacionada con muchos otros beneficios: mejora de las relaciones personales, una vida más longeva y mejores rendimiento y resultados en el trabajo. Además, cuando está feliz, uno se siente bien. El efecto del mindfulness en la felicidad se descubrió en una investigación publicada en el *Journal of Behavioral Medicine* en 2008. Los científicos encargados del estudio descubrieron unos niveles más altos de bienestar en las personas que habían participado en un curso de MBSR. Los que practicaban más meditación y yoga en casa presentaban unos niveles más elevados de mindfulness y bienestar. El estudio de Killingsworth y Gilbert que he mencionado más arriba también descubrió que las personas cuya mente divaga menos son más felices.

Protección contra la depresión

Uno de los problemas del estrés crónico es la aparición de la depresión. El nexo entre el estrés y la depresión resulta complejo, pero no cabe duda de que existe. El estrés crónico altera las hormonas del flujo sanguíneo, lo que incrementa las posibilidades de sufrir una depresión. Y cuando nos vemos sometidos a demasiada presión, tenemos menos posibilidades de socializarnos, de comer sano y de hacer ejercicio. Es decir, podemos acabar por no cuidarnos en absoluto. Según la Organización Mundial de la Salud, más de 350 millones de personas padecen depresión, la principal causa de incapacidad laboral en todo el mundo. Hay países en los que se aplica el mindfulness como método para tratar la depresión clínica recurrente. Los resultados de un curso de mindfulness denominado Terapia Cognitiva Basada en el Mindfulness (similar en muchos aspectos al curso que se ofrece en este libro) demostraron que dicha terapia es un 50 % más eficaz que los tratamientos habituales. El mindfulness ayuda a dejar de luchar contra el sentimiento de tristeza y a aprender a aceptarlo, a percibir los pensamientos y las sensaciones físicas que lo acompañan, y siempre desde la compasión hacia uno mismo. Este cambio ayuda a evitar que la tristeza se convierta en un sentimiento prolongado e intenso, y de ahí se pase a una depresión.

Reducción del sentimiento de soledad

Uno de los factores fundamentales que provoca estrés en los adultos de más edad es la soledad. Los humanos somos seres sociales, y sin el contacto social los sentimientos de soledad pueden llegar a pesar demasiado. Los programas diseñados para incrementar el contacto social en los adultos de más edad hasta el momento no han dado frutos. Una investigación reciente llevada a cabo en la Universidad Carnegie Mellon descubrió que la meditación mindfulness ayuda a reducir el sentimiento de soledad. Y resulta interesante observar que también se descubrió una reducción en la expresión de un gen asociado con la inflamación. Eso significa que el mindfulness también influye en los genes. La inflamación se relaciona con el cáncer, las enfermedades cardiovasculares y las neurodegenerativas. Por lo tanto, una reducción de la expresión de ese gen supone un hallazgo muy prometedor.

Menor ansiedad

La ansiedad es el sentimiento de temor, tensión o preocupación causado casi siempre por un hecho estresante. El estrés no es un trastorno mental diagnosticable, pero la ansiedad sí puede serlo. El trastorno por ansiedad se desencadena cuando el sistema de lucha o huida se pone en marcha continuamente y se siente miedo hasta un extremo que influye en la capacidad cotidiana para funcionar. En el pasado, el tratamiento consistía en intentar modificar los pensamientos. Con el mindfulness, en cambio, la idea consiste en cambiar la *relación* con los pensamientos y pasar de evitar los sentimientos a acercarse a ellos. En 2012, investigadores de la Universidad de Bergen (Noruega) analizaron 19 estudios y llegaron a la conclusión de que los enfoques basados en el mindfulness ofrecen una reducción de la ansiedad considerablemente mayor que los tratamientos tradicionales.

Menos ira

La ira hace acto de presencia cuando las cosas no salen como queremos. En ocasiones, esa ira es totalmente innecesaria y no ayuda en nada. La ira frecuente puede ser muy destructiva para el trabajo y la vida familiar, y aumenta el nivel de estrés. Cuando te sientes estresado, es mucho más probable que te enfades. Se ha descubierto que la ira se desencadena mediante «pensamientos iracundos» (patrones de pensamiento negativos y agresivos). El mindfulness ayuda a percibir y reducir esos patrones de pensamiento inútiles, para así poder reducir también los sentimientos de ira cuando conviene. Esta investigación se publicó en *Aggressive Behavior* en 2010.

Beneficios para las relaciones personales

Las relaciones personales son muy importantes. Numerosos estudios demuestran que las relaciones humanas son el factor más importante a la hora de incrementar la felicidad. Las personas con muchas relaciones de buena calidad (y eso incluye a familiares y amigos) tienen más probabilidades de presentar una mayor resiliencia frente al estrés. Eso es debido a que cuando surgen dificultades en sus vidas tienen a alguien con quien hablar.

El mindfulness nos brinda la oportunidad de incrementar la calidad de las relaciones con los amigos, la familia y los compañeros de trabajo mediante los mecanismos que se describen en este libro. Y al incrementar la calidad de las relaciones, aumenta la resiliencia frente al estrés (la nuestra y la de las personas que nos rodean, ya que ellas también tienen en nosotros a alguien con quien contar).

Conciencia del momento presente

Cuando alguien te habla, ¿hasta qué punto estás presente? Puede que estés ahí físicamente, pero ¿lo estás también mental y emocionalmente?

Recuerdo a un jefe que tuve en una ocasión; casi nunca me prestaba atención cuando le hablaba. En las fiestas de trabajo ni siquiera me miraba. En las reuniones, nunca aceptaba lo que yo le proponía. Parecía que tenía unos cuantos favoritos en el equipo y el resto no le importábamos demasiado. Todo eso le había convertido en una persona impopular en la oficina; su equipo se sentía desmotivado y frustrado.

Estar más presente implica escuchar de manera efectiva y, a la vez, lograr que la otra persona se sienta escuchada. Sentirnos escuchados, en definitiva, es lo que todos deseamos. Cada vez que se está presente, se refuerza la relación en cuestión.

Tomar decisiones conscientes «en caliente»

«El piloto automático es el gran enemigo de las relaciones», según Marsha Lucas, autora de *Rewire Your Brain for Love.* Nuestro comportamiento en las relaciones casi siempre surge del modo en que se desarrolla nuestro cerebro en la primera infancia. Si te comportas de manera automática en tus relaciones personales, es muy probable que acabes reproduciendo patrones ineficaces. El mindfulness reconecta el cerebro (incluyendo las partes responsables de la regulación emocional y la inseguridad). Mediante esa reconexión se reducen las posibilidades de reaccionar de manera automática cuando nos enfrentamos a una emoción difícil. Al estar presente, pueden gestionarse las emociones en caliente, ya que el cerebro está preparado para afrontar la situación. Imagina la cantidad de estrés que puedes eliminar si eres menos reactivo y eliges de manera más controlada las palabras y las acciones cuando alguien te molesta.

Aportar amabilidad, compasión o cordialidad a tus relaciones con los demás incrementará la calidad de dichas relaciones. Tú y las personas con las que te relaciones os sentiréis más felices y más relajados, con menos estrés. No obstante, hay que ser consciente de que se tiene que equilibrar la amabilidad hacia los demás con la que uno se dedica a sí mismo.

La semana pasada, un amigo y colega me pidió que diera una conferencia sobre la aplicación del mindfulness para superar la depresión. El mindfulness es un maravilloso método sin fármacos para afrontar la depresión, y me encantó la idea de compartir mi pasión hacia este tipo de ayuda. Sin embargo, esa semana ya tenía varios compromisos. En esta ocasión tuve que ser amable conmigo mismo y decirle que no a mi amigo. No fue fácil. No me gusta perder las oportunidades de hablar sobre mindfulness, pero si no declinaba la invitación, me estaría privando del descanso que necesitaba. Y al descansar me daba tiempo a mí mismo para reducir mi propio estrés, preparándome así para ofrecer un servicio mejor a otras personas en el futuro.

Reflexión

Piensa en tu vida. Piensa en las tres últimas cosas a las que has dicho «sí». ¿Fuiste amable contigo o con los demás? Ahora piensa en las tres últimas cosas a las que has dicho «no». ¿Fuiste amable contigo o con los demás? Si lo deseas, anota tus respuestas en un diario.

Lo ideal es el equilibrio. Si siempre das y eres muy amable con los demás en detrimento de tus propios niveles de estrés, piensa en la posibilidad de decir «no» más a menudo. Y si siempre miras por ti y rara vez te preocupas por los demás, piensa en ofrecer ayuda y realizar un acto amable por alguien.

Abstenerse de hacer críticas

Abstenerse de criticar es un gran recurso para mejorar las relaciones personales y reducir el estrés. Si necesitas juzgar algo, la clave consiste en juzgar la acción, no a la persona. Me gusta pensar que todos los humanos somos puros y completos por naturaleza, como cuando nacemos. Pero los malos entendidos, las experiencias pasadas, los agentes químicos del cerebro y otras tantas influencias hacen que no siempre nos comportemos de manera razonable o compasiva.

Veamos un ejemplo de mi intento de aplicar este principio. Mantuve una amistad con alguien durante un par de años y la cosa no acabó bien. Mike y yo íbamos al cine o al teatro, quedábamos todas las semanas, compartíamos ideas y nos apoyábamos mutuamente. Éramos buenos amigos. Un día, sin venir a cuento, me acusó de no ser su amigo. Afirmó que lo había ignorado en una fiesta. Me explicó que yo le había ofrecido un nuevo proyecto a otro amigo antes que a él. Añadió que prefería hablar claro en lugar de guardarse las cosas para sí. Fue algo totalmente inesperado. Un poco aturdido, acepté las críticas y me disculpé. No tenía ni idea de que Mike estuviese experimentando aquellos sentimientos. No volví a saber de él. Se acabaron los correos electrónicos, las llamadas, los mensajes. No me respondió a nada. Al principio me sentí triste y confuso. Después, frustrado ante aquel comportamiento. Finalmente acepté la situación. Y lo hice dejando a un lado las críticas sobre Mike y aplicando este principio personal:

Los demás siempre lo hacen lo mejor que pueden, con el nivel de comprensión y motivación que tienen en un momento dado.

No servía de nada que yo juzgase erróneo o malo el comportamiento de Mike. Hizo lo que hizo por lo que él pensaba de mí. No quería hablar más del tema. Al abstenerme de criticar a Mike, me relajé y liberé el estrés que sentía cuando pensaba en él. Lo perdono porque hizo lo que creía que era correcto. Es comprensible, aunque eso no significa que lo que hizo fuese correcto, justo o incluso inteligente. En cualquier caso, hizo lo que hizo por una razón. Ahora me siento agradecido de que me diese la oportunidad de practicar el perdón, y le deseo una experiencia más satisfactoria con sus otras amistades.

Reflexión

¿Hay alguien en tu vida a quien crees que deberías dejar de juzgar? ¿Hay alguien que te provoca estrés con solo pensar en él? ¿Te ayudaría perdonar a la persona, pero no la acción? ¿Podrías considerar la posibilidad de agradecer la oportunidad de practicar el acto del perdón?

Escribe tus pensamientos en tu teléfono móvil, tu tableta o tu diario en papel si lo deseas. No es fácil, y es posible que algunas ofensas recibidas te impulsen a no estar de acuerdo con este enfoque. No obstante, merece la pena reflexionar sobre ello.

El mindfulness es más que meditación

Solo existen dos modos de estar más presente:

1. Meditación mindfulness
2. Mindfulness cotidiano

La meditación mindfulness, que es un tipo concreto de meditación, requiere tiempo para que el cerebro esté más presente. Se puede practicar en períodos de menos de cinco minutos o hasta de cuarenta y cinco minutos. La meditación implica la práctica de una técnica determinada (por ejemplo, concentrarse en la respiración, en el propio cuerpo o en los sonidos).

La meditación mindfulness provoca cambios positivos en el cerebro: lo «reconecta», lo cual hace que nos sintamos más felices, concentrados, despejados y abiertos. En otras palabras, ¡más presentes! La meditación es la herramienta más poderosa para fomentar la capacidad del cerebro de estar presente.

El yoga, el taichi y otras disciplinas cuerpo-mente que se realizan con plena conciencia del momento presente también pueden clasificarse como meditación mindfulness.

El mindfulness cotidiano, por su parte, implica vivir de manera presente. Cada vez que realizas una actividad, si pones intencionadamente toda tu atención en lo que haces con actitudes atentas como la curiosidad y la receptividad (o lo que también se denomina objetividad o retroceso), también potencias el mindfulness de tu cerebro.

«No soy el tipo de persona a la que le gusta sentarse y meditar. El hecho de poder practicar el mindfulness mientras camino, cocino o cuido del jardín lo convierte en un método "portátil" y accesible para mí.»

El mindfulness cotidiano se puede practicar en cualquier momento del día. Puedes comer, caminar o simplemente respirar con mindfulness mientras haces cola, por ejemplo. Estos ejemplos de mindfulness cotidiano se describen con detalle en el programa de ocho semanas.

Por todo ello, el mindfulness es más que meditación. La meditación solo puede practicarse en determinados momentos del día, cuando sacas el tiempo necesario para ello. Sin embargo, puedes optar por estar plenamente presente en cualquier momento del día con solo prestar toda tu atención a lo que quiera que estés haciendo. ¿Preparado para descubrir qué tiene de especial el curso de mindfulness en ocho semanas?

DOS

El programa de reducción del estrés basado en el mindfulness

Los sentimientos van y vienen como nubes en un día ventoso.
La respiración consciente es mi ancla.

THICH NHAT HANH

Omar estaba en la cama. Se encontraba en el hospital a raíz de un accidente de coche. La enfermera llevaba a cabo el chequeo habitual; le tomó las pulsaciones y comprobó la tensión. De pronto, mostró un gesto de preocupación. Su mirada se quedó fija en la pantalla verde que estaba conectada a Omar mediante varios cables. Miró a Omar. No parecía pálido; tenía los ojos cerrados y casi daba la impresión de estar sonriendo. La perplejidad de la enfermera fue en aumento y decidió despertar al paciente. Le zarandeó un brazo y Omar abrió los ojos tranquilamente.

—Te acaba de bajar mucho la tensión —le explicó la enfermera—. Estoy un poco preocupada. No es normal que ocurra tan rápido. ¿Cómo te encuentras?

Omar sonrió y respondió, mientras se quitaba los auriculares:

—Estoy escuchando una meditación mindfulness de mi antigua clase de MBSR.

—¿Tu clase de qué? —preguntó la enfermera, sonriendo pero confusa.

—Es un curso de meditación que hice hace unos años. Todavía escucho los audios para reducir el estrés. ¡Seguramente por eso me ha bajado tanto la tensión!

Aunque Omar hubiese seguido el curso de MBSR años atrás, practicaba el mindfulness con regularidad. Con el tiempo aprendió a estar presente, y utilizaba las meditaciones guiadas en audio siempre que sentía que sus niveles de estrés aumentaban. El programa de MBSR nos enseña a identificar los momentos de la vida en los que los niveles de estrés aumentan, y ofrece ejercicios sencillos para reducir ese estrés.

En resumen, eso es el MBSR: aprender, a través del mindfulness, a detectar cuándo crece el estrés y reducirlo antes de que se apodere de nosotros. En este capítulo explicaré la historia del programa y cómo se estructura.

Entender el MBSR

Si has leído el Capítulo 1, ya sabes algo sobre el mindfulness y los beneficios de su práctica regular, pero no estaría de más conocer cómo surgió el MBSR y cómo funciona el modelo de grupo en el que se basa este libro de autoayuda. El MBSR se diseñó para enseñarlo en un curso de ocho semanas, de manera que los participantes tuviesen la oportunidad de practicar los ejercicios de mindfulness durante la semana. Al final de cada sesión se planteaban ejercicios de mindfulness para que el grupo los probase. En la siguiente sesión se intercambiaban opiniones y cada participante contaba qué le había funcionado y qué no. Actualmente se utiliza el mismo formato, y el curso de este libro también dura ocho semanas.

Todos los profesores de MBSR siguen un mismo programa, pero cada uno imparte las sesiones a su manera. Algunos profesores son un poco más didácticos; otros prefieren estar abiertos a las preguntas; los hay que incluyen mucha práctica de yoga mindfulness en su clase, y otros recurren a otras formas de movimiento consciente.

Con independencia de esas variaciones, todos los profesores formados en MBSR deben introducir en las sesiones cuatro prácticas de meditación mindfulness fundamentales: la meditación del escáner corporal, la meditación para expandir la conciencia (o, simplemente, «meditación sentada»), una minimeditación (aproximadamente de tres minutos) y meditaciones con movimiento consciente (caminar, yoga o estiramientos, en todos los casos con mindfulness).

Cada sesión del curso de MBSR comienza con una meditación guiada de unos treinta minutos. A continuación, los participantes pueden intercambiar opiniones y explorar su experiencia, en lo que se conoce como «indagación». Después se explica el tema de la sesión; esta puede versar, por ejemplo, sobre «vivir con el piloto automático», «enfrentarse a las dificultades» o «descubrir la aceptación». El énfasis recae en aprender a través de la experiencia y no tanto en dar a los participantes información para abrir debates intelectuales.

Originalmente, el MBSR se ofrecía a personas con determinados trastornos físicos o psicológicos. El programa actual se ha adaptado para diferentes contextos (por ejemplo, centros de trabajo o colegios) y para diversos trastornos (desórdenes de la alimentación o cáncer, entre otros). En lo esencial, no obstante, el curso de MBSR apenas ha cambiado desde sus orígenes, hace unas décadas. Probablemente, el principal cambio es la adición de la minimeditación de tres minutos, un recurso que a muchas personas les resulta útil.

Aunque el MBSR se creó para ayudar a personas aquejadas de algún problema de salud, actualmente se ofrece a cualquiera que sufra de estrés y que desee aprender mindfulness. Tal como funciona el mundo actual, ¡eso nos incluye prácticamente a todos! Aunque no sea tu caso, el MBSR puede ayudarte a protegerte frente a futuros factores estresantes. Aunque los factores estresantes que afectaban a la población de las décadas de 1970 y 1980 sean distintos a los que nos enfrentamos nosotros hoy, los ejercicios y las meditaciones mindfulness siguen siendo los mimos. De hecho, las meditaciones mindfulness del MBSR tienen miles de años de antigüedad. Aprender MBSR a partir de este libro supone una experiencia distinta a la de participar en un curso. No se pueden compartir las ideas con un profesor o con los demás miembros del grupo, y tampoco se recibe el apoyo de los compañeros. No obstante, este libro te permitirá trabajar a tu propio ritmo. No tendrás que desplazarte para aprender el programa, y si te consideras demasiado tímido para aprender en grupo, el libro puede convertirse en un método muy acertado. Este libro puede ser utilizado no solo como un curso independiente, sino también con un profesor, un terapeuta o un *coach.*

Durante la redacción de este libro he hecho todo lo posible por captar el espíritu de una clase de MBSR. He incluido todas las meditaciones y los ejercicios de mindfulness más importantes que encontrarías en una clase real, además de una sección de preguntas frecuentes para resolver las dudas más habituales. Y también he añadido un elemento fundamental al programa de MBSR.

Un libro, dos itinerarios distintos

Este libro contiene dos versiones de los ejercicios de mindfulness del programa MBSR. La primera versión, la que yo llamo **«mini»,** consiste en ejercicios breves para personas muy ocupadas que desean introducir el mindfulness en sus vidas pero no disponen de mucho tiempo. Esta versión del programa es como un mini-MBSR. La otra versión, la **«completa»,** permite que aquellos que disponen del tiempo necesario profundicen en las prácticas de mindfulness. El programa completo es el programa típico de MBSR. Puedes decidir qué tipo de ejercicio realizas a medida que avanzas o bien optar por uno de los dos itinerarios y seguirlo hasta el final.

Además de basar tu elección en el tiempo del que dispones, tu estilo de vida y lo que esperas conseguir del programa (y es importante tener en cuenta estos factores: al fin y al cabo, se trata de reducir el estrés, no de aumentarlo), puedes seleccionar el curso mini o el completo en función de tu nivel de estrés. Si tu nivel actual es leve pero persistente, el minicurso podría irte bien. Si se trata de algo más severo, te recomiendo el curso completo. No obstante, insisto en que puedes practicar ejercicios de los dos cursos en función de tus deseos y de lo que te permitan tus obligaciones.

Estrés leve y persistente: busca el símbolo «mini»

En este grupo estaría la mayoría de la población de nuestra sociedad moderna. Si tienes un trabajo exigente, o una familia a la que atender, es probable que te quede muy poco tiempo para ti. Con este estilo de vida tan ajetreado, lo más seguro es que busques en el mindfulness una ayuda para suavizar ese estrés incesante al que te enfrentas. Si es este el caso, te doy las siguientes recomendaciones:

- Realiza el curso de ocho semanas leyendo el libro y practicando en casa con las meditaciones más breves.
- Concéntrate en vivir de manera plenamente consciente. En el Capítulo 6 encontrarás ejemplos para caminar con mindfulness. También puedes practicar la conducción, la limpieza o el trabajo mindfulness. Es el mindfulness cotidiano que ya he mencionado y que no requiere un tiempo determinado; podría ser ideal para ti. Consulta el Capítulo 6 para más información.
- Considera la posibilidad de activar la alarma de tu teléfono o de organizar una cita contigo mismo para tomar conciencia del momento presente. El principal reto consistirá en acordarte de practicar el mindfulness y en encontrar el tiempo y la motivación necesarios para practicar, por muy breve que sea ese tiempo.

Niveles elevados de estrés crónico: busca el símbolo «completo»

Es posible que tu nivel de estrés sea elevado. Incluso podrías estar padeciendo ansiedad o depresión clínicas. Tal vez te estés medicando o hayas tomado medicación en el pasado. O puede que te hayan diagnosticado una enfermedad, como por ejemplo hipertensión, y deseas aplicar el mindfulness para afrontar el estrés asociado con dicha enfermedad. Sea cual sea la razón, el estrés afecta significativamente a tu capacidad de llevar a cabo tus tareas cotidianas o se ha convertido en una situación casi peligrosa. Estás decidido a sacar el tiempo necesario para reducir al máximo tu estrés mediante el mindfulness.

En tal caso, estas son mis recomendaciones (con permiso de tu médico o terapeuta):

- Realiza el curso completo de ocho semanas que se explica en este libro. Haz las meditaciones diarias de treinta minutos y el resto de los ejercicios recomendados.
- Practica el mindfulness cotidiano. Integra el mindfulness en todo lo que hagas en casa, en el trabajo o mientras te desplazas. Esto incluye no hacer varias cosas a la vez y ralentizar tus acciones para que sean más conscientes. De este modo, tu conciencia plena ganará en profundidad. Es probable que consigas hacer más cosas, ya que te concentrarás más en tu trabajo.
- Considera la posibilidad de encontrar un grupo de mindfulness o de realizar un curso online (te ofrezco uno en <www.livemindfulonline.com>) como complemento de tu aprendizaje, y para que puedas formar parte de una comunidad virtual si no encuentras ninguna real en tu zona.

¿No tienes claro hasta qué punto es severo tu estrés? Aquí tienes una autoevaluación para comenzar:

Evalúa tu nivel de estrés

Puedes utilizar el siguiente cuestionario para hacerte una idea aproximada de tu nivel de estrés actual y que ello te guíe en el uso de este libro. Si deseas una valoración más detallada, para la que no tenemos espacio en este libro, visita <www.guilford.com/alidina-materials>.

Responde a las siguientes preguntas: 0 = nunca, 1 = a veces, 2 = a menudo.

1. En el último mes, ¿con qué frecuencia te has sentido molesto por algo que ha ocurrido de manera inesperada?
   Nunca/casi nunca (0) A veces (1) A menudo (2)
2. En el último mes, ¿con qué frecuencia has sentido que perdías el control?
   Nunca/casi nunca (0) A veces (1) A menudo (2)
3. En el último mes, ¿con qué frecuencia te has sentido estresado?
   Nunca/casi nunca (0) A veces (1) A menudo (2)
4. En el último mes, ¿con qué frecuencia te has sentido incapaz de afrontar lo que tenías que hacer?
   Nunca/casi nunca (0) A veces (1) A menudo (2)
5. En el último mes, ¿con qué frecuencia te has sentido enfadado por cosas sobre las que no tenías el control?
   Nunca/casi nunca (0) A veces (1) A menudo (2)

A continuación suma las puntuaciones y anota el total.

0-3 = En este momento, tus niveles de estrés parecen bajos. Podrías emplear el mindfulness para reforzar tu resiliencia y protegerte así del estrés en el futuro. En tu caso, la miniversión del curso de este libro debería ser suficiente, aunque no existe motivo alguno para no realizar la versión completa si consideras que el mindfulness te reporta grandes beneficios.

4-6 = Tu nivel de estrés es moderadamente alto. Probablemente, el mindfulness te ayudará a gestionar la sensación de estrés y a reducir las posibilidades de que aparezcan problemas de salud. En este nivel, seguramente habrá otros factores que contribuyan a decidir qué practicas realizar (la versión mini o la completa). Muy posiblemente, te beneficiarías de cualquiera de los dos programas, o bien de una mezcla de ambos.

7-10 = Parece que tu nivel de estrés es alto. El mindfulness podría ayudarte a gestionarlo. **Si crees que tu nivel de estrés es muy alto**

desde hace tiempo, te recomiendo que vayas al médico o que emprendas las acciones necesarias para reducir la fuente de tu estrés cuanto antes, si puedes. El médico puede ayudarte a determinar si tus síntomas se deben al estrés o a otro motivo, y te ofrecerá el mejor tratamiento. Ten en cuenta también los cuestionarios online sobre el estrés para obtener una valoración más precisa. Considera la posibilidad de realizar el programa completo de MBSR que se ofrece en este libro.

Reflexión

¿Cuáles son los principales síntomas que has presentado en las dos últimas semanas? ¿Te resultaría de ayuda hablar con el médico o con algún otro profesional de la salud para aclarar cuál sería la mejor estrategia en tu caso? Escribe tus pensamientos en papel o en tu diario electrónico, si lo deseas.

Completa el test de nuevo cuando acabes el programa de mindfulness de este libro y comprueba si tu estrés ha desaparecido. Si no es así, considera la posibilidad de continuar practicando mindfulness. El proceso lleva su tiempo, pero los beneficios son muy duraderos si te tomas el tiempo necesario para realizar las prácticas.

Relatos sabios. «¿Qué eres?»

Cuando Buda logró el estado de iluminación, los demás se maravillaban ante su presencia. Desprendía un resplandor misterioso y hermoso.

—¿Eres Dios? —le preguntaron.

—No.

—¿Eres un santo? —insistieron.

—No —respondió con voz serena.

—Entonces, ¿qué eres? —volvieron a preguntar con gran curiosidad.

Él respondió:

—Estoy despierto.

En efecto, el término *buda* significa «despierto».

¿Cuándo deberías empezar?

Ahora que conoces cuál es tu nivel de estrés, ya sabes si deberías ir al médico antes de comenzar este curso, y sabes también qué itinerario deseas seguir para realizar las prácticas. Además, el hecho de conocer tu nivel de estrés también puede ayudarte a determinar cuándo debes comenzar el curso para aprovecharlo al máximo. Quizá crees que el mindfulness es lo mejor que puedes dedicarte a aprender si estás realmente estresado debido a una mudanza, o si te enfrentas a una ruptura muy reciente. Quizá podría ser así, pero seguramente no lo es. Lo cierto es que se trata de elegir el momento oportuno.

Aprender mindfulness puede ser un reto, por tres razones:

1. El mindfulness consiste en adquirir una habilidad, y cualquier habilidad implica una determinada cantidad de tiempo, un esfuerzo y un desafío. Piensa en la última vez que aprendiste algo nuevo (a pintar, a conducir, a ser padre o madre). Estoy seguro de que no fue algo rápido. Los miniejercicios pueden facilitarte el aprendizaje, pero también requieren algo de tiempo.
2. El mindfulness requiere una disciplina diaria que no a todo el mundo le resulta fácil seguir. Piensa en la última vez que tuviste que estudiar para un examen. No siempre es fácil sentarse y ponerse a ello.

3. El mindfulness consiste también en dirigir tu atención hacia el interior, y aunque eso resulta saludable, al principio puede parecerte perturbador si estás atravesando muchas dificultades y no estás preparado para afrontar las emociones que podrían surgir en un primer momento.

Obviamente, no es mi intención quitarte de la cabeza la idea de adentrarte en el mindfulness. ¡Me encantaría que todo el mundo se pusiera a aprenderlo ahora mismo! Pero eso no es realista. Estar preparado para los retos y elegir el mejor momento para aprender son las claves del éxito en el mindfulness.

Por lo tanto, ¿cuándo sería un buen momento para seguir un curso de mindfulness? Ten en cuenta los siguientes aspectos para decidir si ahora es el mejor momento para ti:

- **Estás pasando por un gran cambio vital.** Es preciso que tu vida sea relativamente estable antes de empezar a aprender mindfulness. Si vas a mudarte, a cambiar de trabajo o a poner fin a una relación, probablemente no sea el mejor momento para empezar. Sería mejor que concentrases tu atención en resolver las cosas desde un punto de vista práctico, y cuando todo esté un poco más tranquilo dispondrás del tiempo necesario para realizar las prácticas diarias.
- **Tu estado de ánimo es relativamente bueno.** Dado que el mindfulness es una práctica exigente, no te lo recomiendo si te encuentras en pleno episodio de depresión o ansiedad. Si esperas a que el episodio pase, tendrás más probabilidades de seguir la disciplina del mindfulness diario y acabar el curso. Si no te encuentras en tu mejor momento de ánimo, podría ocurrir que no termines el curso, y acabarías catalogando tu experiencia con el mindfulness como un fracaso más. Para incrementar tus posibilidades de éxito, comienza el curso cuando te sientas lo suficientemente fuerte. Por supuesto, si tu terapeuta u otro profesional de la salud te recomiendan un curso de mindfulness y te aseguran

que te prestarán su apoyo mientras lo realizas, determinados ejercicios de este curso podrían ser exactamente lo que necesitas.

- **Estás harto del estrés que estás experimentando y listo para cambiar.** Por supuesto, puedes limitarte a leer este libro por pura curiosidad, sin realizar ninguno de los ejercicios prácticos. Si sientes la necesidad imperiosa de reducir tu estrés, tendrás que realizar los ejercicios y las meditaciones mindfulness. Si la perspectiva te parece abrumadora, prueba con los miniejercicios, que te servirán para hacerte una idea de si esto es lo que quieres.

«Disfruté mucho con el minicurso de MBSR de este libro. Las meditaciones breves me ayudaron a cortar con el estrés de raíz antes de que se descontrolase.»

CONSEJO

Si realmente solo quieres leer el libro, sin realizar de momento ninguna práctica, está bien. Haz lo que consideres mejor para ti; mis recomendaciones son solo sugerencias. ¡Tú sabes lo que te funciona mejor!

CONSEJO

Si crees que estás preparado para probar el curso, pero no estás convencido del todo, puede ser que lo que necesites sea un estímulo. En ese caso, podrías optar por un curso de mindfulness presencial (véase Recursos, al final del libro). Recibirás el ánimo y el apoyo de los demás miembros del grupo, o podrás encontrar un *coach* o un compañero de mindfulness. En la página 72 encontrarás información sobre los compañeros de mindfulness.

¿Qué puedes esperar?

A continuación encontrarás un resumen del curso de MBSR que se ofrece en este libro. Este resumen te permitirá hacerte una idea del viaje que puedes emprender si sigues el programa.

Semana 1. Las cosas no están tan mal como creías

En esta sesión se empieza adquiriendo conciencia de que, por muy complicadas que sean tus circunstancias en este momento, las cosas no están tan mal como crees. La sesión enseña qué es el mindfulness y se aprende a practicar la meditación del escáner corporal. También se explica qué es el piloto automático (la tendencia de la mente a distraerse, que es el estado habitual durante gran parte del día) y cómo desactivarlo (o, al menos, moderarlo).

Semana 2. De la reacción automática a la respuesta creativa

Se analiza el papel de la responsabilidad personal y la interpretación en el estrés. Además de practicar el escáner corporal de nuevo, se aprende qué es la pausa atenta (una minimeditación). Se descubre el nexo que existe entre los pensamientos y las emociones, y se presentan nuevos modos de gestionar los pensamientos estresantes.

Semana 3. La alegría y la importancia de vivir en el presente

En esta sesión se descubre el verdadero valor de vivir en el momento presente. Se prueba la meditación de la conciencia en expansión, el escáner corporal y las prácticas de movimiento consciente para situarse en el aquí y el ahora. Se aprende a disfrutar del caminar consciente. También se descubre por qué el cerebro se pierde en historias y cómo traerlo de nuevo al momento presente sin autocriticarse cuando ocurre.

Semana 4. entender y gestionar el estrés

Se explica la fisiología del estrés. Se averigua cómo ayuda el mindfulness a afrontar el estrés, y se aprende a mantener la calma ante las experiencias desagradables. Se continúan aprendiendo nuevas prácticas de movimiento consciente.

Semana 5. tomar partido, responder al estrés

Se descubren cuatro modos fundamentales de afrontar los factores estresantes. Se aprende qué significa respetar las emociones en lugar de luchar contra ellas. La sesión continúa mostrando ideas para profundizar en la experiencia con la meditación mindfulness.

Semana 6. la comunicación consciente

Se explora el papel del mindfulness en la comunicación (diferentes maneras de aplicarlo para escuchar en profundidad y hablar con eficacia). También se descubre el papel de las emociones y el estrés en la comunicación, y cómo gestionarlos mediante actitudes y prácticas mindfulness.

Entre las semanas 6 y 7. un día de mindfulness

Se exponen los motivos para dedicar un día a la práctica del mindfulness y se analizan las mejores opciones para prepararse para ello. Se da la oportunidad de decidir qué se va a hacer en ese día de mindfulness y de practicar las diferentes meditaciones que se han aprendido. También se descubre cómo superar las dificultades más habituales: por ejemplo, cómo afrontar las emociones cuando se practica durante mucho tiempo.

Semana 7. cuídate

Esta sesión explica la importancia de cuidarse cuando se afrontan niveles altos de estrés y cómo aplicar el mindfulness para conseguirlo. Se enseña a ajustar el estilo de vida para reducir el estrés, a identificar las actividades que estimulan y las que agotan (y que pueden influir en los niveles de estrés) y a desarrollar un plan de acción de gestión consciente del estrés. Además, se presenta el paso de acción consciente, un proceso para detectar y superar el estrés antes de que se vaya de las manos.

Semana 8. el resto de tu vida

La última sesión supone una oportunidad para reflexionar: sobre lo que se ha descubierto en este curso y cómo continuar con la práctica del mindfulness. Se reflexiona sobre el modo de llevar una vida más presente y consciente, con intenciones claras a corto y largo plazo.

CONSEJO Si la lectura de este resumen te ha parecido abrumadora, no te preocupes. Sigue el curso día a día y práctica a práctica. La clave está en ser amable y bondadoso contigo mismo; no debes sentir que tienes muchas cosas que hacer.

En una sesión

Esto es lo que puedes esperar de una sesión de este libro:

1. Unas prácticas de meditación mindfulness.
2. Una explicación de los temas fundamentales de la sesión.
3. Oportunidades para reflexionar sobre tu práctica de meditación

mindfulness y el tema tratado, y para escribirlo en un diario (en papel o electrónico).

4. Algunos ejercicios de mindfulness cotidiano para probar esa semana.

Muchas de las prácticas que se realizan también dan la oportunidad de hacer las cosas de una manera un poco distinta si así se desea.

VARIACIÓN. Estas secciones te ofrecen una manera distinta de practicar el ejercicio o la meditación mindfulness que corresponda. Puedes experimentar con esas variaciones si te apetece probar algo distinto.

PROFUNDIZAR. Estas secciones dan consejos para los que llevan más tiempo practicando mindfulness a fin de profundizar en las meditaciones. Puedes aplicar estos consejos si deseas repetir el curso en una segunda lectura o, por ejemplo, si ya tienes alguna experiencia con el mindfulness antes de aplicarlo al MBSR.

Cómo se utiliza este libro

Te recomiendo que utilices este libro de la siguiente manera:

1. Decide cuándo estás preparado para empezar tu curso de MBSR de ocho semanas. Cuando llegue ese momento, lee el capítulo siguiente para saber cómo aprovechar el programa al máximo.
2. En el capítulo correspondiente a cada semana encontrarás unas prácticas de mindfulness. Llévalas a cabo antes de continuar leyendo para aprovecharlas al máximo. Te llevará entre una y dos horas semanales leer cada capítulo y realizar los ejercicios correspondientes.
3. A lo largo del libro se incluyen algunos ejercicios de reflexión. Anota tus respuestas en un diario o en el soporte que prefieras.
4. Durante la semana siguiente, practica a diario los «ejercicios

en casa» que se indican en el cuadro al final del capítulo. Puede llevarte entre diez y treinta minutos diarios; dependerá de tus preferencias, de tu nivel de estrés en ese momento y del tiempo del que dispongas.

5. Después de una semana realizando los ejercicios en casa ya podrás pasar al siguiente capítulo.
6. Si, por la razón que sea, no has podido realizar al menos la mitad de las prácticas diarias, repite esa semana antes de pasar al siguiente capítulo.

CONSEJO Aunque creo que aprovecharás al máximo el capítulo de cada semana si te paras a realizar las meditaciones a medida que vas leyendo, no dudes en leer primero todo el capítulo y después regresar a los ejercicios si así lo prefieres. Lo que mejor te funcione es lo mejor para ti. Definitivamente, estarás mejor preparado para realizar los ejercicios en casa de la semana si ya has probado las prácticas durante la lectura del capítulo o inmediatamente después.

Sigue el curso en orden

En el curso de MBSR existen unas razones concretas por las que determinadas meditaciones van antes que otras. Por ejemplo, las primeras sesiones incluyen meditaciones con más guía porque así resultan más sencillas para los principiantes. Las sesiones no son completamente independientes, sino que se basan en el aprendizaje y el desarrollo de las sesiones anteriores. Según mi experiencia, seguir el programa de manera secuencial te facilitará las cosas.

El siguiente capítulo ofrece algunas ideas adicionales para aprovechar el programa al máximo. Léelo cuando sea tu momento.

TRES

Aprovechar al máximo el programa de reducción del estrés basado en el mindfulness

Los chinos utilizan dos ideogramas para escribir la palabra «crisis». Uno de ellos significa «peligro»; el otro, «oportunidad». En una crisis, toma conciencia del peligro, pero reconoce la oportunidad.

JOHN F. KENNEDY

Rani estaba preparando un gran evento en el trabajo y andaba muy ajetreada. Recibía muchos correos y llamadas todos los días, y tenía que asistir a reuniones interminables. Acababa de mudarse a una nueva casa, y su marido se encontraba trabajando fuera. Deseaba acabarlo todo y poder marcharse de vacaciones a California en un par de semanas.

Con tantas cosas que hacer y tan poco tiempo, Rani empezó a sufrir dolor de espalda. Era una experiencia que le resultaba familiar. Siempre que se estresaba mucho, se le resentía la espalda (probablemente, por la tensión que acumulaba en los músculos). Sabía que si no hacía algo al respecto, las cosas irían a peor. En alguna ocasión había tenido que pasar varias semanas en cama por un dolor de espalda.

Rani había asistido a uno de mis programas de MBSR un año antes y todavía tenía el audio de las meditaciones guiadas, pero había dejado de lado el hábito de la meditación. Decidió escuchar la meditación del escáner corporal cada día antes de ir a trabajar. Sintió un alivio casi inmediato. En el silencio de la meditación también se dio cuenta de que el ejercicio podría ayudarla y sacó tiempo para acudir caminando de manera enérgica y plenamente consciente hasta la estación todas las mañanas. Se aseguró de reducir su actividad y concentrarse plenamente en las tareas de una en una.

El dolor de espalda empezó a remitir en cuestión de dos semanas. Podría disfrutar de las vacaciones que había planeado y regresar al trabajo como nueva. Desde entonces, Rani mantiene la práctica de meditación mindfulness diaria. Se dio cuenta de lo importante que era la disciplina regular para su bienestar.

El curso de MBSR es un compromiso de ocho semanas. Si realizas el curso completo, te comprometes a llevar a cabo la práctica de treinta minutos al día durante ocho semanas. Si realizas el minicurso, necesitarás unos diez minutos diarios, lo que facilitará darle cabida en una agenda apretada. Después de las ocho semanas, si consideras que no has obtenido ningún beneficio del mindfulness, puedes parar. No obstante, existen varias alternativas para fomentar las posibilidades de acabar el programa con un nivel de estrés significativamente menor.

La importancia de la práctica diaria

Probablemente, lo más importante que puedes hacer durante el curso de MBSR consiste en esforzarte por practicar mindfulness todos los días. ¿Por qué es tan importante la práctica diaria? Porque el mindfulness consiste en entrenar el cerebro. Y si deseas «reconectar» tu cerebro, la clave es la repetición. Cada vez que repites un proceso, las conexiones neuronales implicadas en esa actividad salen reforzadas. Aprender mindfulness es como adquirir cualquier otra habilidad. Digamos que quieres aprender a montar en bicicleta. Si lo intentas todos los días, aunque solo sean diez minutos, pronto le cogerás el truco. Y eso significa que estarás formando nuevas vías neurales en tu cerebro para que la nueva actividad te resulte cada vez más fácil. Del mismo modo que no practicas ejercicio durante unas semanas y después lo dejas si lo que quieres es estar en forma, el mindfulness es un ejercicio mental que funciona gracias a la práctica diaria.

Veamos, por ejemplo, la respiración consciente. El mindfulness de la respiración (se describe en el Capítulo 5) es una de las formas de meditación más sencillas pero más poderosas. Cuando la pruebes por primera vez, es posible que tu mente se despiste mucho. Y también que te sientas muy inquieto. Con la práctica diaria, sin embargo, mejorarás. Como mínimo, no te sentirás tan inquieto cuando tu mente divague. Y tu cerebro se acostumbrará a estar más atento, lo que significa que podrías empezar a percibir más cosas de tu entorno, así como sobre tus pensamientos y emociones. Dejarás de ir con el piloto automático continuamente. La práctica diaria de mindfulness le enseña a tu cerebro a estar más despierto y ser más consciente del momento presente, en lugar de dejar que deambule. Sin la práctica diaria, el cerebro regresa a esos viejos hábitos, que no son más que el efecto de las antiguas vías neurales de tu cerebro.

Puede que las prácticas de mindfulness te resulten fáciles y agradables. Si es así, ¡estupendo! Sin embargo, es muy posible que te enfrentes a dificultades cuando trates de introducir el mindfulness en tu vida.

El mindfulness resulta sencillo en teoría, pero en la práctica puede ser muy exigente.

Vamos a ver ahora algunas de las dificultades a las que se han enfrentado alumnos míos de ediciones pasadas. Se trata de las siguientes:

- Encontrar tiempo para practicar
- Acordarse de practicar
- Superar la resistencia

A continuación, veremos algunos consejos que pueden ayudarte a superar esas dificultades.

Encontrar tiempo para practicar

Existen dos maneras básicas de aplicar el mindfulness que debes recordar para practicar todos los días durante el curso que ofrece este libro:

- **Meditaciones mindfulness.** Es la meditación propiamente dicha. Debes dedicarle diez minutos (minicurso) o treinta minutos (curso completo) cada día.
- **Mindfulness cotidiano.** Consiste en realizar las actividades diarias estando plenamente presente (por ejemplo, lavarse los dientes o caminar hasta el trabajo). Te anima a hacer las cosas de una en una y dedicándole toda tu atención.

El mindfulness cotidiano es más una cuestión de acordarse que realmente de disponer de tiempo. Profundizaremos en esta idea un poco más adelante. Las meditaciones mindfulness, en cambio, exigen tiempo. Como ocurre con todo aquello que merece la pena, hay que encontrar un poco de tiempo, aunque solo sean unos minutos, para obtener los beneficios del mindfulness. Veamos algunas maneras de conseguirlo:

- **Programa tu práctica de mindfulness a primera hora de la mañana.** Personalmente, me gusta practicar mindfulness en cuanto me levanto. Después puedo continuar con mis tareas el resto del día. Además, me ayuda a empezar bien la jornada. Muchos de mis alumnos también prefieren empezar el día con la meditación.

  Si tus mañanas ya están muy ocupadas, puedes levantarte antes a fin de sacar el tiempo necesario para practicar. Puede parecer una carga, pero la meditación a veces resulta más reparadora incluso que el sueño.

- **Practica mindfulness en algún momento a lo largo del día.** Es probable que durante la jornada tengas varios momentos en los que no estás plenamente implicado en una tarea (esperando el tren, en el autobús, esperando a alguien con quien has quedado o mientras tus hijos juegan en el parque). Esos momentos se pierden fácilmente entre pensamientos. Aprovéchalos para practicar un ejercicio breve de mindfulness.

  Por ejemplo, si vas al trabajo en tren, puedes realizar algunas meditaciones durante el trayecto. Uno de mis clientes practica todas sus meditaciones en el tren y llega al trabajo como nuevo.
- **Concéntrate en las tareas más prioritarias.** Elabora una lista de tus actividades diarias. Clasifica las actividades en función de su prioridad: alta, media y baja. Unos minutos robados a una tarea de prioridad baja pueden servirte para practicar mindfulness.
- **Convierte el hecho de encontrar tiempo en un juego.** En lugar de pensar en la meditación como una obligación, piensa que se trata de un juego.

  Tómate unos minutos para meditar mientras el ordenador arranca. Aprovecha ese minuto que te lleva bajar la escalera para hacerlo de manera plenamente consciente. Enorgullécete de ti mismo por encontrar cinco minutos inesperados para meditar (y explícaselo a quien quieras). Todo ello te ayudará a acordarte de estar alerta para aprovechar los minutos sueltos.

Reflexión

¿Qué vas a hacer para asegurarte de que encuentras tiempo para practicar mindfulness? Anota algunas posibilidades en tu diario a modo de recordatorio.

Encontrar un compañero de mindfulness

Si sigues este programa de mindfulness por tu cuenta, una manera de asegurarte de encontrar tiempo para las prácticas consiste en buscar un compañero de mindfulness. Alguien con experiencia sería una buena elección. Si encuentras a una persona con la que meditar, aunque sea una vez por semana, te ayudará a motivarte. Incluso aunque esa persona no pueda realizar las prácticas de mindfulness contigo, puedes contar con ella y explicarle tu compromiso de realizar este curso de ocho semanas. Cuando empieces a dudar de ti, tu compañero de mindfulness estará ahí para animarte.

Tu compañero de mindfulness puede ser tu pareja, tu hijo o hija (si tiene la edad suficiente), o incluso tu padre o tu madre. También un amigo o un *coach* serían compañeros de mindfulness ideales.

Cuando acabes este capítulo, probablemente sabrás en qué aspectos necesitas más ayuda y cómo puede animarte tu compañero de mindfulness para que mantengas tu compromiso. Una buena idea es que siga las siguientes pautas.

«Practicaba mindfulness con los audios en compañía de mi marido y mi hijo pequeño después del trabajo, los tres tumbados en la cama. Nos fueron muy bien. ¡En ocasiones, hasta el perro se unía a nosotros!»

Un compañero de mindfulness:

- se pone en contacto contigo al menos una vez por semana;
- te pregunta cómo te va con las prácticas de mindfulness;
- te anima a continuar con actitud positiva;
- te hace preguntas abiertas; por ejemplo, «¿Qué has hecho esta semana en tu práctica de mindfulness?» o «¿Qué aspectos del mindfulness te parecen más divertidos o más complicados?»;
- te escucha sin juzgar, sobre todo sin juicios negativos;
- medita contigo siempre que puede.

ACORDARSE DE PRACTICAR

Una de las mayores dificultades a la que se enfrentan mis clientes es la de acordarse de practicar. Quieren estar presentes, en el momento, concentrados, pero ¡se siguen olvidando de hacerlo! Es algo normal, forma parte de la experiencia de aprender mindfulness. En realidad, nadie está completamente presente siempre; todo el mundo se olvida y se pierde en fantasías y preocupaciones en algún momento.

El mejor modo de acordarse de estar presente en el día a día consiste en practicar las meditaciones mindfulness. Si estás dispuesto a sacar unos minutos diarios para meditar, tu cerebro cambiará y tendrás más posibilidades de estar presente todos los días.

Y ¿cómo se acuerda uno de practicar la meditación mindfulness? La planificación previa es casi siempre la mejor solución para acordarse de practicar. Intenta decidir con antelación dónde y cuándo vas a practicar. Si planificas cada semana de práctica de meditación mindfulness y te comprometes contigo mismo, es más probable que lo hagas. Para incrementar un poco más las posibilidades de que mantengas la meditación diaria, piensa en todo lo que podría obligarte a prescindir de la práctica y adelanta posibles soluciones.

Si lo deseas, completa la tabla de la página siguiente (también disponible para descargar e imprimir en <www.guilford.com/alidina-materials>). Te ayudará a decidir cuándo y dónde realizarás tus meditaciones diarias. Son los momentos del día en los que deseas practicar la meditación. Puede ser a primera hora de la mañana, cuando te levantas; antes del desayuno; en la pausa de media mañana; antes o después de comer; durante el trayecto en el tren o cuando llegues a casa. Puedes elegir lo que se adapte mejor a tu horario; la única condición es que no sea ese momento del día en que te entra el sueño.

Agenda para la práctica de meditación mindfulness

Día	¿Cuándo y dónde practicarás tu meditación mindfulness?	¿Qué obstáculos prevés?	¿Cómo los superarás?
Lunes			
Martes			
Miércoles			
Jueves			
Viernes			
Sábado			
Domingo			

SER CONSISTENTE: SUPERAR LA RESISTENCIA

Todos nos resistimos a hacer cosas que «se supone» que tenemos que hacer. El mindfulness puede ser una de ellas. A mí también me pasa. Sé que necesito practicar mindfulness porque soy perfectamente consciente de todos sus beneficios y, aun así, a veces siento cierta resistencia. Y a ti también te ocurrirá de vez en cuando.

La práctica de la meditación mindfulness puede ser una experiencia estupenda unos días, y muy pesada en otras ocasiones. Eso no significa que el mindfulness no esté funcionando. Para retomar la analogía del gimnasio, para desarrollar los músculos, hay que pasar por el dolor de levantar peso. Y ¡eso no significa que lo dejes!

«Esto del gimnasio no funciona», podrías argumentar. «Levantar las pesas duele, algo no funciona.» Esa es, casi, la cuestión. Al enfrentarte a la resistencia, descubres una fortaleza que no conocías. En el caso del mindfulness, practicar aunque te sientas preocupado, cansado o nervioso equivale a afrontar una resistencia interior. Y aunque no disfrutes de la experiencia, el resultado a largo plazo merecerá la pena.

Según mi experiencia, el mejor modo de enfrentarse a esa resistencia interior consiste en seguir estos pasos:

1. **Aceptar que se siente resistencia** a realizar la práctica de mindfulness. Pronuncia mentalmente la palabra «resistencia». Este proceso de etiquetado contribuye a hacer partícipe a la parte más sabia e inteligente del cerebro.
2. **Identificar la forma que adopta esa resistencia.** ¿Se trata de un pensamiento del tipo «¡No puedo perder el tiempo en meditar!» o «¡No me apetece meditar!»? ¿O se trata de un sentimiento, como una sensación de nudo en el estómago, el ceño fruncido o rigidez en el pecho? ¿En qué parte del cuerpo sientes la emoción?
3. **¡Reconocer que ya se está practicando mindfulness!** Al tomar conciencia de la resistencia a practicar, ya se está en el momento presente. Percibes y reconoces una experiencia en el momento presente con un sentimiento de curiosidad.
4. Puedes profundizar y tratar de ver si eres capaz de **aceptar la resistencia tal como se presenta.** Acompaña al sentimiento o al pensamiento en lugar de luchar contra él. Sé amable contigo; utiliza expresiones como «Es normal y natural sentirse así». Trata de emplear un tono de voz reconfortarte en tus pensamientos. Háblale a tu mente con delicadeza, como si te estuvieses dirigiendo a alguien que te importa mucho.
5. **Incorporar unas cuantas respiraciones a esta experiencia.** Siente tu respiración; da igual si estás fregando los platos, leyendo el correo electrónico o viendo la televisión. Mientras sientes tus inspiraciones y tus espiraciones, **pon una sonrisa**

en tu rostro en reconocimiento de esa resistencia interior que ya conoces, porque eres plenamente consciente de ella.

Prueba este ejercicio cuando sientas resistencia a practicar tu meditación mindfulness o siempre que sientas oposición a hacer cualquier cosa. Anota en tu diario qué has sentido. ¿Qué has aprendido de este proceso?

Hace unos meses empecé a mirar el teléfono en cuanto me despertaba. Esperaba un correo electrónico. En una semana, consultar el teléfono en lugar de meditar se había convertido en un hábito. Para contrarrestarlo, cuando me doy cuenta de que lo estoy haciendo, continúo con el teléfono en la mano y respiro hondo varias veces. Cierro los ojos y percibo mi resistencia a meditar. Continúo respirando. Normalmente, el deseo de meditar a continuación es más fuerte que el deseo de mirar el teléfono. Me siento y medito, sabiendo que mis correos pueden esperar veinte minutos más sin ningún problema. Esta es una buena forma de abandonar un hábito inútil: percibir la resistencia y comenzar la meditación al mismo tiempo.

Incluye el mindfulness en tu lista de cosas «para ser»

No se trata de que el mindfulness se convierta en un motivo más de estrés. Ya tienes suficientes fuentes de estrés, estoy seguro. El mindfulness no es otro elemento para incluir en tu lista de «cosas que hay que hacer». Es algo más que un conjunto de técnicas que debes integrar en tu apretada agenda. Sí, es importante sacar tiempo para la meditación mindfulness, pero es algo más que eso.

Continuamente conozco a personas que me dicen: «Oh, sí que debería meditar. Es muy frustrante. Pero no puedo porque...». Y veo que la meditación se convierte en la causa de su estrés. Si es esto lo que te ocurre, te sugiero que dejes de darle vueltas y que te olvides de intentar meditar por un tiempo. Sí, deja de intentarlo.

Tómate una pausa con respecto a la implacable necesidad de mejorar tu vida. Limítate a observar qué está ocurriendo en tu vida sin los «debería» y los «tengo que». Observar de verdad qué ocurre en tu vida y qué pensamientos y emociones pasan por tu cabeza es meditar: meditar sobre tu propia vida, la meditación más importante de todas.

El mindfulness es una manera de ser. Ofrece un modo de lidiar con esa lista de deberes sin embarcarse frenéticamente en varias tareas a la vez, sin caer en el pánico y sin preocuparse. Si el mindfulness se añade a esa lista como otra tarea que hay que finalizar y olvidar, es que tienes algo muy interesante que aprender.

El mindfulness es un modo de navegar por la vida sabiendo que hay algo más que completar esa lista de deberes. La vida es demasiado misteriosa para limitarse a realizar tareas. Se trata de aprender a tomarse una pausa cuando lo necesites. De percibir el sentimiento de culpabilidad o nerviosismo cuando haces algo bueno para ti y lo haces de todos modos, sabiendo que a la larga resultará beneficioso para ti y los tuyos. Se trata de no hacer nada de vez en cuando.

Piensa en el mindfulness como en el trasfondo de toda tu experiencia vital y no como en otra tarea obligatoria más. Piensa que es la tierra a partir de la cual crece tu vida. O un ancla que lanzas cuando llega el momento de detener el barco de tu vida. Del mismo modo que tu cuerpo necesita aire para respirar y alimentos para comer, tu corazón y tu mente necesitan del mindfulness y la autocompasión para funcionar en armonía. Esto te lleva a una vida no solo con menos estrés, sino también con más alegría.

El mindfulness consiste en algo más que en realizar las prácticas. Estudiar y analizar los conceptos del mindfulness con otras personas hará que el proceso se vuelva interesante, actual y divertido.

Por ejemplo, si quisiera que te convirtieses en un entusiasta de la cocina, no me limitaría a decirte que empieces a cocinar. Te recomendaría algunos libros sobre el tema, tal vez alguna revista, y te sugeriría que te apuntases a clases para aprender más. Con todos esos elementos, tanto tu interés como tu capacidad aumentarían rápidamente.

Piensa que el mindfulness se compone de tres elementos: práctica, estudio y análisis con otras personas.

- **Práctica del mindfulness.** Se compone de las meditaciones y de los ejercicios diarios de mindfulness. Entre las prácticas figuran la meditación para expandir la conciencia, la meditación del escáner corporal, los movimientos conscientes como el yoga o el taichi, ejercicios como caminar con mindfulness e incluso conversaciones mindfulness.
- **Estudiar sobre el mindfulness.** Esto incluye leer libros sobre mindfulness o meditación en general, leer poesía sobre mindfulness, asistir a conferencias o talleres y ver conferencias online.
- **Analizar el mindfulness con otras personas.** Puede tratarse de un amigo, un grupo de mindfulness o un taller, o puede hacerse incluso online. Mi comunidad de mindfulness online se encuentra en <www.facebook.com/shamashalidina> y en Twitter @shamash-alidina. No dudes en ponerte en contacto conmigo o en preguntarme lo que quieras a través de estas redes; me encantará ayudarte.

De los tres procesos, la práctica es el más importante. Se trata del proceso que reconecta tu cerebro para que esté más presente y tenga más resiliencia al estrés. No obstante, los otros dos caminos te ayudarán a mantenerte en la práctica y a superar la resistencia.

CONSEJO

Si no tienes tiempo para estudiar sobre el mindfulness o para analizarlo con otras personas, no dejes de realizar las prácticas que aprendas en este libro. Para continuar con la analogía de la cocina, aunque leer más libros sobre el tema y hablar con amigos que cocinan muy bien pueden servir de ayuda, no son actividades esenciales. Lo importante siempre es la práctica.

Llevar un diario de tus prácticas

Te recomiendo que empieces un diario sobre las prácticas de mindfulness y las reflexiones. Un diario con tus experiencias en la práctica del mindfulness aporta varios beneficios, en especial si sigues este libro por tu cuenta. Son estos:

- **Reducción inmediata del estrés.** Al escribir tus pensamientos y tus sentimientos, puedes retroceder un paso y observarlos con cierta distancia. Es este un aspecto importante del mindfulness. En sí mismo, el acto de escribir tus pensamientos y tus sentimientos ejerce un efecto reductor del estrés. De hecho, varios estudios demuestran que escribir un diario reduce el estrés.
- **Identificación de patrones.** Al escribir tus experiencias de forma regular en un diario podrás observar patrones de conducta. Por ejemplo, cuando practicas los ejercicios de mindfulness por la mañana, es posible que tus experiencias durante el día te resulten menos estresantes, mientras que la meditación por la tarde-noche te dará sueño. El mindfulness consiste en observarte y observar a los demás para entender mejor las cosas. El proceso de escribir es una práctica de mindfulness en sí misma, porque se entienden mejor los patrones de conducta y se facilita así la reducción del estrés.
- **Hallazgo de soluciones.** Escribir tus experiencias te ayudará a dar con soluciones para los problemas que te estresan. Los pensamientos tienen el hábito de dar vueltas y más vueltas en tu cabeza. Al ponerlos en papel se reduce la tendencia a dar vueltas a las cosas y se obtiene una perspectiva más clara de la situación.

Uno de mis clientes, que pasaba por una etapa de mucho estrés a raíz de la crisis económica, llevaba un registro regular de su práctica de mindfulness. Cada vez que venía a verme, me entregaba sus escritos para mostrarme lo que se le había ocurrido aquella semana. Durante la primera semana me dio la impresión de que disfrutaba de sus meditaciones y sus ejercicios. Al cabo de unas semanas, sin embargo, el número de meditaciones empezó a ir a menos. Le pregunté por qué. Se dio cuenta de que en cuanto sus niveles de estrés aumentaban, cuando se acercaba una reunión importante, dejaba de meditar. ¡Justo cuando más

«Nunca había probado lo del diario. Me resultó sorprendentemente relajante y terapéutico. Lo escribo siempre que tengo tiempo o en momentos de estrés. Realizo un breve ejercicio de mindfulness y luego empiezo a escribir.»

lo necesitaba! Lo solucionó y se sintió mucho mejor. Al leerlo, puede parecer algo obvio, pero si no llevas un diario de tu práctica, puedes pasar por alto los patrones y las relaciones evidentes.

Lo que nos aporta la investigación:
adiós al estrés con un diario

Philip Ullrich y Susan Lutgendorf, de la Universidad de Iowa, investigaron los efectos de escribir un diario en los niveles de estrés de 122 estudiantes universitarios. Le pidieron a un grupo que escribiese sobre sus pensamientos y sus emociones ante hechos estresantes, a un segundo grupo que se centrase únicamente en las emociones ante hechos estresantes, y al último grupo que escribiese sobre acontecimientos en general. Los estudiantes del primer grupo desarrollaron una conciencia mayor sobre los aspectos positivos de los hechos estresantes. Los integrantes del grupo que se centró únicamente en las emociones negativas parecían sentirse peor al acabar el estudio.

¿Estás a punto?

Ahora que ya sabes qué puedes esperar el curso que te ofrece este libro y cómo aprovecharlo al máximo, ¿cómo te sientes? ¿Entusiasmado? ¿Con dudas? ¿Inquieto?

Nunca se está preparado al cien por cien para este curso o para cualquier otro. Lo único que puedes hacer es esforzarte al máximo y ver qué pasa. Probablemente, el momento perfecto nunca llegará. Siempre y cuando tengas interés en probar el curso y no te encuentres en medio de un cambio vital importante, dale una oportunidad al mindfulness. No sabes qué descubrirás hasta que te comprometas con los ejercicios. Y si te saltas la práctica de vez en cuando, no te preocupes. Estas cosas pasan. ¿Cuántas veces crees que te caíste cuando aprendías a caminar? Cometer errores es un hecho inherente a cualquier proceso de aprendizaje. Por lo tanto, inténtalo. A ver qué pasa. Recuerda que hay muchas personas que te brindarán apoyo y ánimo en el camino. Solo tienes que pedirlo. Pedir ayuda cuando se necesita es una señal de fortaleza, no de debilidad. ¡Buena suerte!

CUATRO

Semana 1
Las cosas no están tan mal como creías

Lo que hay detrás de nosotros y lo que hay delante de nosotros son cuestiones menores comparadas con lo que hay dentro de nosotros.

HENRY DAVID THOREAU

INTENCIONES

- *Empezar a explorar qué es realmente el mindfulness.*
- *Probar la meditación del escáner corporal para entrenar la atención, aprender sobre la tendencia de la mente a dispersarse y familiarizarse más con las sensaciones corporales.*
- *Entender el concepto del piloto automático mediante un ejercicio de comida con atención plena.*

Cuando Cheng empezó a aprender mindfulness, padecía el síndrome de fatiga crónica. No era feliz, las cosas no le iban bien. Su relación con su mujer estaba muy deteriorada, y se sentía completamente inepto y culpable por cómo intentaba ganar suficiente dinero para mantener a sus dos hijas. Se sentía tan estresado que ni siquiera podía expresarlo con palabras.

Su médico le sugirió un curso de MBSR. Cheng no sabía qué era el mindfulness, pero estaba dispuesto a intentar lo que hiciese falta. Cuando meditó en clase por primera vez, le resultó muy difícil. Su mente estaba completamente dispersa. Sentía que con aquello no iba a ninguna parte, que era una completa pérdida de tiempo. Sus meditaciones lo dejaban con una sensación de ansiedad y al borde de las lágrimas. En ocasiones acababa enfadado. Su profesor le animó a continuar; le explicó que la mezcla de emociones que salían a la superficie de su conciencia era algo bueno y formaban parte del proceso de dejar salir las emociones internas que había acumulado en su interior. Cheng sintió que aquellas palabras eran ciertas, y su profundo deseo de paz interior lo animó a perseverar a pesar de las dificultades.

Avancemos unos años: la vida de Cheng ha cambiado por completo. El síndrome de fatiga crónica ha desaparecido. De vez en cuando visita al médico para un control rutinario, pero nada más. Medita de forma regular desde que hizo el curso de MBSR, y le encanta. Para él, los niveles altos de estrés ya son cosa del pasado. Su familia ha mejorado muchísimo; ahora disfruta de una vida plena junto a sus hijas y su mujer. Cheng se siente agradecido por cada día de su vida. Aunque no tiene claro que la meditación por sí sola provocase esta transformación, sí cree que fue decisiva para su proceso de curación. Huelga decir que es un gran seguidor del mindfulness para reducir el estrés y como herramienta de sanación.

Puede que tu situación sea tan complicada como la de Cheng cuando comenzó su curso de MBSR, o puede que no. En cualquier caso, espero que esta historia te permita hacerte una idea del potencial de la meditación. Y aunque no te cures de alguna dolencia de manera espectacular, como le ocurrió a Cheng, es más que probable que encuentres un modo más saludable de afrontar aquello que te estresa, sea lo que sea, con un mindfulness más desarrollado.

Por lo tanto, me gustaría darte mi más cálida bienvenida a este viaje hacia una vida más presente. Si te gusta lo que vas descubriendo, te animo a continuar con la práctica en el futuro del modo que mejor encaje con tu estilo de vida y tus necesidades.

En este capítulo empezaremos la primera parte del curso de MBSR. Recuerda que tienes dos vías y dos maneras de seguir el capítulo:

- Puedes seguir el curso completo, o bien el minicurso.
- Puedes empezar a leer y probar cada ejercicio de mindfulness a medida que van surgiendo (es preferible así, aunque no indispensable), o puedes leer todo el capítulo entero para hacerte una idea del contenido y después regresar a los ejercicios.

Descubrimiento: se produce un milagro

Las razones por las que estás leyendo este libro y pensando en aprender mindfulness pueden ser muy diversas. Tal vez tú o un familiar sois víctimas del estrés debido a una enfermedad cardiovascular, un cáncer, un dolor crónico, una depresión o la ansiedad. O puede que el estrés guarde relación con tus circunstancias: un trabajo muy exigente, los exámenes, la situación familiar o la vivienda, por ejemplo.

El estrés intenso y la enfermedad van acompañados de un sentimiento de fragilidad o de dolor. No obstante, continúas respirando. Y si respiras, vamos a explorar la siguiente posibilidad:

**Las cosas no están tan mal como crees,
sea lo que sea por lo que estés pasando.**

Tu cuerpo está logrando algo increíble. Se está alimentando con un perfecto equilibrio de oxígeno al tiempo que expulsa los gases no deseados. Por muy mal que te sientas, puedes respirar. Y mientras hay respiración, tiene lugar un milagro. Y ese milagro lo tienes delante de tus narices (perdón por el juego de palabras).

Tu cuerpo es una máquina de ingeniería que ningún científico ha llegado a entender del todo, ni siquiera hoy en día. Cada uno de tus sentidos ha evolucionado para funcionar de manera tan eficaz, precisa y sensible que es poco probable que los valores en su justa medida hasta que dejan de funcionar. Y tu cerebro está considerado la pieza de ingeniería más compleja del universo conocido.

El mindfulness es una invitación. Una invitación a mirar hacia dentro. A descubrir el patrón y la sabiduría de tus pensamientos y tus emociones. A explorar la gama de sensaciones físicas que en ocasiones juzgas demasiado a la ligera. A dedicar un tiempo y un espacio a detenerte, solo un momento, y mirar con ojos nuevos. Es un acto radical de despertar. Es posible que ese viaje interior te produzca un poco de miedo porque no sabes qué te vas a encontrar. Pero no es necesario que te lances de cabeza hasta el fondo. Empieza por introducir el dedo gordo del pie y, poco a poco, descubrirás los tesoros más preciados, que estaban más cerca de ti de lo que jamás habías imaginado.

Empecemos juntos. Sumerge el dedo gordo con un breve pero poderoso ejercicio de mindfulness.

PRÁCTICA. Meditación para abrir la conciencia

Pista de audio 2: 10 minutos.

Aquí tienes un ejercicio breve para hacerte una primera idea del mindfulness. Prueba a ver qué ocurre. Invierte unos diez minutos en realizar la meditación para abrir la conciencia; en este caso el tiempo exacto no es importante. Toma notas sobre tus sentimientos de estrés antes y después del ejercicio, solo por curiosidad. La idea, cuando se trata del mindfulness, consiste más en explorar la curiosidad por el estrés que en tratar de reducirlo a toda costa.

1. Siéntate en una postura cómoda que te permita mantenerte quieto. **Respira** profundamente varias veces. Percibe la sensación de cada respiración cuando inspiras y espiras.
2. Percibe los **colores,** las formas y los dibujos que te entran por los ojos sin juzgar si te gustan o no. Puede que pienses «alfombra», «hormiga» o «Nunca me había fijado en ese estampado». Sea cual sea el pensamiento que surja, identifícalo y vuelve a concentrarte en observar y percibir los colores.

3. **Ahora** cierra los ojos, si te apetece, y centra tu atención en los sonidos. Toma conciencia de los sonidos que penetran en tus oídos. Deja que sean registrados tal como son. No tienes que identificarlos uno a uno; simplemente, escucha la calidad de los sonidos en sí mismos.
4. Desplaza la atención a las **sensaciones en el interior de tu cuerpo.** No es necesario que las identifiques como agradables o intensas; cualquier sensación que percibas está bien. Intenta experimentar las sensaciones de tu cuerpo como un todo.
5. Cuando estés listo, desplaza la atención a tus **emociones.** Toma conciencia de cómo te sientes en este preciso momento. ¿El sentimiento permanece inalterable o cambia con cada respiración? ¿Podrías decir en qué parte de tu cuerpo se ubica la emoción?
6. Por último, toma conciencia de tus **pensamientos.** ¿Qué pensamientos surgen en tu mente en este momento? ¿En qué piensas ahora? Percibe cómo pasan los pensamientos, como nubes en el cielo. Si te quedas atrapado en un pensamiento, no pasa nada. Retrocede en cuanto puedas.
7. Y ahora trata de no centrar tu atención en nada en particular. Simplemente, percibe lo que predomina en tu conciencia sin elegir. Practica la **conciencia sin elección.** Pueden ser sonidos, pensamientos, sensaciones corporales u otra cosa. Tan solo retrocede y observa tu experiencia momento a momento. No busques la perfección: ocurra lo que ocurra, está bien.
8. Para acabar el ejercicio, respira profundamente varias veces, abre los ojos poco a poco y vuelve a percibir tu entorno.

Felicidades. Esta podría ser tu primera experiencia de mindfulness. También es especial porque incluye todas las formas de meditación mindfulness en una sola.

En ciertos aspectos, el curso entero y todo lo que aprenderás se hallan en la meditación para abrir la conciencia. Eso es así porque esta incluye conciencia de la respiración, del cuerpo, de todos los sentidos y del mundo interior de los pensamientos, las emociones e, incluso, la conciencia en sí misma. No hay nada más de lo que tomar conciencia: ¡con este ejercicio lo abarcas todo!

CONSEJO Si te sientes estresado y no sabes qué tipo de meditación practicar, opta por la meditación para abrir la conciencia.

Reflexión

1. ¿Qué has percibido durante este ejercicio breve? Piensa en tus pensamientos, sentimientos, sensaciones y todo lo que se te ocurra.
2. ¿Qué te ha parecido fácil o difícil del ejercicio?
3. ¿Te juzgas o te criticas por no hacerlo bien en la práctica experimental? ¿Eres capaz de dejar eso al margen, puesto que eres principiante y acabas de empezar el curso de mindfulness?

Descubrimiento: tu mejor yo

Cuando estás estresado, tienes muchas más probabilidades de centrarte en lo que va mal. Así funciona el cerebro bajo la influencia del estrés: busca amenazas y, por lo general, las sobrevalora. Recuerda la última vez que viste a alguien estresado: ¿mantenía la calma si algo salía mal, o exageraba lo negativo, haciendo una montaña de un grano de arena?

Creo que conviene empezar este curso con una actitud positiva. Es posible que estés pasando por dificultades importantes y que ni siquiera puedas pensar en nada positivo. Sin embargo, te animo a que te esfuerces un poco.

He leído un libro titulado *Ganar, sin tener que perder*. Jordan

Milne, uno de sus dos autores, habla sobre los medios para tener éxito en el trabajo pero reservándose tiempo para la familia, los amigos y las aficiones. Recuerda una frase que su madre le repetía todos los días, y más concretamente todas las mañanas, justo antes de irse al colegio, mientras le miraba a los ojos:

Busca las cosas buenas.

A continuación le dedicaba una cálida sonrisa y se quedaba mirando, en la puerta, hasta que ya no lo veía. Esa frase se le quedó grabada en el cerebro, y siempre busca las cosas buenas de la vida. Incluso cuando las cosas van mal. Si quieres probar a buscar las cosas buenas de tu vida ahora mismo, empieza con el siguiente ejercicio.

EJERCICIO. ¿Cuál es tu mejor yo?

Responde las siguientes preguntas; intenta obtener al menos una respuesta para cada una. Evita convertir tus respuestas en negativas continuándolas con un «pero...»; así niegas cualquier positivismo que hayas escrito. Sé honesto y realista, a ver qué sale. Si lo deseas, anota las respuestas en tu diario.

Este ejercicio no está pensado para convencerte de que veas la vida de color de rosa. Sin embargo, si tienes mucho estrés, es posible que lleves unas gafas oscuras. Dado que estás leyendo este libro, tienes una opción: ver las cosas de un color distinto.

1. ¿Cómo eres en tus mejores momentos?
2. ¿Cómo eres cuando estás relajado?
3. ¿Por qué te sientes agradecido ahora mismo?
4. ¿Qué te hace feliz (ahora o en el pasado)?
5. ¿Qué te entusiasma o emociona?
6. ¿Qué va bien en tu vida ahora mismo?

Con este ejercicio cambiarás tu perspectiva sobre tu propia vida. Y esta es una de las claves para gestionar el estrés. Profundizaremos en ello en el Capítulo 5.

Descubrimiento: en realidad, ¿por qué estás aquí? Es importante

Una de las primeras cosas que hago cuando dirijo un grupo de MBSR consiste en pasearme por la sala y pedirles a los participantes que digan cómo se llaman y, si quieren, qué esperan obtener del mindfulness.

A continuación encontrarás un ejercicio que te ayudará a explorar tus deseos más profundos para realizar el programa. Es algo importante, puesto que conocer la propia motivación ayuda a profundizar en la disciplina. Tendrás más probabilidades de levantarte esos pocos minutos antes para meditar cuando tengas perfectamente claro qué esperas conseguir del curso.

Además, tener claro qué esperas del mindfulness da luz a tus intenciones, a tu meta. Y tu intención está íntimamente ligada a la calidad de la práctica del mindfulness.

La doctora Shauna Shapiro, profesora adjunta de Psicología en la Universidad de Santa Clara, y sus colegas sugieren que el mindfulness se asienta en tres dimensiones: intención, actitud y atención.

1. La **intención** trata sobre el motivo principal por el que practicas el mindfulness. ¿Qué esperas obtener? ¿Qué beneficios puede tener en las personas que te rodean?
2. La **actitud** es cómo cultivas el mindfulness (actitudes como la ausencia de juicios, la curiosidad y la aceptación). Tu actitud es como tu punto de vista o tu estado de ánimo cuando practicas el mindfulness.
3. La **atención** consiste en saber en qué te concentras. Tu atención se desarrolla mediante la práctica repetida, basada en tus intenciones y tus actitudes.

Aprenderás más sobre la atención y las actitudes a lo largo del curso. El siguiente ejercicio de visualización del mar ofrece una vía para aclarar tus intenciones.

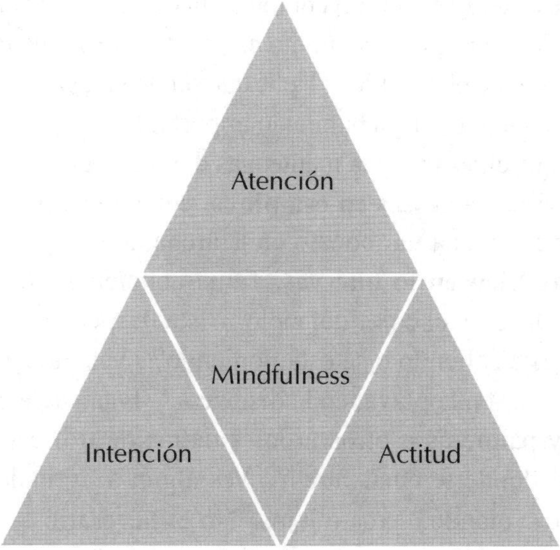

EJERCICIO. Descubrir tus intenciones: visualización mindfulness del mar

Pista de audio 3: 10 minutos.

Esta es una visualización mindfulness que te ocupará alrededor de diez minutos. No es necesario que seas especialmente hábil en visualización para llevarla a cabo. La idea consiste en que lo intentes y veas qué ocurre. La finalidad de la visualización es reflexionar sobre lo que esperas conseguir con el aprendizaje y la práctica del mindfulness. Es posible que pienses que ya sabes en qué consiste, y eso está bien, pero nunca se sabe... Con este ejercicio podrías descubrir algo nuevo.

1. **Ponte cómodo.** Adopta una posición relajada. Ponte cómodo en tu sofá o tu silla favorita. Si lo prefieres, puedes tumbarte. Eso sí: ¡intenta no dormirte!
2. **Piensa en una playa bonita y tranquila.** Puede ser una en la que hayas estado, puedes inventarla o puede tratarse de una combinación de ambas. En este punto es posible que te invada la indecisión. «¿Qué playa elijo? ¡Tiene que ser una playa perfecta!» Piensa en cualquier playa bonita; lo importante no es que sea perfecta, sino que elijas una y la mantengas durante todo el ejercicio.
3. **Imagina que estás en esa playa,** cerca del agua. Y que estás sentado en una tumbona o en la arena, lo que prefieras.
4. **Fíjate bien en lo que ves.** Toma conciencia de todo lo que ves. Observa el color del cielo. ¿Está despejado o nublado? El sol ¿está saliendo o se está poniendo? ¿Ves bien el horizonte? ¿Qué ves en la playa, en la distancia? ¿Está vacía o hay gente? ¿Hay palmeras u otros árboles detrás de ti o a los lados del lugar donde te encuentras? ¿Ves algún acantilado? Y ¿algún pájaro volando, cerca o lejos? No es necesario que lo visualices todo perfectamente; solo tienes que percibir lo que ves sin esforzarte demasiado.
5. **Toma conciencia de los sonidos.** ¿Oyes el sonido de las olas que vienen y van? Tómate tu tiempo para escucharlo. Y ¿el sonido de la brisa en los árboles, o los pájaros? Disfruta de los sonidos. Piensa si te resulta más fácil ver o escuchar la experiencia en tu interior.
6. **Percibe los olores.** Es posible que seas capaz de oler el océano, o que simplemente percibas el olor familiar de estar en la playa. ¿Qué sientes al percibir ese olor? Concentra tu atención un momento en el olor de tu experiencia.
7. **Percibe el sabor que tengas en la boca.** Por ejemplo, el sabor salado del agua, o simplemente ningún sabor.
8. **Toma conciencia de las sensaciones de tu cuerpo.** ¿Cómo se siente tu cuerpo físico mientras te encuentras sentado tranquilamente junto al mar? ¿Relajado, tenso o en un punto interme-

dio? Percibe el leve tacto de la brisa en el rostro, los brazos, las manos o los pies. ¿Es una brisa cálida o fría?

9. **Recoge una piedra.** De pronto ves una piedra, que representa la pregunta: «¿Qué espero conseguir del mindfulness?». Te haces esa pregunta al tiempo que recoges la piedra. Mientras la sostienes en la mano, vuelves a pensar en la pregunta sin forzar ninguna respuesta.
10. **Lanza la piedra.** Observa la piedra y el mar. Puedes lanzar la piedra al agua, y lo haces. Puedes ver cómo se mueve lentamente. Se eleva y va bajando hasta caer en el agua. La piedra provoca algunas ondas y empieza a hundirse en el agua.
11. **Puedes seguir la piedra y reflexionar a medida que se hunde.** Ves cómo se va hundiendo, lentamente, cada vez más, en el océano. Cuanto más se hunde, más profundamente reflexionas dentro de tu propio ser: «¿Qué espero conseguir del mindfulness?».
12. **Reflexiona.** A medida que la piedra se hunde más y más, tu reflexión es más profunda: «¿Qué espero conseguir realmente, de verdad, con la práctica del mindfulness?». No tienes que forzar ninguna respuesta; puede ser una palabra, una frase, una imagen, un sentimiento o una sensación. O nada en absoluto. Todo vale. Simplemente, trata de reflexionar sobre la pregunta y acepta lo que ocurra, sea lo que sea. Vuelve a centrar tu atención en la visualización cada vez que notes que tu mente se dispersa (y percibe en qué estabas pensando).
13. **Suelo marino.** Finalmente, la piedra llega al suelo marino. Visualízala y vuelve a reflexionar sobre tu experiencia.
14. **Pon fin a la visualización gradualmente.** Cuando estés listo, regresa a la playa. Percibe el paisaje y déjalo atrás por ahora sabiendo que puedes regresar allí siempre que quieras. Vuelve al mundo exterior desde este mundo interior, aunque puedes llevarte contigo lo que quiera que hayas aprendido.

CONSEJO Puedes utilizar este ejercicio como práctica diaria de mindfulness. Si lo deseas, visualiza las imágenes y prescinde de la parte de la reflexión.

Veamos qué le ocurrió a Jane, una de mis alumnas, cuando realizó este ejercicio. Cuando Jane se unió al grupo de mindfulness, era víctima de la ansiedad. Ese era el motivo por el que se apuntó a las clases. Siempre había sufrido de ansiedad, pero en aquel momento, con un trabajo muy exigente, empezaba a ser algo insoportable. Pensó que la única razón por la que realizaba el curso era librarse de la ansiedad. Sin embargo, después de realizar la visualización que acabo de explicar, la palabra claridad se impuso en su mente. Se dio cuenta de que huir de la ansiedad era un deseo basado en el miedo que la arrastraba hacia la confusión. Lo que realmente quería, en lo más profundo de su ser, era conseguir mayor claridad en su vida. Por eso hacía el curso. Eso la situó en un buen punto de partida para empezar el viaje de mindfulness en su interior.

¿Cómo ha sido tu experiencia de la visualización? ¿Qué deseas conseguir del mindfulness en lo más profundo de tu ser?

Analiza tu experiencia con la siguiente reflexión. Si no has acabado de profundizar en esta práctica, prueba más tarde, hoy mismo o algún otro día de esta semana.

Reflexión

Escribe tus sensaciones en cada una de las siguientes etapas. Recuerda que no existen respuestas correctas o incorrectas; todas las experiencias son válidas.

- Observar el mar
- Escuchar
- Percibir los olores
- Percibir el sabor

- Sentir el tacto (las sensaciones corporales)
- Lanzar la piedra al mar
- Reflexionar acerca de la pregunta «¿Qué espero conseguir de la práctica del mindfulness?»
- Cualquier otra reflexión sobre la experiencia en su conjunto

Procesar tu experiencia con la visualización

La idea de esta visualización atenta consiste en ver si te ayuda a descubrir algo más profundo en tu interior acerca de tu motivación para practicar mindfulness. Es posible que descubras que deseas practicar mindfulness para conseguir:

- Mayor claridad
- Una sensación de paz más profunda
- Más calma
- Más concentración
- Una sensación espiritual o religiosa más profunda
- Más placer por la vida
- Felicidad

No obstante, también podría no ser nada de eso.

No importa si no se te ocurre una razón ahora mismo. Con la práctica del mindfulness, tus intenciones serán cada vez más claras. El mindfulness consiste en aceptar el resultado de tus esfuerzos, no en enfrentarte a tu experiencia en el momento presente. Por lo tanto, acércate a él con una actitud alegre y con la mente abierta.

Si has descubierto tu intención más profunda para practicar mindfulness, puedes buscar un objeto, una pintura o una foto que represente ese descubrimiento. Por ejemplo, si deseas encontrar la calma mediante la práctica del mindfulness, prueba a colocar una imagen de un lago transparente y en calma, rodeado de hermosas montañas, en tu dormitorio. Cada vez que veas la imagen recordarás tu intención más profunda. Mis clientes colocan fotos de sus seres queridos en su mesa de trabajo para acordarse de estar presentes también en esa faceta de sus vidas. Es una gran idea. Con el mindfulness es probable que descubras que acordarse de estar presente es la parte más complicada; cualquier recordatorio en este sentido supone una gran ayuda.

Descubrimiento: el mindfulness no es solo relajación

El mindfulness no es solo un ejercicio de relajación. Es importante entenderlo. **La relajación es, sin duda, un efecto secundario positivo del mindfulness,** pero puede producirse o no en cualquier ejercicio de mindfulness. La relajación consiste en liberar la tensión de los músculos y bajar el ritmo cardíaco. Puedes relajarte con un baño caliente, con ejercicios de respiración profunda o, simplemente, soñando despierto.

La finalidad del mindfulness no es simplemente la relajación. Y existe una razón de peso para ello. Si tu objetivo es relajarte, ya empiezas buscando ese resultado. Cada vez que no consigues relajarte, tu mente puede empezar a desviarse con pensamientos del tipo «¿Por qué no me estoy relajando? No puedo relajarme. ¡Ojalá que mi mente se callase!». Convertir la relajación o una mente calmada en un objetivo puede incrementar los niveles de estrés.

El mindfulness funciona liberando los modos de pensamiento habituales y reaccionando al mundo que te rodea. La mente siempre está creando modos automáticos de enfrentarse a la vida, y estos patrones habituales son anticuados, a veces negativos e inútiles, y provocan estrés.

Por ejemplo, pongamos que quieres que tu hijo corte el césped. Él quiere ver la tele. Tus pensamientos automáticos habituales podrían empezar a decirte: «¿Por qué es tan vago? ¡Debería hacer más cosas en casa!». Tu corazón empieza a latir más rápido, te enfadas y empiezas a discutir en lugar de razonar con tu hijo. Tus niveles de estrés aumentan.

Con el mindfulness se adopta un enfoque distinto. El mindfulness consiste en desarrollar una conciencia mayor del momento presente. En el ejemplo anterior, podrías hacer una pausa antes de reaccionar y percibir cómo aumenta tu enfado. Respira varias veces con plena conciencia y piensa en la manera más eficaz de motivar a tu hijo. También es posible que recuerdes que ha tenido un día muy ajetreado o que está viendo su programa favorito. Ya ves que este proceso de toma de conciencia no tiene nada que ver con simplemente relajarse.

Con la práctica de meditación mindfulness tampoco te limitas a intentar relajarte. Aprendes a no reaccionar a cualquier experiencia que surja en tu interior, y eso se traslada al mundo exterior. Aprendes a dejar de reaccionar automáticamente a las personas, a las situaciones y a las circunstancias que te plantean alguna dificultad. Te tomas tu tiempo para elegir y responder de manera más sabia, utilizando la lente del mindfulness, en lugar de dejarte llevar por los hábitos del pasado. Y así consigues reducir tu estrés.

Lo que nos aporta la investigación:
¿Quieres relajarte? Entonces no intentes relajarte

En 2007, Shamini Jain (de la UCSD), Shauna Shapiro (de la Universidad de Santa Clara) y varios colegas suyos compararon la meditación mindfulness con una formación en relajación. Concluyeron que ambos enfoques son beneficiosos para reducir el estrés y fomentar un estado de ánimo positivo. Lo interesante del hallazgo fue que las personas que practicaban la meditación mindfulness tenían menos pensamientos negativos cíclicos (rumiación), efecto que la relajación parece no conseguir. La rumiación hace aumentar los canales de pensamiento negativo del cerebro y, además, no ayuda a resolver el problema al que se le da vueltas. Y está relacionada con la ansiedad y la depresión. Por lo tanto, el mindfulness parece ser un estupendo método para reducir el estrés mediante la neutralización de los patrones de pensamiento rumiativo.

Mediante la práctica a largo plazo, el mindfulness reduce los niveles de estrés, pero en cualquier práctica de mindfulness se trata de cultivar una conciencia amable, cálida y afectuosa, no solo de aliviar la tensión muscular o apaciguar la mente.

El mindfulness no es solo un ejercicio de relajación.
El mindfulness reduce el estrés enseñándote a reaccionar de manera consciente, no automática, a pensamientos, emociones, sensaciones corporales o situaciones vitales difíciles.

EJERCICIO. Comer una manzana de manera atenta y presente

Pista de audio 4: 10 minutos.

Este es un ejercicio sencillo. Te recomiendo que lo pruebes con un trozo de manzana del tamaño de un bocado. Solo tienes que sentarte y reducir las distracciones potenciales durante los próximos diez minutos. Si no tienes manzanas en casa, prueba con cualquier alimento: pasas, un plátano, chocolate ¡o una chuche!

1. Empieza percibiendo el aspecto real de la manzana. Observa el color y los dibujos de la piel, el color de la pulpa, las sutiles variaciones de tono y las marcas. ¿Cómo se refleja la luz en la manzana? ¿Sientes la piel lisa o rugosa? ¿En qué medida? ¿Qué más observas si continúas mirando la manzana? Y ¿qué

ideas te vienen a la mente, qué pensamientos (como si te gusta o no)? Pon en marcha toda tu curiosidad.

2. Ahora cierra los ojos si te apetece y toma conciencia del sentido del tacto mientas sujetas la manzana. ¿Cuánto pesa? ¿Qué sensación real te produce el hecho de tener la manzana en la mano? ¿Qué temperatura tiene? ¿Te parece suave y delicada, o firme? ¿Los músculos de tu mano o del brazo están tensos o relajados mientras la sujetas? Tómate tu tiempo para percibir todo eso.
3. Todavía con los ojos cerrados, acércate la manzana a la nariz lentamente. Observa en qué punto puedes percibir realmente el aroma de la manzana. ¿Cómo huele? ¿Es un aroma intenso o sutil? ¿El hecho de olerla te provoca salivación? ¿Te gusta o te disgusta el aroma?
4. Mantén los ojos cerrados y baja el brazo un momento. A continuación, de manera lenta y atenta, acércate la manzana a la boca. Percibe si se produce salivación. Toca la manzana con los labios para sentirla. A continuación, ponte el trozo de manzana en la boca. Toma conciencia de las sensaciones que te produce. Sitúala lentamente entre dos dientes y observa cuáles son. ¿Tienes tendencia a masticar siempre con esos dientes? Da el primer bocado. Conéctate con los sonidos, los sabores y los olores. ¿Cómo es la experiencia? ¿Cómo se extiende el sabor de la manzana por tu boca? ¿Cómo cambia su textura a medida que masticas? Continúa masticando todo lo lentamente que puedas, experimentando la manzana a medida que se deshace y tragas.
5. Finalmente, cuanto termines de comerte la manzana, percibe el sabor que queda en tu boca. Toma conciencia de las sensaciones de tu cuerpo.

VARIACIÓN. Si te resulta difícil concentrarte durante esta práctica, prueba a etiquetar tu experiencia. Di para tus adentros: «coger la manzana», «color verde», «está fría», «huele a dulce y fresca», etcétera. Etiquetar las experiencias mentalmente puede ayudarte a mejorar tu concentración.

Reflexión

Responde a las siguientes preguntas:

1. ¿Cómo ha sido la experiencia de comer una manzana?
2. ¿Qué diferencias has encontrado con respecto a tu experiencia habitual del acto de comer?
3. ¿Qué te ha gustado o disgustado de la experiencia?
4. ¿Por qué crees que esta no es tu experiencia habitual con la comida?
5. ¿Cómo puedes introducir en tu vida el hábito de comer de manera más atenta y consciente?

Descubrimiento: el piloto automático

El acto de comer con atención plena constituye un gran ejercicio para darte cuenta de que muy a menudo comes sin saborear realmente la comida, pero también para ver qué ocurre cuando haces un alto para comer de manera más consciente. Percibes sabores, aromas y experiencias de los que, posiblemente, nunca habías sido consciente.

Es muy probable que estés demasiado ocupado para tomar cada comida a un ritmo como el del ejercicio. No obstante, ¿no podrías reducir al mínimo todas las tareas en las que te ocupas cuando te sientas a comer? Y ¿qué me dices del resto de actividades? ¿Vas al trabajo caminando de manera automática, perdido en tu mundo de pensamientos, o percibes a la gente, los árboles, el cielo? Y ¿qué hay de tus interacciones con tus hijos, con tu pareja o con tus amigos? ¿Son procesos habituales o eres plenamente consciente de sus actos, de su lenguaje corporal, de su tono de voz y de lo que te dicen?

Existen ciertos problemas relacionados con el hecho de funcionar con el piloto automático, problemas que provocan un aumento de los niveles de estrés:

1. Te asaltan **pensamientos** que podrían provocarte estrés. Por

ejemplo, piensas en un proyecto que es preciso llevar a cabo a la perfección porque así es como lo has hecho siempre. Sin embargo, resulta imposible y poco realista teniendo en cuenta el tiempo del que dispones. Así, de manera inconsciente, los pensamientos automáticos pueden provocarte estrés.

2. Es posible que te enfrentes a tus **emociones** de manera automática. Por ejemplo, te sientes un poco nervioso porque tienes una cita o porque nunca tienes una cita. En lugar de tranquilizarte o de hablar de ello con alguien de confianza, empiezas a luchar contra la emoción o a negarla, lo que provoca que la ansiedad aumente innecesariamente.

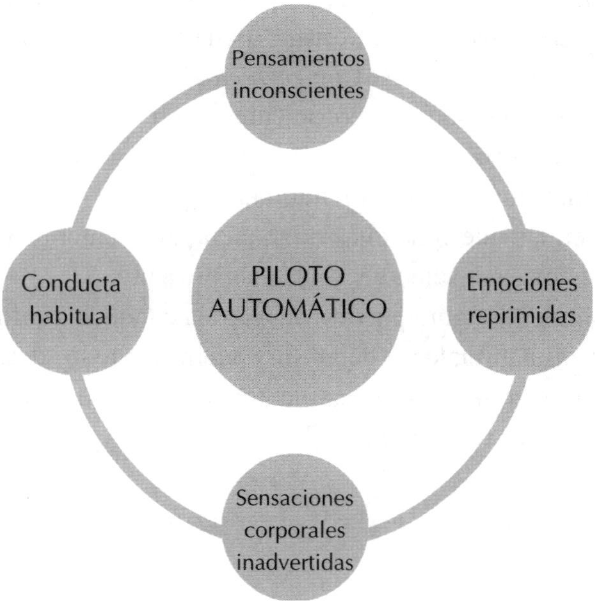

3. Tal vez reacciones de forma automática a las **sensaciones corporales.** Cada vez que tu cuerpo se siente cansado, empiezas a autocriticarte por falta de salud o por no cuidarte. O ni siquiera notas la tensión en los hombros o en la mandíbula hasta que te duele tanto que tienes que parar. Buscar antes una solución, como hacer una breve pausa con atención plena, cuando empiezas a notar la tensión corporal te ayudaría a reducir el estrés.

4. Tu **conducta** puede contribuir a aumentar el nivel de estrés. Por ejemplo, cada vez que conduces y alguien te corta el paso, inmediatamente te enfadas y empiezas a gritar y a insultar. Te sientes más estresado y ni siquiera has llegado al trabajo o al colegio a recoger a tus hijos. Vas en piloto automático y tus niveles de estrés aumentan.

Así, en todos esos aspectos, vives de manera automática. Esas inercias habituales se encuentran operativas de forma permanente.

El mindfulness consiste en concederte una alternativa. Cuando tienes alternativas, en lugar de **reaccionar** de manera automática ante las dificultades de la vida, **respondes** con inteligencia. Utilizo la palabra *reaccionar* para referirme a una acción o un pensamiento automáticos, no meditados. Con *responder* me refiero a elecciones reflexionadas, meditadas y conscientes. Aprenderás a actuar así a medida que avances en el curso. Por ahora, en esta sesión, basta con que entiendas qué es el piloto automático y cómo identificar las situaciones en las que funcionas de manera automática y aquellas en las que eres más consciente y estás más presente.

En la siguiente figura puedes ver que las conductas automáticas y las respuestas habituales te dejan sin opciones ante los desafíos de la vida. Y sin opciones, tus pensamientos, tus palabras y tus acciones podrían provocar un aumento del estrés.

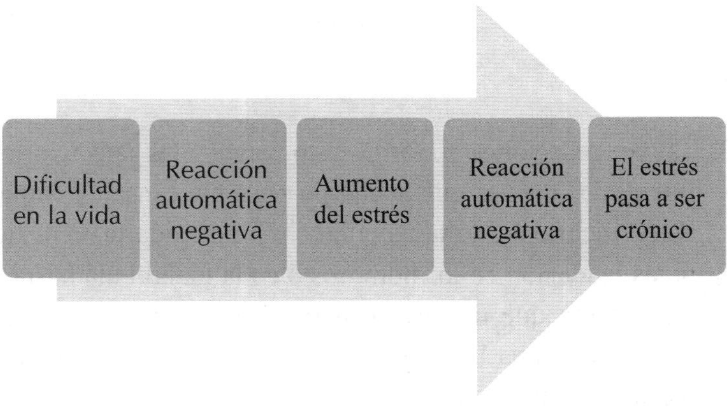

Vivir de manera atenta, en el presente, lleva a elecciones conscientes e inteligentes, y a la recuperación del equilibrio. La siguiente figura muestra un enfoque más consciente de la vida. Cuando te enfrentas a un reto (por ejemplo, un trabajo exigente o un enfado de tu pareja), si estás más presente, puedes crear espacio en tu mente para hacer una elección, que te puede llevar a decisiones inteligentes y, por lo tanto, a incrementar tu bienestar y reducir tu estrés.

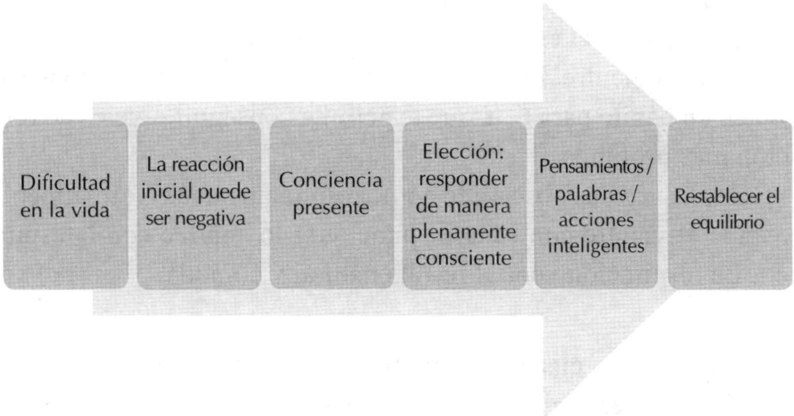

Como afirmó Viktor Frankl, autor del inspirador libro titulado *El hombre en busca de sentido,*

Entre el estímulo y la respuesta hay un espacio. En ese espacio reside nuestro poder para elegir nuestra respuesta. En nuestra respuesta yacen nuestro crecimiento y nuestra libertad.

El mindfulness trata de hallar ese espacio y elegir la respuesta.

EJERCICIO. ¿Hasta qué punto vivimos distraídos?

Para demostrarte lo distraído que puede llegar a estar nuestro cerebro en el día a día, visiona este divertido vídeo: <www.shamashalidina.com>.

PRÁCTICA. Respiración ventral consciente

Pista de audio 5: 10 minutos

Este es un ejercicio agradable y sencillo para desconectar la respuesta de estrés. Si llevas un tiempo con estrés o ansiedad, es muy probable que respires de manera superficial. Un recurso fácil para empezar a aliviar el estrés consiste en aprender a respirar profundamente con el vientre. Lo más probable es esto que acabe convirtiéndose en un hábito para ti. Y que te permita conseguir niveles de relajación más profunda.

¿Alguna vez has observado cómo respira un bebé? Normalmente, expande el vientre con cada inspiración y lo contrae con la espiración. La respiración ventral resulta natural y cómoda.

1. Túmbate en el suelo, sobre una estera, una alfombra, etcétera. Si lo deseas, cierra los ojos. Dobla las rodillas y coloca los pies planos en el suelo.
2. Percibe tu nivel de estrés. Asigna un número del 1 al 10 (el 10 es el máximo) para tu nivel de estrés actual, si lo deseas.
3. Si llevas prendas ajustadas, sobre todo en la cintura y el cuello, aflójalas. De este modo te aseguras de poder respirar libremente.
4. Empieza percibiendo únicamente la sensación de la respiración durante un minuto, más o menos.
5. Colócate una mano sobre la barriga, en la zona del ombligo. Pon la otra mano sobre el pecho.
6. Ahora, mientras inspiras y espiras de forma natural, observa qué mano se mueve: ¿la del estómago o la del pecho?
7. Si tu estómago, no el pecho, sube y baja, ya estás practicando la respiración ventral. Continúa sintiendo tu respiración en la zona del estómago durante unos minutos.
8. Si es el pecho lo que sube y baja, tienes que mejorar tu respiración para suavizar la sensación de estrés. Simplemente, in-

tenta que sea el estómago el que sube cuando inspiras, no el pecho. Al espirar, intenta que el estómago baje.

9. Prueba a frotarte las manos para calentarlas y masajea suavemente la zona del abdomen. Percibe la posible sensación de relajación en dicha zona.
10. Si no te funciona, inspira profundamente. Al espirar, presiona suavemente tu estómago como si quisieras sacar el aire de los pulmones. A continuación, con la siguiente inspiración, es posible que el aire penetre mucho más profundamente en tus pulmones y consigas acercarte a la respiración ventral.
11. Continúa practicando durante cinco o diez minutos. Si te sientes mareado en algún momento, vuelve a tu ritmo normal de respiración hasta que te encuentres mejor.
12. Vuelve a valorar tu nivel de estrés en una escala del 1 al 10. ¿Te sientes más o menos estresado? Recuerda, por favor, que no debes pensar que tienes que sentirte forzosamente más relajado; simplemente, mantén una actitud curiosa y percibe tus sensaciones.

Puedes practicar este ejercicio en cualquier momento. Resulta muy recomendable para antes de ir a dormir o al levantarse. Y puedes realizar la práctica sentado, en el trabajo o en casa. Incluso puedes intentarlo mientras permaneces de pie o caminas. La respiración ventral también es un ejercicio que puedes poner en práctica cada vez que te sientas nervioso o tenso.

Reflexión

¿Qué has descubierto sobre tu respiración? ¿Qué efectos ha tenido la respiración ventral consciente sobre tu sensación de estrés?

Relatos sabios. Vive el momento para llevar una existencia con menos estrés

Recientemente fui a San Diego para dar una charla sobre mindfulness en un congreso. Disponía de un par de días libres y me recomendaron visitar un portaaviones reconvertido en museo. Así que, en compañía de un amigo, dejé el coche alquilado en el aparcamiento y visitamos el portaaviones. Su tamaño era espectacular. Pasamos varias horas recorriéndolo y haciendo fotos. Al final de la visita, introduje la mano en el bolsillo para coger las llaves del coche, pero no las encontré. Fuimos a la oficina de objetos perdidos, pero no las tenían. Volví sobre mis pasos en los dormitorios, la cubierta, incluso en los aviones posados en el portaaviones..., pero sin suerte. ¡Había perdido las llaves! Y teníamos que tomar el vuelo de regreso a Londres al día siguiente. Todas nuestras pertenencias estaban en el coche. Y entonces se me pasaron un par de pensamientos furtivos por la cabeza: «Y ¿si alguien encuentra las llaves y me roba el coche? ¿Cómo voy a volver a casa sin el pasaporte?». Sin embargo, pillé a tiempo esos pensamientos y sonreí. Decidí que no servía de nada preocuparme, que no me ayudaría a encontrar las llaves. Así que opté por preguntar dónde estaba el restaurante más cercano y nos fuimos a comer con vistas al hermoso Pacífico. Al poco rato ya nos estábamos riendo: de todos los lugares posibles para perder las llaves, tenía que haber sido en un portaaviones. ¡Parecía el barco más grande del mundo! Después de estar presente, sonriendo y disfrutando de nuestros sándwiches y nuestros zumos de fruta, llamé a la oficina de objetos perdidos. ¡Buenas noticias! Alguien había encontrado las llaves y las había entregado.

Esta acabó siendo una de las mejores anécdotas del viaje. Eso demuestra que cuando vives en el momento presente, puedes evitar que las preocupaciones te asalten sigilosamente y dejarlas ir.

Aunque no hubiésemos encontrado las llaves, podríamos haber llamado a la empresa de alquiler de vehículos y conseguir unas nuevas. Y si hubiesen robado el coche, siempre es posible obtener un pasaporte nuevo. Para esos problemas cotidianos casi siempre hay una solución; solo hay que hacer una pausa y reflexionar un momento.

PRÁCTICA. Meditación del escáner corporal

Pista de audio 6: 10 minutos.

Pista de audio 7: 30 minutos.

A continuación aprenderás tu primera meditación importante. Se llama escáner corporal. El curso comienza con esta meditación por varias razones. En primer lugar, dado que la meditación normalmente se realiza en posición tumbada, no tienes que preocuparte por posibles dolores de espalda o en otras partes del cuerpo. Simplemente dejas que el suelo soporte el peso de tu cuerpo. En segundo lugar, la práctica va acompañada de una guía precisa, lo cual resulta de gran ayuda cuando se está empezando.

¿Cómo reduce el estrés esta meditación del escáner corporal?

- Cuando los niveles de estrés aumentan, el cuerpo se tensa o se siente de algún modo la emoción en el cuerpo. La finalidad del escáner corporal consiste en entrenar a la mente para centrar la atención en las sensaciones corporales. La conciencia de tu cuerpo te ayudará a notar cuándo aumentan tus niveles de estrés para así poder emprender las acciones oportunas en lugar de permitir que se descontrolen.

- La meditación del escáner corporal también sirve para relajar los músculos, uno de los efectos secundarios del mindfulness. Muchas personas afirman que el proceso resulta relajante después de la práctica a largo plazo. Algunos de mis clientes la describen como «un masaje de dentro afuera».
- Los pensamientos negativos habituales, que son automáticos, constituyen una de las causas de estrés. Mediante el escáner corporal aprenderás a percibir y dejar ir esos pensamientos para centrar la atención en tu cuerpo. Esta es una manera de controlar el estrés. El escáner corporal enseña a percibir el propio cuerpo sin realizar ningún juicio.
- Aprendes que al tomar conciencia del estrés y de los sentimientos de ansiedad dentro de tu cuerpo, puedes procesar las emociones sin necesidad de reaccionar a ellas de ningún modo.
- Es posible que no te guste tu cuerpo o que no lo respetes. Y eso puede ser también una fuente de estrés. El escáner corporal te enseña a aceptar tu cuerpo; vais a estar juntos toda la vida, así que lo mejor es que seáis amigos. La meditación del escáner corporal puede ayudar a crear una relación más positiva con el propio cuerpo.

Esta práctica de mindfulness está pensada para realizarla en diez minutos si sigues el minicurso, o en treinta minutos si optas por el curso completo. El ejercicio consiste en adoptar una postura relajada e ir concentrándose en cada parte del cuerpo, de una en una, percibiendo con una curiosidad sin críticas cada una de las sensaciones que se presentan.

La siguiente imagen muestra la postura típica para la meditación del escáner corporal. Se denomina postura del cadáver. Esta práctica ofrece una manera estupenda y fácil de aliviar el estrés, reducir la presión sanguínea y favorecer la relajación. Puede servir de ayuda en casos de insomnio, cansancio y dolor de cabeza.

CONSEJOS

Pídele a alguien que compruebe la alineación de tu cabeza en esta postura. Resulta habitual inclinarla hacia un lado; tu compañero de mindfulness o la persona que te ayude tendrá que levantarte la cabeza con mucho cuidado y realinearla para que quede equidistante entre los hombros, con la nariz apuntando hacia el techo.

Si tienes problemas de lumbalgias o simplemente si te resulta más cómodo, puedes doblar las rodillas y descansar los pies planos en el suelo, o bien adoptar la postura que prefieras (incluso sentado en una silla cómoda).

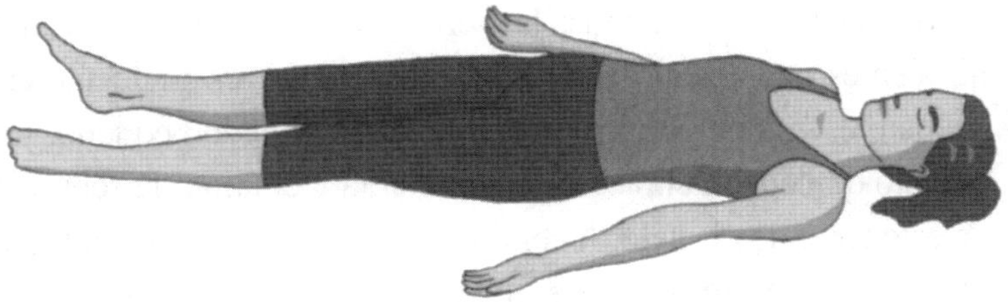

Pauta para la meditación del escáner corporal completa

Para realizar el miniescáner, dedica menos tiempo a cada parte del cuerpo.

1. Para empezar, busca un momento y un lugar adecuados. Elimina las distracciones potenciales y asegúrate de que no haga demasiado frío o calor en la habitación.
2. Túmbate en el suelo, sobre una esterilla o un colchón firme, con las piernas estiradas y los pies ligeramente separados.
3. Empieza concentrándote en la respiración, un elemento esencial de la vida, pero casi siempre ignorado. Percibe todo el ciclo de inspiración y espiración sin intentar juzgarlo o controlarlo. Simplemente, toma conciencia de él en cada momento.

Si lo deseas, siente cómo baja el aire hasta el estómago. Si no percibes ninguna sensación en esa parte del cuerpo, prueba a colocar las manos encima.

4. Durante la práctica del escáner corporal, si en cualquier momento te sientes superado por las sensaciones o las emociones, recuerda que puedes volver a concentrarte en la respiración si así recuperas la calma. Puedes pensar que la respiración es un refugio para ponerte a salvo de las sensaciones que te superen en un momento dado. Probablemente sea lo más amable y más útil que puedes hacer cuando eso ocurra, y es algo que resulta totalmente adecuado.
5. A continuación, cuando estés listo, desplaza la atención de la respiración y comienza a bajar por la pierna izquierda hasta el dedo gordo del pie. Percibe todas las sensaciones que se produzcan. Si no sientes nada, nota la falta de sensaciones: es perfectamente aceptable. A continuación, concéntrate en el dedo pequeño, y en el resto de dedos del pie. Pasa a la planta y el talón; la sensación de este tocando el suelo. A continuación, concéntrate en el tobillo izquierdo y las sensaciones que percibes ahí. Y en todo el empeine, con todos sus huesos, músculos y tendones. Siente el pie como un todo. Para ayudarte a desarrollar tu conciencia, puedes jugar con la idea de que la respiración puede bajar hasta el pie izquierdo, y entrar y salir de él. Imagina o siente que la respiración lleva toda tu conciencia a tu pie izquierdo. Si este paso no te produce ninguna sensación, déjalo. No pasa nada. Cuando estés listo de nuevo, deja que las sensaciones de tu pie izquierdo se desvanezcan en el fondo de tu conciencia.
6. Mientras realizas este ejercicio de mindfulness, tu mente se distraerá y se perderá en otros pensamientos. Es completamente normal, no tienes por qué desanimarte. El mindfulness no consiste en excluir pensamientos.
7. Desplaza toda tu conciencia presente a la parte inferior de tu pierna izquierda, a continuación la parte superior. Después baja hasta el pie derecho y haz todo el recorrido de la pierna derecha.

8. Concentra la atención en la zona de las caderas, la pelvis, los glúteos y todos los órganos sensibles de esta parte de tu cuerpo. Toma conciencia de los cambios en las sensaciones cada vez que respiras. De nuevo, imagina que tu respiración puede entrar y salir de esta parte de tu cuerpo si crees que eso te ayuda. A continuación, cuando estés listo, deja que esta parte de tu cuerpo se desvanezca en el fondo de tu conciencia.
9. Continúa recorriendo todo tu cuerpo de este modo, de manera presente y atenta, hasta la parte inferior del torso. Toma conciencia y siente cómo sube y baja tu abdomen, así como las sensaciones que se presenten en esa zona del cuerpo.
10. Pasa a la parte superior del torso. Siente el contacto de la espalda contra la superficie sobre la que te encuentras. Siente la zona del pecho y el movimiento de la caja torácica cada vez que inspiras y espiras. Es posible que sientas incluso los latidos de tu corazón. Si te ves con ganas, toma conciencia de las señales emocionales o las sensaciones de tu corazón. Imagina o siente cómo tu respiración llega a todas las partes de tu cuerpo para incrementar tu sensación de conciencia. Percibe las sensaciones con una actitud cariñosa o amable, tal como contemplarías algo que aprecias o a alguien a quien quieres. Si es posible, reflexiona sobre lo afortunado que eres porque tu cuerpo funciona bien y por el hecho de que en este preciso momento no solo estás vivo, sino también presente y plenamente consciente.
11. Continúa escaneando tu cuerpo de manera consciente y amable. Siente y acepta las sensaciones en los hombros, incluidas las tensiones que no hayan desaparecido. A continuación, baja por los brazos hasta las manos y los dedos. Tómate un momento para sentir las complejas sensaciones que se produzcan en las puntas de tus dedos.
12. A continuación desplaza tu conciencia suavemente hacia el cuello, incluyendo la parte posterior del mismo, la garganta, la laringe y el rostro. Siente la piel de la cara y los músculos que hay debajo. Empieza por la frente y baja hacia las cejas, los

ojos, las mejillas, los labios, la boca, los dientes, la lengua, las mandíbulas, los lados de la cara y las orejas. A continuación siente el peso de la cabeza contra la superficie sobre la que descansa. Prueba a penetrar en tu cabeza para sentir la presencia del cerebro. Percibe la sensación. Por último, pero no por ello menos importante, concéntrate en la coronilla.

Cuando la mente se desvía

Casi todos mis clientes afirman que su mente es incapaz de concentrarse en la práctica del mindfulness y que tienen la sensación de que hacen algo mal. La cuestión es que la mente siempre divagará hacia otros pensamientos; les ocurre incluso a los más experimentados. Es algo que, simplemente, tienes que aceptar. Estas son algunas de las cosas que pueden ocurrir cuando practiques meditación mindfulness:

- Te das cuenta de que te has pasado casi toda la meditación pensando en otras cosas.
- Has sentido que no estabas haciendo absolutamente nada a pesar de que querías concentrarte en la meditación.
- Tienes la sensación de que tu mente está más activa después de la meditación.
- No has disfrutado de la meditación porque los pensamientos no te han dejado.

Todas ellas son experiencias muy normales. La clave está en no intentar excluir los pensamientos, sino en aceptarlos como parte indisoluble de la práctica. El mindfulness consiste en tomar conciencia de los pensamientos y después guiar la atención delicadamente hacia el punto en el que queremos concentrarnos.

Piensa que ese punto de atención es como un cachorro. Cuando lo sacas a pasear, se interesa por algo que no está dentro del camino señalado. Algo llama su atención y se desvía. Cuando te das cuenta, no tiras de él bruscamente para que regrese: le harías daño. Lo haces con suavidad. Al cabo de un momento, el cachorro vuelve a desviarse. No pasa nada; vuelves a ponerlo en el camino. Tu mente también se desviará; cuando eso ocurra, guíala con suavidad, con amabilidad y afecto para que vuelva a concentrarse. Si quieres, felicítate por percibir que tu mente se ha desviado en lugar de criticarte por eso. La clave del mindfulness radica en la paciencia y la confianza en el proceso.

13. Percibe cómo te sientes ahora que has escaneado todo tu cuerpo con plena conciencia. Descansa un momento como más te apetezca.
14. A continuación viene un proceso añadido y opcional que algunas personas encuentran útil. Imagina que tu respiración puede recorrer tu cuerpo de arriba a abajo. Al inspirar, imagina que la respiración sube; al espirar, recorre tu cuerpo hacia abajo. Sientes cómo cada aliento alimenta cada una de las células de tu cuerpo con oxígeno. Puede que te parezca un poco extraño, pero prueba a jugar con la idea y la visualización o la sensación durante unos minutos, a ver qué ocurre.
15. A continuación, deja a un lado todo esfuerzo por practicar mindfulness y simplemente déjate llevar por la sensación interior de presencia, de estar vivo. No tienes nada que hacer, no tienes que ir a ningún sitio y no necesitas conseguir nada. Simplemente ser.
16. Acaba felicitándote por haber practicado esta meditación mindfulness. No importa cómo haya ido, lo importante es que has sacado tiempo para practicar. Cada práctica, sea cual sea tu impresión, resulta beneficiosa.

VARIACIÓN. Si te quedas dormido cada vez que practicas el escáner corporal, no te preocupes. Intenta llevarlo a cabo con los ojos abiertos o sentado en una silla.

PROFUNDIZAR. Cuando acabes la meditación del escáner corporal, prolonga la práctica durante quince minutos más, aproximadamente. Descansa con toda tu conciencia abierta, como se explica al final de la meditación para expandir la conciencia (véase Capítulo 8).

Recuerda: sea cual sea tu experiencia, no dejes de practicar. Es posible que te hayas quedado dormido, que hayas sentido más ansiedad, que te haya resultado aburrido, que hayas descubierto que no puedes concentrarte o que te hayas sentido incómodo. Intenta solucionar eso la próxima vez y sigue practicando. Debes saber que la mente humana es muy desordenada, y que si te lleva por derroteros que no habías planeado mientras intentas meditar, te pasa como a mucho otros: bienvenido al club. (Y lee el cuadro de las páginas 112 y 113.)

Para muchas personas, la meditación del escáner corporal no es una práctica sencilla, especialmente al principio. Persevera con el ejercicio durante la semana, con la mente abierta y percibiendo lo que ocurre. Y si el proceso te parece fácil, ¡estupendo!

Reflexión

1. ¿Qué sensaciones corporales has notado con más intensidad durante el escáner corporal? ¿En qué partes del cuerpo no has sentido nada?
2. ¿Has notado que tu mente divagaba? ¿Qué tipo de pensamientos has tenido?
3. ¿Qué te ha parecido la experiencia? ¿Qué emociones han surgido y se han desvanecido durante el proceso?

Descubrimiento: pensar en los problemas de otra manera

Piensa en lo que te provoca ansiedad ahora mismo: la muerte de un ser querido, una situación laboral complicada o ciertos problemas económicos son cuestiones difíciles de gestionar. En este curso de mindfulness no te pedimos que salgas corriendo o que niegues los problemas. Te animamos a que explores la posibilidad de verlos de un modo distinto.

El mindfulness te ayuda a ver las cosas de otra manera porque:

- practicas la capacidad de retroceder y ver el problema en su conjunto;
- aprendes a prestar atención a otras cosas, no solo a tu problema.

Intenta resolver estos juegos, que requieren «pensar fuera de la caja». Prueba a pensar en tu problema del mismo modo y observa qué ocurre, si es que ocurre algo.

1. ¿Qué representa esto?

    CONTA TO
C

2. Una mujer llega hasta un hotel y de pronto se da cuenta de que está arruinada. ¿Por qué?
3. El puzle de los nueve puntos:

Observa los nueve puntos de la ilustración anterior. Tu reto consiste en dibujar cuatro líneas rectas que atraviesen todos los puntos sin levantar el lápiz del papel. Cada línea comienza donde acaba la anterior. Puedes empezar donde quieras. Inténtalo.

Tómate un momento y no te rindas a las primeras de cambio. Puedes probar con un poco de respiración consciente antes de empezar o a mitad del ejercicio si notas que empiezas a frustrarte.

En la página 122 encontrarás la solución a este problema, pero dedica al menos cinco minutos a intentar resolverlo y, lo más importante, observa qué estrategia adoptas para solucionar los problemas.

Estos juegos nos enseñan tres cosas fundamentales que puedes aplicar a los retos que se te vayan presentando en la vida.

1. No trabajes más, sino mejor

Si utilizas siempre la misma estrategia o el mismo enfoque, no necesariamente obtendrás una respuesta. Tienes que desprenderte de tus ideas y retroceder un paso. Más esfuerzo podría llevarte simplemente a la frustración, en lugar de a dar con la solución. El estrés aparece cuando sigues aplicando las mismas estrategias y no obtienes el resultado que buscas. Utiliza el mindfulness para retroceder y ver las cosas de otra manera. Muchas personas hablan de trabajar mejor, no más, pero el mindfulness te ofrece un modo práctico de conseguir un enfoque más inteligente.

Por ejemplo, en cierta ocasión tuve muchos problemas para cumplir con el plazo de una presentación que estaba preparando. Tenía que lograr encajarla con mi trabajo como formador en mindfulness y con muchas reuniones pendientes, y veía que no iba a poder. Me sentía estresado por hacer malabarismos con tantas pelotas a la vez. Realicé un breve ejercicio de mindfulness y decidí buscar una solución más radical: reorganizar por completo mi agenda. Me dejé una semana libre de reuniones y trabajé en mi presentación a tiempo completo; así pude acabarla y me sentí con mucha más energía y entusiasmo.

2. Explora los límites

¿Los límites de la solución son una creación artificial en tu mente? ¿Qué ocurriría si cambiases esos límites? ¿Se basan en tu percepción o en la realidad? Piensa bien qué reglas te has impuesto. Al tomar conciencia de los límites que te has impuesto, a ti o a la situación, podrás reducir el estrés.

Cuando empecé a enseñar meditación, no pensaba que se me diese bien. Ese pensamiento influyó en mi modo de enseñar. Tras escuchar los comentarios positivos de mis alumnos y soltar ese pensamiento que me provocaba estrés, empecé a relajarme y a disfrutar mucho más enseñando meditación. Ahora he descubierto una actitud hacia la enseñanza que me hace disfrutar mucho más: ¡asegurarme de que me divierto mientras enseño! Es un plus que los alumnos disfruten y se beneficien de la clase. Esta es una actitud mucho mejor, y parece que a los alumnos les encanta.

3. Mira más allá de los límites del problema

Si no tienes claro cuál es el problema, por mucho que lo intentes no hallarás una solución. Intenta pensar en tu problema de otra manera.

Una de mis colegas estaba muy estresada por su situación económica. Tenía dificultades para pagar las facturas a pesar de ser propietaria de varios negocios. Veía su problema como la necesidad de pagar las facturas, y se sentía estancada por no tener suficiente dinero. Después de hablar con un amigo, se dio cuenta de que en realidad su problema era que estaba demasiado apegada a sus empresas. Vendió una, consiguió dinero y se sintió más libre. Con una actitud más calmada y creativa, sus otros negocios empezaron a salir a flote. El problema no era la falta de dinero, sino el apego.

EJERCICIO. Encontrar un nuevo modo de ver un problema: como un reto

Ahora piensa en uno de tus problemas, uno que desees analizar y verlo como un reto que debes resolver de un modo distinto. Ten en cuenta los consejos anteriores y escribe cuál es tu reto (utiliza tu diario o simplemente toma algunas notas aquí) y las formas nuevas o únicas de dar con algunas posibles soluciones.

Problema/reto:

Modos distintos de ver el reto:

Posibles soluciones únicas e innovadoras:

Preguntas frecuentes sobre la meditación mindfulness

P: ¿Lo estoy haciendo bien? ¿Cómo sé si estoy realizando la meditación correctamente?

R: Si eres constante, ya lo estás haciendo bien. Lo que tengas que aprender surgirá con la práctica misma de la meditación: solo necesitas aprender a confiar en ti mismo. Por lo tanto, cada vez que te preguntes si lo estás haciendo bien o no, responde para tus adentros «estoy pensando», y vuelve a situar tu mente en el punto donde estuvieses centrando tu atención. ¿Cómo aprendiste a caminar? Simplemente, te lanzaste. Con la meditación ocurre lo mismo.

P: Durante la meditación me he sentido inquieto. ¿Cómo puedo evitarlo?

R: Prueba a reducir el consumo de cafeína o de otros estimulantes. E intenta realizar tus actividades cotidianas de manera más presente y consciente: es posible que de este modo se suavice la sensación de inquietud durante la meditación. Prueba a dar un paseo corto, a paso lento, prestando atención a tu respiración. Unas cuantas respiraciones profundas y lentas al principio de la meditación también pueden ayudarte a activar tu respuesta de relajación y aliviar la agitación. Más allá de eso, prueba a «lidiar» con la inquietud. Esto significa que le permites estar ahí mientras meditas. Intenta percibir qué parte de tu cuerpo se siente más inquieta y la sensación física que acompaña a tu respiración. Interésate por la sensación en lugar de intentar encontrar el modo de librarte de ella. Ya pasará.

P: He sido incapaz de concentrarme en mi cuerpo. Mi mente no dejaba de divagar. ¿Qué he hecho mal?

R: Nada. El hecho de que te hayas dado cuenta de que tu mente divagaba es mindfulness; lo contrario sería mindlessness, un estado rutinario y distraído. Por lo tanto, en primer lugar, recuerda que has tenido plena conciencia de lo que ocurría. En segundo lugar, durante la meditación, como en todas las facetas de tu vida, la mente se dispersa. Es así como funciona y es eso lo que debes esperar. Cuando te des cuenta de que tu mente divaga, recupera la concentración. Este proceso ya es mindfulness. Nadie ha realizado nunca un escáner corporal completo o cualquier otra meditación sin que la mente divagase en algún momento; es imposible evitarlo, y tampoco es el objetivo de la práctica. Prueba a sonreír cuando notes que tu mente se dispersa; a muchos de mis alumnos les encanta.

P: Me he sentido muy relajado. ¿Es correcto?

R: ¡Sí, por supuesto! Pero no esperes que ocurra lo mismo siempre. A veces la relajación llega, y otras no. Solo tienes que poner tu conciencia en aquello en lo que te concentres. Si te sientes relajado, disfruta de la sensación.

P: No me he relajado nada. ¿Por qué?

R: La relajación puede surgir o no. No la conviertas en un objetivo. Trata de limitarte a tomar conciencia de tus sensaciones corporales o de la respiración. Los beneficios surgen de ahí y de recuperar la atención cada vez que la mente se dispersa.

Ejercicios en casa. Semana 1

Estos son los ejercicios de mindfulness para esta semana. La tabla que aparece al final de esta sección resume lo que tienes que hacer en función de si sigues el minicurso o el curso completo.

Escáner corporal

Intenta practicarlo cada día, en el momento que mejor te vaya. Probablemente te resultará más fácil con la ayuda del audio.

Respiración ventral consciente

Se trata de una actividad adicional para los que realizan el curso completo. Solo necesitas cinco o diez minutos. Siéntate en una silla o en el suelo, sobre un cojín, y percibe las sensación de tu respiración. Puedes sentir el aire en la nariz, el pecho, el estómago o donde prefieras. Ten presente que tu mente se desviará hacia otros pensamientos; cuando percibas que te ocurre, reconduce tu atención para centrarla de nuevo en la respiración.

Potenciador de mindfulness

Durante la semana, te olvidarás de estar presente en todo momento. ¡Es tan fácil olvidarse! Una manera creativa de contrarrestar esta tendencia automática consiste en utilizar un «potenciador de mindfulness», una actividad que realices con la mayor atención posible para incrementar el nivel de conciencia presente.

El potenciador de mindfulness de esta semana consiste en darte una ducha (o un baño) con toda tu atención consciente. Para ello, respira varias veces antes de empezar e imponte la intención de estar completamente presente. Es probable que tengas una rutina determinada para la ducha; intenta cambiarla. Si normalmente te lavas primero el pelo, déjalo para el final. Cambiar la rutina incrementará tu atención presente. Conecta con tus sentidos en todo momento. Siente el sonido del agua al entrar en contacto con tu piel, el olor del jabón, el calor del agua y la sensación física del agua tocando tu cuerpo. ¡Puede ser una experiencia muy agradable! Como ocurre con cualquier otra meditación, cuando tu mente se disperse, vuelve a traerla al momento presente.

Reflexión

Toma notas de tu experiencia con los ejercicios de mindfulness en casa cada día. Si lo deseas, utiliza estas preguntas para ayudarte a reflexionar sobre las experiencias. Tomarte tu tiempo para estas reflexiones te ayudará a ganar en sabiduría y a descubrir tus hábitos y tus actitudes.

- ¿Qué efecto ha ejercido la práctica sobre tus pensamientos, tus sentimientos y tus sensaciones corporales?
- ¿Cuál ha sido tu nivel de motivación antes y durante la práctica?
- ¿Qué has descubierto durante el ejercicio de mindfulness?
- ¿Qué podrías cambiar o adaptar la próxima vez que practiques?

Semana 1

Día	Minicurso	Curso completo
1	Miniescáner corporal Potenciador de mindfulness	Escáner corporal Respiración ventral consciente Potenciador de mindfulness
2	Miniescáner corporal Potenciador de mindfulness	Escáner corporal Respiración ventral consciente Potenciador de mindfulness

Día	Minicurso	Curso completo
3	Miniescáner corporal Potenciador de mindfulness	Escáner corporal Respiración ventral consciente Potenciador de mindfulness
4	Miniescáner corporal Potenciador de mindfulness	Escáner corporal Respiración ventral consciente Potenciador de mindfulness
5	Miniescáner corporal Potenciador de mindfulness	Escáner corporal Respiración ventral consciente Potenciador de mindfulness
6	Miniescáner corporal Potenciador de mindfulness	Escáner corporal Respiración ventral consciente Potenciador de mindfulness

Soluciones a los juegos:

1. «Estás fuera de contacto»
2. Está jugando al Monopoly
3. 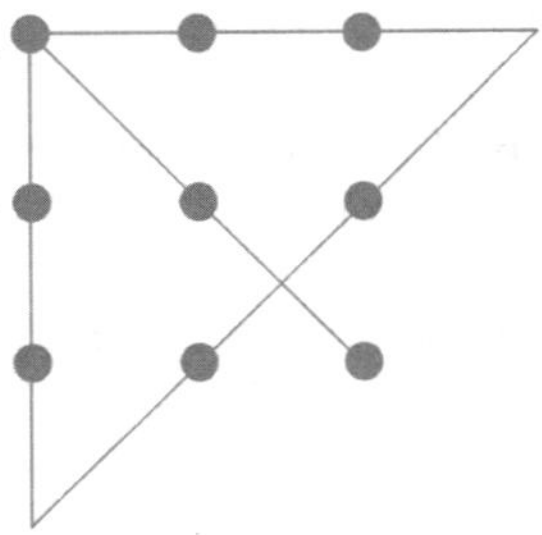

CINCO

Semana 2
De la reacción automática a la respuesta creativa

Una persona ocupada no es aquella que tiene muchas cosas que hacer.

Una persona ocupada es aquella que hace demasiadas cosas al mismo tiempo.

AJAHN BRAHM

INTENCIONES

- *Analizar el papel de la responsabilidad personal y de la propia interpretación en el estrés.*
- *Aprender a realizar la pausa atenta.*
- *Probar nuevos modos de gestionar los pensamientos estresantes.*

Anastasia era una banquera de éxito, un trabajo estresante. Vivía en la ciudad y tenía una vida familiar ajetreada. Amaba a su marido y a sus dos hijos con todo su corazón. No disfrutaba de su trabajo desde hacía varios años, pero le servía para pagar las facturas (y tenían muchas). Tenía la sensación de poca claridad mental, como si tuviese que mirar permanentemente a través de una cortina de humo. Con todas sus responsabilidades, sentía que estaba haciendo malabares con demasiadas pelotas a la vez. Las multitareas eran su pan de cada día. Estar siempre ocupada era su forma de vida. Siempre había trabajado muchas horas. Casi todo parecía discurrir del mismo modo, un día tras otro, con el piloto automático.

Un lunes por la mañana, sin previo aviso, Anastasia experimentó su primer ataque de pánico. No era esa sensación de mariposas en el estómago antes de una entrevista; se parecía más a estar en el borde de un acantilado, como si sintiera su vida amenazada. Pensó que estaba sufriendo un infarto y se alarmó mucho. Fue al hospital a toda prisa, pero las pruebas dieron negativo: tenía bien el corazón.

El médico le explicó que el ataque de pánico estaba ligado a sus elevados niveles de estrés y le recomendó un curso de MBSR para aprender a utilizar el mindfulness en la gestión del estrés. Anastasia estaba dispuesta a probar lo que hiciese falta con tal de evitar aquella horrible sensación y no dudó en apuntarse.

Al principio, la experiencia de las meditaciones durante el curso de MBSR fue extremadamente difícil para ella. Apenas tenía sensaciones corporales. Y entonces empezó a sentir ansiedad durante las meditaciones y a llorar sin un motivo aparente. ¿Era normal llorar?, se preguntó. Su profesor le aseguró que hay algunas personas que lloran en algún momento de la meditación, y que es algo perfectamente normal. Era muy amable, animaba y apoyaba a sus alumnos, y Anastasia insistió. Realmente quería que funcionase.

En unas semanas, Anastasia ya sentía que las meditaciones mindfulness le hacían mucho bien. La ansiedad comenzó a disminuir, y descubrió una sensación de paz que no experimentaba desde hacía mucho tiempo. La meditación era como volver a casa después de un viaje largo y lleno de dificultades. Empezaba a sentirse más completa. Sentía que había estado corriendo a toda velocidad en una cinta y que eso la había dejado agotada. Ahora había momentos del día en los que bajaba el ritmo o detenía la cinta sin miedo a que las cosas se desmoronasen.

Varios años más tarde, Anastasia practica el mindfulness con regularidad y se siente completamente rejuvenecida cuando acaba la práctica de meditación diaria. Disfruta de una vida familiar mucho más feliz. La mayor diferencia es su modo de enfrentarse a los retos de la vida. Ha cambiado su viejo patrón negativo de preocupación constante por una actitud más calmada y reflexiva.

En este capítulo veremos cómo se pasa de las reacciones automáticas ante personas y situaciones a las respuestas conscientes y la toma de decisiones inteligentes acerca del mejor modo de gestionar una situación dada, tal como aprendió a hacer Anastasia.

En el mindfulness, **reaccionar** significa no darse cuenta de la decisión que se ha tomado, pasar inmediatamente de una situación o unos pensamientos difíciles a emprender una acción refleja, automática y habitual. La reacción puede manifestarse como una discusión, en forma de gritos, con pensamientos negativos repetitivos o mediante acciones muy diversas. Las reacciones tienden a ser negativas porque no se le da a la parte inteligente del cerebro el tiempo de funcionar como es debido.

Responder, en cambio, significa tomar una decisión consciente sobre los pensamientos, las palabras y las acciones en cualquier circunstancia. Por ejemplo, darte cuenta de que te estás juzgando como estúpido y dejarlo ir. Tomar conciencia de que te sientes triste y no luchar ni huir de esa emoción. O tomarse un momento para responder cuando un colega dice algo que te molesta, en lugar de comenzar una discusión acalorada.

El mindfulness consiste en responder a los retos de la vida con inteligencia y autocompasión.

Pasar de la reacción habitual a la respuesta consciente ante las dificultades de la vida no es fácil. No obstante, los principios y los cambios de actitud necesarios no son tan difíciles como uno podría pensar. Con un poco de paciencia y determinación, se puede aprender a dar pequeños pasos hacia el mindfulness. Y eso es lo que se necesita: pequeños pasos. Ni más, ni menos.

Responsabilidad personal: mantener el estrés bajo control

Tal vez creas que las responsabilidades solo pueden incrementar tu nivel de estrés. La imagen prototípica de alguien muy estresado es la de una persona que ha asumido demasiadas responsabilidades. Y puede que sea cierto. A veces uno se carga con demasiado trabajo, más del que puede asumir.

La responsabilidad personal, sin embargo, es otra cosa. Me refiero a ser responsable de la propia respuesta ante el estrés. Si te limitas a dar la culpa del estrés a las circunstancias externas, es posible que te sientas un poco mejor a corto plazo, pero también que te estés poniendo en situación de incrementar los niveles de estrés en el futuro por no emprender las acciones adecuadas. Aunque en un primer momento asumir la responsabilidad del propio estrés puede parecer una carga, en realidad se trata del primer paso para reducir el estrés. Anastasia finalmente asumió la responsabilidad de su estrés y utilizó el mindfulness para responder de manera más saludable a su enfermedad, su familia y su trabajo.

Uno puede ver los efectos de la falta de responsabilidad personal en sus propios hábitos. Por ejemplo, supongamos que tienes el hábito de morderte las uñas. Si crees que morderse las uñas forma parte de tu personalidad o se debe a que tus padres también se las muerden, jamás podrás reducir o eliminar ese hábito aunque quieras. No tendrás ninguna posibilidad hasta que pienses: «Soy responsable. Me muerdo las uñas y estoy decidido a dejar de hacerlo». Lo mismo ocurre con la respuesta que uno da ante los factores estresantes: hay que confiar en la propia capacidad interior para gestionarlos mejor.

Existen algunas cosas que no se pueden controlar. Si, por ejemplo, te enfrentas a un importante factor estresante, como una enfermedad grave o la muerte de un ser querido, tus niveles de estrés se dispararán. No se puede cambiar eso fácilmente. No obstante, sí se puede empezar a gestionar poco a poco la respuesta que se da a ese estrés. Tienes que permitirte vivir el proceso natural de duelo, tristeza e ira antes de aceptar la pérdida o el cambio de circunstancias. El mindfulness ofrece el espacio para hacerlo. Puedes aprender a gestionar el estrés con inteligencia, conciencia y autocompasión.

Asumir la responsabilidad del propio estrés no significa que uno deba juzgarse o condenarse por sentirse estresado. Todo lo contrario. La responsabilidad personal ofrece esperanza y modos de emplear el mindfulness para identificar cuándo el nivel de estrés es alto, además de permitir descubrir modos nuevos y eficaces de responder a ese estrés. El mindfulness anima a ser amable con uno mismo, a tratarse como se trataría a un amigo estresado.

Veamos algunas actitudes mindfulness para empezar a asumir el control del estrés:

- **Recuerda que siempre tienes elección.** Si no tienes elección respecto a la situación que te provoca estrés, sí puedes, al menos elegir la actitud que adoptas frente a él. Existen casos de presos en campos de concentración nazis que adoptaron este enfoque recordándose que siempre podían controlar su actitud.
- **Practicar la meditación mindfulness.** Verás cómo influyen tus pensamientos en tus sentimientos y tus sensaciones corporales, y viceversa. De ese modo comprobarás hasta qué punto el estrés es una experiencia interna.
- **Estar alerta ante los pensamientos del tipo «No tengo elección» o «No puedo hacer nada al respecto».** Aléjate de esos pensamientos en lugar de darles cabida o creer que son ciertos.

Reflexión

Piensa en algún momento en el que te hayas sentido estresado, pero en el que mantuvieras el control de la situación. ¿Cuál era tu actitud frente al estrés? ¿Qué ocurre si aplicas esa actitud al estrés que sientes en la situación actual?

Interpretación y estrés

Una gran parte del control de la respuesta al estrés consiste en controlar la interpretación de los hechos.

No todo el mundo percibe los acontecimientos potencialmente estresantes (un enfado del jefe, un hijo que llora, la bandeja de entrada llena de correos, por citar solo unos cuantos) como tales. Ni siquiera una misma persona reacciona siempre de la misma manera ante esos factores. Puedes interpretar el enfado de tu jefe como «Hoy tiene un mal día»; el llanto de tu hijo, como una fase pasajera («Lo superará»), y tu bandeja de correo, como «Así son las cosas de la vida moderna. Lo miraré mañana por la mañana con más tiempo».

Percepción → **Interpretación** → **Reacción**

Es cierto que la aparición del estrés constituye una compleja interacción de diversos factores; sin embargo, también lo es que entre ellos la interpretación del elemento estresante es muy importante. Esa interpretación determina si la respuesta de estrés se ve comprometida, lo que puede dar lugar a un sentimiento de ansiedad o tensión. Veamos un ejemplo.

El otro día estaba viendo unos vídeos cómicos. En uno de ellos, alguien ponía una serpiente de juguete (con movimiento incluido) en el suelo de un vestíbulo. Cuando la propietaria de la casa, que ignoraba lo que estaba ocurriendo, abría la puerta y veía la serpiente, daba un salto del susto. Sus familiares se partían de risa y en cuestión de segundos, el miedo de la víctima se convertía en risa al darse cuenta de que no era más que un juguete. Este ejemplo, aparentemente estúpido, explica por qué algunas personas sufren mucho estrés y otras no.

Cuando la mujer percibe por primera vez la imagen de una serpiente, piensa que es real: «¡Oh, Dios mío, una serpiente!», o tal vez alguna palabra más «fuerte». Con ese pensamiento, su respuesta de estrés se pone en funcionamiento. En un segundo se liberan las hormonas del estrés para que su corazón aumente el ritmo y los músculos se tensen.

Si la mujer continuase pensando que el juguete es una serpiente de verdad, seguiría sintiéndose estresada y amenazada. Ocurre lo mismo con los factores que te estresan a ti. Si los interpretas como una amenaza, continuarás sintiéndote estresado.

Esta historia ilustra los tres pasos que producen la respuesta de estrés:

1. **Percepción** de la situación (ver algo que serpentea en el suelo).
2. **Interpretación** de la situación (pensamiento: «¡Es una serpiente!»).
3. **Reacción** a la situación (se pone en marcha la respuesta de estrés: el corazón late más rápido, se da un salto provocado por el miedo, crece la tensión).

El punto clave es que tu interpretación va antes de la sensación de estrés.

Interpretas una situación como una amenaza antes de que tu respuesta de estrés se ponga en marcha.

Si la persona que vio la serpiente trabajase en un zoo, en la sección de serpientes, probablemente no se habría asustado lo más mínimo. En la interpretación está la diferencia.

Las ilusiones ópticas constituyen un gran ejemplo de cómo interpreta el cerebro lo que experimenta. Veamos el círculo central de las siguientes ilustraciones.

¿Cuál de los dos parece más grande?

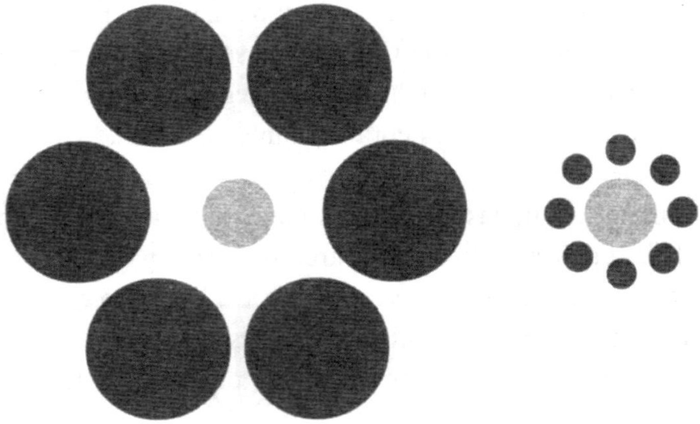

Figura 1 Figura 2

La mayoría de las personas dirán que el círculo central de la segunda figura parece más grande. Sin embargo, si los mides, comprobarás que los dos tienen exactamente el mismo tamaño. ¿Por qué te han engañado?

La ilusión funciona debido a los círculos que rodean el círculo central. En la Figura 1, el círculo es pequeño en comparación con los que lo rodean, y por eso parece más pequeño. En la Figura 2, los círculos que rodean al central son más pequeños, lo que hace que parezca relativamente más grande. El cerebro utiliza esa comparación para dar por sentado que el círculo central de la Figura 1 es más pequeño que el de la Figura 2.

El factor estresante no es la causa directa del estrés. En realidad, el nivel de estrés que se experimenta está relacionado con el grado de credibilidad que se otorga a los pensamientos sobre el factor estresante. No es mi intención restar importancia al sentimiento real de estrés que estás experimentando. Tampoco digo que tu estresada vida sea el producto de tus pensamientos. Pero la interpretación desempeña un papel fundamental.

Shakespeare llevó esta idea al extremo, como podemos ver en Hamlet:

Nada es bueno o malo, sino que es el pensamiento el que lo convierte en tal.

Ahora que ya sabes que la interpretación está en la raíz de tu estrés, tus siguientes preguntas podrían ser: «¿Por qué interpreto las situaciones así? ¿Por qué veo las cosas como amenazas y acabo estresándome innecesariamente?». Lo cierto es que así es la naturaleza humana, y eso guarda una estrecha relación con la evolución de la especie, tal como explicaré a continuación.

La tendencia a la negatividad: estamos programados para centrarnos en lo negativo

Si sucede que tiendes más al pesimismo que al optimismo, es porque el cerebro está programado para que sea así. Es lo que le ocurre a la mayoría de los humanos, y eso responde a una teoría conocida como **tendencia a la negatividad** (la tendencia a prestar más atención y otorgar más peso a las experiencias y la información negativas).

Se cree que la razón de este comportamiento es evolutiva. Pensemos en la vida al principio de la historia de la humanidad. Probablemente, algunos humanos se arriesgaban y recorrían la jungla en busca de comida. No les preocupaba demasiado que el tigre de turno pudiese comérselos. Otros humanos asumían riesgos mínimos. Se preocupaban más. Se estresaban con mayor facilidad, y cualquier movimiento sospechoso en los arbustos les impulsaba a echar a correr, movidos por su respuesta de estrés. Probablemente, sentían más estrés y ansiedad. ¿Cuáles de esos humanos tenían más probabilidades de sobrevivir y, por lo tanto, de tener descendencia? Obviamente, los más precavidos. Los humanos que asumían menos riesgos y recordaban los peligros que acechaban eran los que sobrevivían. Gracias a ello, se reproducían y sus genes pasaban a la siguiente generación.

Por esa razón, la mujer del ejemplo de la serpiente salta del susto de manera casi instantánea: su mente registra de inmediato lo negativo, que es una serpiente, y reacciona en consonancia. Se trata de un mecanismo de supervivencia integrado en nuestro ser, conocido como «respuesta de lucha o huida». (En el Capítulo 4 hablaremos de la respuesta fisiológica implicada en este sistema de alarma primario del cerebro.)

«Antes del mindfulness, nunca pensé que mis pensamientos influyesen en mis sentimientos. Y no sabía que podía tomar distancia con respecto a mis pensamientos. Simplemente, reaccionaba y vivía con el piloto automático. Ahora sé que tengo una elección. ¡¿Por qué no me enseñaron esto en el colegio!?»

Los siguientes ejemplos pretenden demostrar la tendencia a centrarnos en lo negativo por naturaleza:

- Tu coche no arranca por la mañana. Esa misma tarde les cuentas el episodio a tus amigos. No mencionas que hacía un día estupendo, que no has tenido ningún accidente o que tus colegas han sido muy amables contigo hoy.
- En un restaurante, no te gusta el modo como te tratan los camareros. No tienes en cuenta que la comida estaba buena, que las vistas del lago eran preciosas o que tu salud era excelente ese día. Percibir los aspectos positivos de la experiencia en el restaurante habría requerido un esfuerzo consciente.
- Hoy te sientes solo y apático. Te centras en tu estado de ánimo y no en que esta semana te irás al campo, en que ves a tus hijos felices o en que tienes tiempo para dar un largo paseo si así lo decides.
- Es mucho más probable que elijas un periódico con un titular negativo que uno con un titular positivo. Las malas noticias captan la atención y venden más. Resulta interesante que no fuese así el 18 de abril de 1930, fecha en que la BBC anunció: «No hay nada que merezca ser noticia». En su lugar, emitió música de piano. Esto sería impensable en nuestros días, y nos da una idea de por qué los niveles de estrés actuales son más altos que en el pasado: nos inunda una oleada constante de no-

ticias, en su mayoría negativas, disponibles en televisión y en línea las veinticuatro horas del día.

Estos ejemplos estereotípicos demuestran lo fácil que resulta centrarse en las experiencias negativas en lugar de hacerlo en las positivas. Y la atención constante a lo negativo puede provocar una acumulación excesiva de estrés.

Lo que nos aporta la investigación:
tres malas pasadas que te juega el cerebro

El neurocientífico Rick Hanson afirma que el cerebro nos juega tres malas pasadas para asegurarse de que los niveles de estrés aumenten, lo que no mejora la calidad de vida en la sociedad moderna:

- Sobrevalora las amenazas
- Subestima las oportunidades
- Subestima la propia capacidad para gestionar las oportunidades

Por lo general, estas tendencias incrementan los niveles de estrés innecesariamente. Puedes utilizar el mindfulness para gestionarlas:

- Estando presente cuando te sientes amenazado. Recuérdate que debes pensar o anotar todo lo que va bien en ese momento. De ese modo, positivizas las cosas.
- Tomando plena conciencia del riesgo real de asumir la oportunidad que tienes delante. Por ejemplo, puede que te dé miedo subir a un avión, pero en realidad es uno de los medios de transporte más seguros.
- Percibiendo cuándo piensas «No puedo hacerlo» y preguntándote si realmente es cierto. ¿No podría ser que la tenden-

cia a la negatividad estuviera haciendo de las suyas? Piensa en las veces que creíste que no podrías conseguir algo y, sin embargo, lo lograste. Por ejemplo, si vas a una entrevista de trabajo, piensa en otras que te hayan ido bien.

AFRONTAR CON PLENA CONCIENCIA LAS INTERPRETACIONES

En definitiva, pues, el cerebro tiende a centrarse en lo negativo debido a la tendencia a la negatividad. ¿Se puede hacer algo al respecto?

Se ha demostrado que la práctica de la meditación mindfulness cambia la tendencia a la negatividad y reconecta el cerebro después de solo unas semanas de práctica diaria. Y los cambios de un pensamiento más negativo y basado en el miedo a un enfoque de la vida diaria más holístico, abierto y optimista son visibles en un escáner cerebral.

Además del mindfulness, existen cinco campos principales en los que puedes trabajar. Para entenderlo mejor, pongamos que te resulta muy estresante verte atrapado en un atasco:

1. **Saca los músculos de la atención para reinterpretar el factor estresante.** El mindfulness entrena al cerebro para que este sea capaz de trasladar la atención de un punto a otro, en lugar de centrarse únicamente en las preocupaciones. Por ejemplo, en lugar de ver el atasco como un factor que te hará llegar tarde, considéralo una oportunidad para escuchar tu música favorita, para practicar la respiración consciente o para escuchar un audiolibro. Para ello tienes que tomar conciencia de que estás viendo la situación por su lado negativo y desviar la atención, también conscientemente, hacia resultados más positivos.
2. **Practica la gratitud.** Piensa en todas las cosas que van bien en tu vida. Utiliza el mindfulness para tomar verdadera conciencia de aquello por lo que te sientes agradecido. Así, en un

atasco podrías pensar en cinco cosas que van muy bien en tu vida y en las razones por las que te hacen sentir bien. E incluso podrías enviar un mensaje de texto o un correo, o realizar una llamada, cuando llegues a tu destino con el fin de expresar tu agradecimiento a la persona en la que hayas pensado. Expresar gratitud resulta todavía más potente que pensar en ella.

3. **Contempla la situación en su conjunto.** Aunque el factor estresante te provoque angustia en ese momento, ¿cambiará algo a la larga? Siguiendo con el ejemplo del atasco: ¿de verdad tendrá importancia dentro de una semana, de un mes, de un año? ¿Realmente es importante considerado dentro del conjunto? Uno de los aspectos fundamentales del mindfulness es la capacidad de dar un paso atrás y poner las cosas en perspectiva. La mayoría de las cosas de la vida nunca son tan malas como parecen; conviene recordarlo.
4. **Sé amable contigo mismo en lugar de imponerte la perfección.** Si te pones el listón muy alto, te predispones al fracaso. Volviendo de nuevo al ejemplo del atasco, piensa si siempre quieres llegar puntual a todas partes. Puede que este sea tu objetivo, pero llegar siempre a tiempo, el cien por cien de las veces, es imposible. El tratamiento del perfeccionismo con mindfulness requiere que entiendas que cada momento presente es tal como debe ser. Centrar tu atención en el momento presente en lugar de intentar crear un futuro idealizado te ayudará a deshacerte del perfeccionismo poco a poco. Otro consejo es que intentes conseguir el 80 % de perfección en todo lo que hagas y observes que el mundo no se acaba porque tus resultados no sean perfectos.
5. **Cuida tu lenguaje.** Toma conciencia del lenguaje que utilizas en tus pensamientos. Palabras como «siempre», «nunca», «debería» y «tengo que» son señales de que piensas de manera extrema, y eso podría alimentar tu estrés. Distánciate de esos pensamientos y míralos como eso, como pensamientos, en lugar de verlos como hechos. O hazte preguntas del tipo: «¿Es

eso verdad? ¿Siempre llego tarde?», o «¿Por qué debería correr para llegar a tiempo y poner en peligro mi seguridad y la de los demás conductores?». Veremos más sobre eso en el Capítulo 8.

Reflexión

Estas reflexiones te resultarán útiles siempre que te sientas superado por el estrés. Pruébalas ahora mismo y aplícalas siempre que el estrés se apodere de ti.

Piensa en algo que sea una fuente de estrés para ti en este momento; no en la más importante, pero sí en una significativa. De este modo aprenderás a interpretar los factores estresantes de manera distinta. Si quieres, escríbelo en tu diario junto con las respuestas a estas preguntas:

1. ¿Qué te va bien ahora mismo? (Puede ser, simplemente, que tienes un techo o comida para el día de hoy.)
2. ¿Cómo puedes ver el factor estresante de manera distinta? ¿Puedes contemplarlo como un reto? Si es así, ¿ese reto tiene algún beneficio?
3. ¿Ese factor estresante será una preocupación para ti dentro de unos meses? ¿O en unos años?
4. ¿Te estás poniendo el listón muy alto? ¿Te ves capaz de conformarte con el 80 % de perfección? Piensa en realizar alguna tarea sin llegar a la perfección y practica el hecho de sentir la emoción incómoda en lugar de actuar sobre ella. La emoción pasará.

Recuerda: algunos factores estresantes parecen demasiado grandes para este tipo de actitud. Si el factor estresante que te afecta es tu divorcio o la enfermedad terminal de un ser querido, o tuya, la situación será, por supuesto, muy complicada. En esas circunstancias, es importante que seas amable contigo mismo y que te concedas espacio para el dolor, además de mucho descanso. Tienes que buscar a alguien con la empatía suficiente para escucharte y apoyarte. Y es posible que las minimeditaciones mindfulness te ayuden a pasar mejor los días, momento a momento. Cambiar tu interpretación no es lo adecuado cuando un factor estresante de gran envergadura es muy reciente; con el tiempo, tal vez, podrás considerar este enfoque.

Lo que nos aporta la investigación: crecimiento postraumático

Stephen Joseph es un psicólogo pionero de la Universidad de Nottingham que lleva veinte años trabajando con gente que ha vivido una experiencia traumática. Y ha descubierto algo increíble: para la mayoría de las personas, ciertos hechos traumáticos —como enfermedades, divorcios, atracos, lutos, accidentes, desastres naturales e, incluso, atentados terroristas— pueden producir cambios positivos a largo plazo. En otras palabras, los hechos traumáticos actúan como catalizadores del crecimiento personal. Esto no significa que el trauma no provocase estrés, dificultades, pesadillas y otras experiencias difíciles en su momento. Lo que demuestra es que la experiencia puede conducir al crecimiento en lugar de provocar un trastorno.

El libro de Joseph, *What Doesn't Kill Us: The New Psychology of Post-Traumatic Growth*, incluye una serie de ejemplos de personas que han ganado en sabiduría tras un descalabro vital. Afirma que cientos de estudios confirman que entre el 30 y el 70 % de las personas experimentan cambios positivos después de un trauma. El crecimiento postraumático es casi la norma. Los afectados afirman que sus relaciones ganan en profundidad, que se sienten más maduros y más sabios, y que reordenan las prioridades de sus vidas para dejar de considerar la posición y la riqueza como lo más importante.

El crecimiento postraumático ofrece un excelente ejemplo de que muchas personas reinterpretan los factores estresantes para reducir su estrés e incrementar su resiliencia ante los futuros factores estresantes que puedan surgir.

EJERCICIO. Reaccionar y responder a los pensamientos

Este es un ejercicio que muestra cómo interpreta el cerebro las situaciones y cómo dicha interpretación puede provocar estrés si se reacciona a ella. Tómate un momento para imaginar que te ocurre lo que explicaré a continuación. Toma conciencia de lo que pensarías y cómo te sentirías en esa situación. Lee con atención, sin prisa.

Imagina que entras en una cafetería de tu barrio... Te sientas... El camarero se acerca para tomar nota... Pides un café y un cruasán... El camarero lo apunta... Esperas a que te sirva... Pasan cinco minutos... Diez minutos... Pero no hay señales de tu café y tu cruasán... Pasan quince minutos y sigue sin llegar tu pedido... Ni rastro del camarero...

¿Qué pensamientos te asaltan en esta situación?

¿Cómo te sientes (por ejemplo, triste, enfadado, tranquilo, molesto, impasible, asustado, aburrido)?

Cuando realizo este ejercicio con los clientes, dan respuestas distintas. Sin embargo, la situación es siempre la misma: un camarero que no nos sirve lo que le hemos pedido. Veamos algunos posibles pensamientos (interpretaciones) y los sentimientos que se les aparejan.

Interpretación

«Este camarero me odia. Siempre me pasa lo mismo. Debería ser más asertivo. Este no va a ser un buen día.»

Sentimiento

Tristeza. Desaliento.

Interpretación

«Seguramente, el camarero está muy ocupado. No es un trabajo fácil. Creo que voy a ir a recordarle lo que le he pedido.»

Sentimiento

Tranquilidad.

Interpretación

«El típico camarero. Es patético. Menudo vago. Voy a decirle cuatro cosas. A ver dónde está.»

Sentimiento

Ira.

¿Observas el patrón que se produce entre la interpretación y el sentimiento? Cuando te culpas de la situación, el resultado es un estado de ánimo bajo y alicaído. Cuando culpas al otro, el resultado es la ira y la frustración. Y cuando no culpas a nadie, sino a las circunstancias, el sentimiento es neutro o, como mucho, de preocupación.

Este ejercicio demuestra que los pensamientos desempeñan un papel clave en la forma que adoptan los sentimientos. O, para ser más precisos, **los pensamientos que consideras ciertos** influyen en tus sentimientos. En el pasado, los psicólogos animaban a la gente a cambiar el patrón de pensamiento para conseguir que fuera más realista. Actualmente, en cambio, está surgiendo un nuevo enfoque con atención plena para afrontar las emociones difíciles. Solo hay que entrenar al cerebro para que vea los pensamientos exactamente como lo que son: pensamientos o interpretaciones. Los ejercicios y las meditaciones mindfulness le enseñan al cerebro a responder a los pen-

«Después de llegar al agotamiento por el estrés, empecé a leer libros de autoayuda. ¡Ni siquiera sabía que existían! Me di cuenta de que mis pensamientos desempeñaban un papel muy importante en mi estrés. Ahora soy mucho más consciente de mis pensamientos. Practico un ejercicio breve de mindfulness en cuanto empiezo a estresarme más de la cuenta.»

samientos y las emociones, en lugar de reaccionar a ellos de forma automática.

Te presento otro ejercicio que puedes probar. Piensa lo siguiente: «Puedo atravesar las paredes». Dilo para tus adentros unas cuantas veces. Mantén ese pensamiento en la cabeza. ¿Crees que es verdad? Por supuesto que no. Por lo tanto, ni siquiera vas a intentar atravesar una pared. Del mismo modo, cuando percibas que tus pensamientos no son más que una interpretación, y no un hecho, aprenderás a darles menos importancia porque no creerás que sean ciertos.

El estrés no está provocado por cualquier pensamiento, sino por aquellos pensamientos que *crees que son ciertos.*

Reflexión

La próxima vez que te sientas estresado, observa qué es lo que te provoca el estrés. A continuación, percibe qué pensamientos son los causantes del estrés.

Escribe los pensamientos que te provocan estrés. ¿Son hechos absolutos o solo una interpretación?

CONSEJO La postura corporal y los movimientos influyen en el pensamiento y en las interpretaciones. Prueba a sentarte con la espalda completamente recta, sal a dar un paseo con paso rápido, mantén una sonrisa durante veinte segundos o realiza diez respiraciones profundas y conscientes.

A continuación, comprueba si eres capaz de interpretar la situación de otra manera. ¿Qué efectos han tenido estas sencillas técnicas?

PRÁCTICA. Meditación de la pausa atenta

Pista de audio 8: aproximadamente 2 minutos.

Esta semana vas a aprender una importante minimeditación, la de la pausa atenta. Te recomiendo que la practiques a diario a partir de ahora.

Los objetivos de la pausa atenta son:

- **Desactivar el modo de piloto automático.** Este es el modo «por defecto» del cerebro. Esta minimeditación lo desactiva para que funciones con mayor conciencia y cambies la manera de reaccionar a tus experiencias.
- **Tomar más conciencia de tus patrones de pensamiento.** Esta minimeditación te ayuda a realizar una pausa en tus quehaceres cotidianos y tomar conciencia de tus pensamientos. Los patrones de pensamiento destructivos podrían ser la causa de tu estrés. Con este ejercicio de atención plena podrás percibirlos y tomar distancia respecto a ellos.
- **Tomar conciencia de tu estrés.** Al realizar una pausa para llevar a cabo la minimeditación, percibes cuál es tu nivel de estrés. A partir de eso, puedes empezar a analizar qué te está provocando el estrés. El hecho de dejar un momento las actividades cotidianas ya ayuda en sí mismo a reducir el estrés.
- **Tomar conciencia de las sensaciones corporales.** Tu cuerpo es como un barómetro para tus niveles de estrés. Percibir el cuerpo te ayudará a conectar con lo que ocurre en tu interior. Por ejemplo, un dolor en el cuello te recordará que te conviene hacer una pausa en tu trabajo frente al ordenador antes de que acabe convirtiéndose en una migraña.
- **Percibir las emociones.** La falta de conciencia sobre tus propias emociones puede ser un factor estresante en sí mismo. Si

te sientes enfadado, puedes analizar el motivo. Si no sabes que estás enfadado, la emoción podría ir en aumento hasta que explotes ante el primero que se te acerque.

- **Tomar un poco de distancia con respecto a lo que estés haciendo.** La minimeditación es una oportunidad para dar un paso hacia atrás y ganar perspectiva. De ese modo podrás interpretar la situación en su conjunto. Por ejemplo, si estás muy estresado por un examen que se aproxima, la minimeditación te recordará que lo harás lo mejor que puedas. El examen es importante, pero si no sale bien, no es el fin del mundo.

La pausa atenta se compone de tres pasos. Dedica un minuto a cada uno de ellos.

Paso 1. Tomar conciencia de las sensaciones corporales, los sentimientos y, por último, los pensamientos

Toma conciencia de tu cuerpo. Siéntate con la espalda recta si estás encorvado. Abre el pecho poco a poco si tienes una postura cerrada. Mantén la cabeza erguida. Percibe cómo se siente tu cuerpo sin juzgarte. ¿Qué partes están tensas? ¿Cuáles te duelen? Y ¿cuáles están bien?

A continuación toma conciencia de tus sentimientos. ¿Cómo te sientes en este preciso instante? No tienes que juzgar lo que sientes, solo percibir la emoción y etiquetarla mentalmente con una sola palabra (por ejemplo, «triste», «cansado» o «nervioso»).

Desplaza tu atención a tus pensamientos. Trata de imaginar que tu mente es el cielo y tus pensamientos son las nubes. Pon tus pensamientos en las nubes. Observa cómo vienen y se van.

Paso 2. Tomar conciencia de la respiración

Toma conciencia del flujo natural de tu respiración. Percibe la respiración en la nariz, en el pecho, en el estómago... donde puedas. Trata de aceptar plenamente tu respiración tal como es.

¿Tu respiración es superficial o profunda? ¿Uniforme o irregular? ¿Es muy diferente la temperatura del aire que inspiras de la del aire que espiras?

Paso 3. Conectar tu conciencia con la respiración y el cuerpo

Deja que tu atención se vaya abriendo. Toma conciencia de todo tu cuerpo, estés en la posición en la que estés. Incluye tu respiración (que, por supuesto, es una sensación más de tu cuerpo). Si puedes, siente que todo tu cuerpo respira. Prueba a jugar con la sensación de que la respiración fluye arriba y abajo recorriendo tu cuerpo. Observa si las posibles tensiones de tu cuerpo permanecen inalterables o se mitigan. Acaba manteniendo una leve sonrisa en el rostro durante unos segundos.

Piensa en lo afortunado que eres por disponer de este tiempo para realizar una pausa atenta, que supone un beneficio para tu salud y tu bienestar. Felicítate por haberte tomado el tiempo necesario para la pausa.

CONSEJO Puedes pensar en las siglas de los tres pasos para acordarte de ellos: CRC. La «C» te recuerda la conciencia del cuerpo, los pensamientos y los sentimientos; «R» te recuerda la respiración consciente, y la última «C» te recuerda la conexión entre respiración y cuerpo.

VARIACIÓN. Prueba a realizar la pausa atenta mientras caminas a paso lento o estando tumbado.

PROFUNDIZAR. Empieza pensando detenidamente en tu intención al realizar la práctica. Ponte una alarma que suene tres veces al día para practicar la pausa atenta. Asegúrate de que podrás dejar lo que estés haciendo. E intenta realizar la pausa sin guía de audio para ver qué efecto te produce. Cuando practiques, trata de permanecer completamente inmóvil (incluso los ojos bajo los párpados). Mantén el cuerpo relajado pero erecto, con una postura digna. Puedes prolongar la práctica hasta diez minutos o más tiempo si dispones de él.

Reflexión

¿Qué has notado durante la pausa atenta? ¿Qué efectos te ha producido?

Descubrir las señales de estrés y responder a ellas

Ángela era representante de una empresa de muebles. Su trabajo era exigente y la obligaba a desplazarse por todo el país. Estaba acostumbrada a recorrer muchos kilómetros cada semana; en ocasiones pasaba varios días fuera de casa. El año en que cayó agotada por el estrés había recorrido más de 160.000 kilómetros.

«Me encantaba el ajetreo del trabajo —contaba Ángela—. Era estresante, pero me gustaba.» Al principio trabajaba de lunes a viernes, pero sus responsabilidades fueron aumentando y empezó a trabajar también los fines de semana.

Ángela no tenía vida social, pero eso era algo que no parecía importarle. Conoció a un chico. Sacar tiempo para estar con él, además de trabajar, resultó muy complicado. La presión comenzó a hacerse insoportable. Ángela se sentía sin energía la mayor parte del tiempo. Un lunes por la mañana no pudo levantarse de la cama. Podía mover los dedos de las manos y los pies, pero nada más. No tenía energía para mover los brazos y las piernas.

Cuando consiguió llegar a la consulta del médico, este le dijo que estaba «agotada por estrés». Al principio, Ángela no lo podía creer. Sí, la vida era estresante, pero disfrutaba de casi todo. Sin embargo, cuando reflexionó más a fondo se dio cuenta de que no existía un equilibrio entre el trabajo y el resto de las parcelas de su vida. El trabajo ocupaba toda su vida. Llevaba una existencia en modo automático, sin pararse a percibir lo que ocurría.

Durante los meses siguientes pasó mucho tiempo en casa, durmiendo. Las cosas empezaron a mejorar poco a poco. Pero entonces volvía a exigirse demasiado, como antes, y acababa destrozada, en la cama durante varios días.

Antes de acudir al médico, ya había señales de que Ángela estaba sometida a demasiado estrés: falta prolongada de sueño, rechazo a socializar con familiares y amigos, contantes preocupaciones dando vueltas en su cabeza y el sentimiento constante de verse empujada a trabajar. Su cuerpo se encontraba completamente tenso. Por desgracia, no era lo suficientemente consciente (de manera atenta y presente) para percibir todas esas señales. Simplemente, no sabía que estuviesen ahí.

Tras apuntarse a clases de mindfulness y practicar las meditaciones durante varios meses, empezó a sentirse mejor, a mostrarse más sensible a las necesidades de su cuerpo. De hecho, ya era capaz de percibir las señales de estrés. El mindfulness le reveló que cuando el estrés aumentaba, padecía una ligera sensación de tensión en la garganta. Era una señal de que debía bajar el ritmo y tomarse una pequeña pausa atenta. Antes, sin la conciencia atenta y presente de sus sensaciones corporales, ni siquiera notaba esa señal, por no hablar de la tensión en todo el cuerpo. Ángela llegó a la conclusión de que la meditación era para ella uno de los elementos fundamentales en su camino para recuperar el bienestar.

Es posible que veas puntos comunes entre la historia de Ángela y la de Anastasia, la que explico al principio de este capítulo. Ambas trabajaban mucho y no eran conscientes de sus propias emociones y sensaciones corporales. Sin esa conciencia, las señales de peligro del exceso de estrés les pasaban inadvertidas.

Reflexión

Tómate unos minutos para pensar en la última vez que sentiste mucha presión y un alto nivel de estrés. A continuación responde a las siguientes preguntas; podrían ayudarte a entender mejor tu estrés.

1. ¿Cuál fue la causa de tu elevado nivel de estrés?
2. ¿Qué sensaciones físicas experimentaste cuando aumentaron tus niveles de estrés? ¿En qué partes del cuerpo notaste esas sensaciones (por ejemplo, tensión, rigidez, hormigueo, palpitaciones)?
3. ¿Cómo te sentiste, emocionalmente hablando, cuanto tus niveles de estrés aumentaron (por ejemplo, nervioso, triste, frustrado, retraído)?
4. ¿Qué pensamientos tuviste cuando tus niveles de estrés aumentaron (por ejemplo, «No puedo con esto»; «¿Por qué se comporta así?»)?
5. ¿Cómo reaccionas ante los demás cuando tus niveles de estrés se disparan (por ejemplo, los ignoras, te enfadas, los evitas)?
6. ¿Qué hacías cuando tus niveles de estrés se disparaban (por ejemplo, una pausa, trabajar más, dormir, comer mucho chocolate, ignorar lo que ocurría)?

A medida que avances en el curso continuarás percibiendo cuándo aumentan demasiado tus niveles de estrés y aprenderás a gestionarlos. De ese modo, por medio del mindfulness, podrás responder al estrés antes de que resulte excesivo.

El caso de Jay, por ejemplo, puede ilustrar este proceso. Jay buscaba desesperadamente un nuevo contrato. Trabajaba en el negocio de la promoción de marcas, y el mes de enero siempre era muy flojo. Después de todos los gastos navideños, el dinero escaseaba. Jay vivía solo en Londres, y el hecho de no poder permitirse poner la calefacción le resultaba cada vez más frustrante. Un lunes por la mañana, al levantarse, se sintió muy estresado. El estrés fue aumentando a medida que pensaba en su situación y en lo que podía ocurrir si no encontraba trabajo en las semanas siguientes. Entonces recordó lo que había aprendido en una clase de MBSR. Se detuvo y realizó una pausa atenta. En lugar de dejar que el estrés continuase aumentando, lo atajó a tiempo. Repitió la pausa varias veces durante el día, y con un estado de ánimo más centrado, llamó a algunos contactos y consiguió trabajo. Como ves, Jay fue capaz de detectar las señales de estrés y aplicar el mindfulness para controlarlo.

Lo que nos aporta la investigación: el mindfulness podría mejorar algunas enfermedades mediante la reducción de la inflamación

Diversas enfermedades están relacionadas con la inflamación crónica; entre otras, la artritis reumatoide, la psoriasis, la enfermedad inflamatoria intestinal y el asma.

Una interesante investigación llevada a cabo en 2013 con 60 personas comparó la mitad de estas, que habían participado en un curso de MBSR como el de este libro, con la otra mitad, que realizó un programa de mejora de la salud que incluía paseos a pie, ejercicios de equilibrio, agilidad y fuerza, educación nutricional y musicoterapia. El estudio fue llevado a cabo por la doctora Melissa A. Rosenkranz y sus colegas de la Universidad de Wisconsin-Madison y se publicó en la revista *Brain, Behavior, and Immunity*.

Ambos grupos se sometieron a un factor estresante: se les pidió que diesen una charla de cinco minutos sobre un tema determinado y a continuación se les sometió a cinco minutos más de aritmética mental. Ambos grupos mostraron una reducción del cortisol, la hormona del estrés, pero el grupo formado en MBSR presentó, además, una respuesta inflamatoria significativamente inferior. Dichos resultados sugieren que el mindfulness podría ser un importante enfoque para afrontar diversas enfermedades.

La respiración como ancla para la experiencia

Si tu mente parlotea descontrolada y tus sentimientos dan vueltas como una sopa en pleno hervor, has de saber que no estás solo. En nuestra ajetreada sociedad moderna, activa permanentemente, la estimulación constante, las decisiones y los desafíos provocan pensamientos y emociones. Y cuando estamos en esa situación, tenemos muchas más probabilidades de reaccionar de manera automática (e inútil) a los factores estresantes de la vida.

Un excelente modo de gestionar los pensamientos consiste en utilizar la respiración. Recurrir al mindfulness de la respiración para afrontar el estrés puede parecer algo demasiado simple, pero te animo a que lo pruebes antes de juzgar. El efecto calmante se produce gracias al uso de la respiración para anclarte en el momento presente. Y cuando más utilices la respiración para volver al presente, más sencillo y más efectivo resultará el método.

Tómate un momento para pensar en un ancla: su función consiste en evitar que el barco vaya a la deriva. El ancla siempre está preparada en el barco, y cada vez que este zarpa, el ancla va con él. Cuando el barco tiene que detenerse, alguien lanza el ancla al agua.

Del mismo modo, vayas adonde vayas, tu respiración siempre va contigo. Por suerte, no puedes huir de tu respiración o dejártela en casa cuando sales a pasar el día fuera. La respiración va siempre contigo, noche y día. De lo que sí puedes olvidarte es de prestar atención de vez en cuando a la sensación de tu respiración. Pero siempre que desees realizar una pausa, puedes centrar tu atención en la respiración como ancla para devolverte al aquí y al ahora.

La respiración constituye una faceta fascinante del ser humano, una de esas funciones únicas que puede ser automática pero también, en parte, controlada. Los latidos del corazón, por ejemplo, son distintos. El corazón late día y noche sin parar, pero no puedes hacer que deje de latir ni siquiera unos segundos; en cambio, sí puedes detener la respiración. Tampoco puedes parar la digestión o tu sistema inmunológico. La respiración es automática y, al mismo tiempo, está bajo tu control. Existen muy pocas funciones del cuerpo tan automatizadas que, además, puedas controlar.

Casi todas las técnicas de relajación hacen uso de la respiración profunda. El motivo es que la respiración está íntimamente ligada con el sistema corporal responsable de la relajación. Los sentimientos de relajación surgen casi siempre cuando se respira de manera lenta y profunda. El mindfulness de la respiración es ligeramente distinto. Durante la respiración atenta no es necesario controlar el ritmo o la profundidad de la respiración. Simplemente se trata de prestar atención a la respiración tal como es, sin juzgar.

Relatos sabios. El estudiante que triunfó en sus exámenes finales

Esta es una historia que le escuché relatar a un monje budista. Antes de convertirse en monje, estudiaba ciencias en una de las mejores universidades de Inglaterra. Tenía por delante los exámenes finales de su último año. Todo lo que había aprendido durante su paso por la universidad formaba parte de las pruebas, que se celebrarían durante seis días consecutivos. Cada día tendría un examen de tres horas por la mañana y otro por la tarde. Iba a ser agotador. ¡Una tortura! Todo el mundo le decía que su futuro dependía de los resultados de aquellos exámenes, cosa que no le ayudaba demasiado. Sentía una gran presión. Ya había aprendido meditación y, por lo tanto, decidió tomar un buen desayuno cada mañana y una buena cena por la tarde, pero prescindió de la comida. En lugar de comer, se marchaba a casa y meditaba durante media hora. Cada día, en ese momento, en primer lugar surgían los pensamientos sobre el examen que acababa de realizar. Los dejaba ir; no servía de nada pensar en ellos. A continuación surgía la creciente preocupación sobre el próximo examen. La dejaba ir. Preocuparse por eso no iba a servirle de ayuda. Y entonces tomaba conciencia de algo increíble: a medida que se hacía más presente, notaba que todo su cuerpo temblaba literalmente a causa de los nervios. Su mente estaba tan llena de pensamientos que no se había dado cuenta de eso. Con un poco más de meditación, su cuerpo empezó a calmarse. Aquel día se dio cuenta de algo maravilloso: es posible que el cuerpo esté totalmente estresado y no darse cuenta de ello debido al bombardeo de pensamientos. Y una conciencia atenta, amable y cálida es capaz de relajar el cuerpo. Sin esa conciencia corporal, el estrés puede convertirse en algo más serio (por ejemplo, agotamiento emocional).

Huelga decidir que nuestro protagonista bordó sus exámenes. De hecho, fue la única persona que sonreía cuando entró al último examen del último día; todos sus compañeros estaban mentalmente agotados. Por lo tanto, si tienes por delante uno o varios exámenes, ¡prueba este método!

PRÁCTICA. Meditación mindfulness de la respiración

10 minutos

Esta es la meditación más sencilla y, tal vez, la más poderosa de todas. Cuando digo «sencilla», no quiero decir que la conciencia de la propia respiración sea algo fácil de mantener. La idea, en cambio, es muy simple. Toma conciencia de tu respiración. Cuando tu mente divague, recupera la atención.

¡Así de simple! No tienes que juzgar, ni criticar, ni hacer nada más. Simplemente, tomar conciencia de la respiración. Prueba a practicar esta meditación sin guía de audio, a ver qué tal se te da.

1. Siéntase en una silla con la espalda recta sin tocar el respaldo, si puedes. No tienes que adoptar una postura rígida o incómoda. Tampoco te encojas. Adopta una postura erecta pero cómo-

da (como en la imagen inferior). Prepara un cronómetro para que te avise a los diez minutos. Cierra los ojos si lo deseas.

2. Respira profundamente. Siente cómo el aire llena tus pulmones y después sale de ellos.
3. A continuación, deja que tu respiración sea natural. Percibe la sensación de la respiración en la nariz, la garganta, el pecho o el estómago, donde te resulte más cómodo.
4. En la medida de lo posible, mantén tu atención en la sensación de tu respiración.
5. Cada vez que tu mente se disperse, percibe qué tipo de pensamiento estás albergando. Identifícalo como «planificación», «preocupación», «pasado» o «rumiación», o etiquétalo como quieras. Si lo prefieres, utiliza simplemente la etiqueta «pensando».
6. A continuación, sin necesidad de criticar o juzgar, guía tu atención con delicadeza hacia la sensación de la respiración. Sé amable contigo cuando trates de recuperar la atención; no te critiques.

«Encuentro la respiración atenta muy beneficiosa para mi cuerpo y mi mente. Me llevó un tiempo aceptar que mi mente siempre divagará, pero ahora me encanta practicar el mindfulness de la respiración. Es mi práctica favorita.»

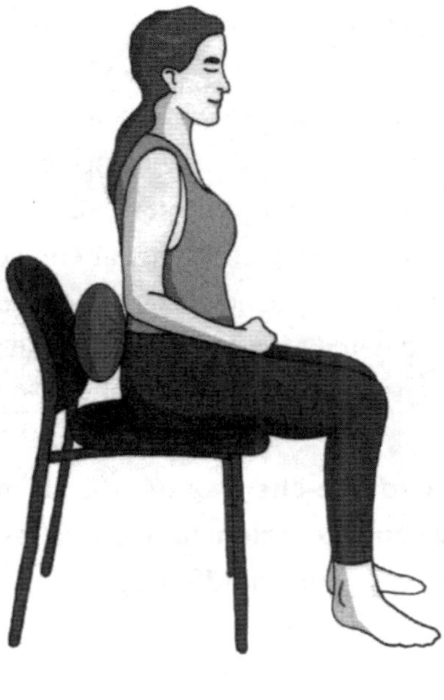

7. Cuando suene la alarma, abre los ojos poco a poco, si los tenías cerrados.

VARIACIÓN. Puedes probar a practicar la meditación de pie o tumbado.

PROFUNDIZAR. Intenta mantener el cuerpo y los ojos inmóviles mientras realizas la meditación. Si normalmente practicas con los ojos cerrados, mantenlos abiertos y dirige la mirada ligeramente hacia abajo para observar qué efecto te produce esta alternativa. Si practicas con los ojos abiertos, prueba a cerrarlos. Percibe cómo cada respiración puede ser ligeramente distinta a la siguiente. Intenta sentir la respiración con una actitud de afecto y calidez, como si estuvieses mirando a un bebé, una preciosa puesta de sol o a un ser querido. Y percibe tu objetivo para la práctica antes de empezar. Hazte esta pregunta: «¿Cuál es mi objetivo en la práctica del mindfulness?».

Reflexión

¿Qué has notado en tu cuerpo, tu mente y tus emociones durante esta práctica?

La respuesta más habitual es: «Mi mente no ha parado de divagar. No sé meditar». Recuerda que, como ya he mencionado, es normal y natural que la mente se disperse. El objetivo del mindfulness no es acallar la mente, sino aumentar con delicadeza el grado de conciencia. Por lo tanto, el hecho de que tu mente divague es un trampolín para que percibas sus patrones de funcionamiento.

El hecho de «darte cuenta» de que tu mente divaga es en realidad una experiencia positiva: es un momento de mindfulness.

Es posible que el mindfulness de la respiración te resulte especialmente difícil. Tomar conciencia de la respiración puede provocar ansiedad, e, incluso, puede ocurrir que tu respiración se acelere y te resulte incómoda. Si para ti el ejercicio no ha sido una experiencia agradable, podrías caer en la tentación de dejarlo, o de pensar que haces mal la meditación. Es totalmente comprensible, pero te animo a que perseveres en la técnica. Evitar la práctica porque intentas huir de los sentimientos de ansiedad podría ser algo que te funcionara a corto plazo, pero a la larga estarás evitando tus sentimientos, y eso hará que las emociones regresen más fácilmente. Si puedes acercarte al sentimiento incómodo de manera amable, delicada y curiosa, lo más probable es que tu respiración se apacigüe y se convierta en una experiencia más cómoda y relajante.

CONSEJO

Si tu mente divaga constantemente y eso te provoca frustración, prueba a etiquetar cada respiración para mejorar tu concentración. Puedes hacerlo de tres maneras. Di para tus adentros «dentro» o «inspiración» cada vez que inspires, y «fuera» o «espiración» cada vez que expulses el aire. También puedes limitarte a pensar «respirando» cada vez que inspires, y «sonriendo» cuando espires. O puedes probar a pensar «uno» para la primera inspiración, «dos» para la espiración siguiente, y así sucesivamente hasta llegar a 10. Si llegas. Lo más probable es que tu mente empiece a pensar en la lista de la compra o en esa discusión que has tenido con alguien. Cuando recuperes la concentración comienza a contar de nuevo empezando por el uno.

Reflexión
Descubrimientos sobre los ejercicios de mindfulness de la Semana 1

Ha llegado el momento de reflexionar sobre los ejercicios de mindfulness de la semana pasada.

¿Qué has descubierto en esa semana? ¿Has realizado los ejercicios de mindfulness? ¿Qué ha ido bien y qué no? ¿Tienes un compañero de mindfulness? En caso afirmativo, ¿mantenéis un contacto habitual? ¿Qué deberías cambiar esta semana, en caso de que haya algo que cambiar?

Nota: no se trata de que te mortifiques si no has realizado las meditaciones. Esta es una oportunidad para analizar lo ocurrido. ¿Qué pensamientos te han asaltado? ¿Cómo puedes animarte en lugar de obligarte o imponerte una disciplina?

Preguntas frecuentes sobre la meditación mindfulness

P: Sigo quedándome dormido durante el escáner corporal. ¿Hago algo mal?

R: ¡No! No existe una manera correcta o incorrecta de meditar, da igual lo que ocurra. Si te duermes durante el escáner corporal, prueba a realizarlo en otro momento del día y asegúrate de dormir lo suficiente por la noche. Y prueba una postura distinta, por ejemplo, sentado o incluso de pie. Presta también atención a tu mente. En ocasiones, la mente te lleva a quedarte dormido para evitar la experiencia del escáner corporal. En cualquier caso, no te preocupes si te duermes; lo más importante es que continúes practicando.

P: Me siento nervioso, o con más dolor, o deprimido o preocupado. ¿Qué debo hacer?

R: Durante la meditación pueden surgir pensamientos, sentimientos y sensaciones corporales de todo tipo. ¿Recuerdas la confusión de Anastasia cuando acababa llorando? Eso es algo que no puedes controlar. Lo que sí puedes controlar es tu respuesta a estas experiencias. Vívelas con curiosidad y con una actitud abierta, y a ver qué pasa. Ninguna experiencia dura eternamente; observa cómo aparece y cómo se va.

P: Durante la meditación me eché a llorar. ¿Qué ocurre?

R: Es perfectamente normal llorar durante la práctica de la meditación. Algunos maestros incluso afirman que no has experimentado una meditación profunda si nunca has llorado durante la práctica. En ocasiones, las emociones del pasado no resueltas o las penas que no se han procesado acaban asomando a la superficie. Y entonces aparecen las lágrimas. Es una experiencia muy sana. Sé amable contigo, prueba a colocarte una mano sobre el corazón y continúa con la meditación, si puedes. Ya pasará.

P: No me sentía los pies/las piernas/nada. ¿Por qué?

R: Si no sientes nada, también está bien. Es algo normal, sobre todo al principio. La idea es que percibas la ausencia de sensaciones. Si te resulta demasiado frustrante, prueba a tensar o mover ligeramente esa parte del cuerpo para ver si la sientes. No obstante, acepta la experiencia tal como se presenta, si puedes. Es posible que el yoga te parezca más fácil, ya que ofrece más sensaciones con los estiramientos.

P: Me resulta aburrido. ¿Qué puedo hacer al respecto?

R: El aburrimiento es una reacción normal. Aunque te aburras, continúa. El aburrimiento no es más que una emoción, y también pasará. Trata de no reaccionar a la emoción del aburrimiento y de percibir en qué parte del cuerpo la sientes, con qué intensidad y cuándo desaparece. Solo avanzarás en la práctica de la meditación si aceptas el hecho de que el aburrimiento aparecerá y desaparecerá de vez en cuando. Finalmente, las actividades diarias y la meditación te resultarán menos aburridas.

Ejercicios en casa. Semana 2

Estos son los ejercicios de mindfulness diarios para la Semana 2.

Escáner corporal

Te invito a que continúes practicando la meditación del escáner corporal, tanto si realizas el ejercicio abreviado como el completo. Continúa utilizando el audio para guiarte en la práctica.

Experiencia agradable

Esta semana puedes experimentar qué ocurre si escribes sobre una experiencia agradable que tengas cada día. No tiene que ser algo de gran envergadura. Por ejemplo, escuchar el canto de un pájaro, que alguien te sujete la puerta, disfrutar del sabor de la cena o que alguien te sonría en una cafetería son experiencias agradables. La clave consiste en anotar tus pensamientos, sentimientos y sensaciones corporales en ese momento. Por ejemplo, si la persona que te sirve en la cafetería te sonríe, podrías anotar: «Pensamiento: "es agradable que me sonría". Sentimiento: "feliz". Sensación corporal: "sonrisa en mi cara, calidez y amplitud en el pecho"».

Pausa atenta

Te invito también a que realices la pausa atenta tres veces al día. Si sigues el minicurso, puedes realizar la pausa una vez al día. Probablemente te resultará más fácil si decides previamente en qué momento realizarás tus pausas atentas. Puedes recurrir a la alarma del móvil o apuntar la cita en tu agenda para acordarte de la práctica.

Potenciador de mindfulness

El potenciador de mindfulness de esta semana consiste en cepillarte los dientes con la mano que no utilizas habitualmente. Si eres diestro, hazlo con la izquierda; si eres zurdo, utiliza la derecha. ¡Fácil!

Es posible que te estés preguntando cómo va a ayudarte con el estrés el hecho de cepillarte los dientes con la mano izquierda (o la derecha). Recuerda que al salirte de la rutina, procedes de manera menos automática y más consciente. Y un mindfulness potenciado aporta una conciencia mayor no solo del acto de cepillarse los dientes, sino también de tus patrones de pensamiento y emocionales, que ahora mismo podrían ser factores que aumentan tu estrés.

Semana 2

Día	Minicurso	Curso completo
1	Miniescáner corporal 1 pausa atenta Potenciador de mindfulness: cepillarte los dientes con la otra mano	Escáner corporal 1 meditación mindfulness de la respiración 3 pausas atentas Escribir una experiencia agradable que hayas tenido hoy. Anotar pensamientos, sentimientos y sensaciones corporales Potenciador de mindfulness: cepillarte los dientes con la otra mano

Día	Minicurso	Curso completo
2	Miniescáner corporal 1 pausa atenta Potenciador de mindfulness: lavarte los dientes con la otra mano	Escáner corporal 1 meditación mindfulness de la respiración 3 pausas atentas Escribir una experiencia agradable que hayas tenido hoy. Anotar pensamientos, sentimientos y sensaciones corporales Potenciador de mindfulness: cepillarte los dientes con la otra mano
3	Miniescáner corporal 1 pausa atenta Potenciador de mindfulness: cepillarte los dientes con la otra mano	Escáner corporal 1 meditación mindfulness de la respiración 3 pausas atentas Escribir una experiencia agradable que hayas tenido hoy. Anotar pensamientos, sentimientos y sensaciones corporales Potenciador de mindfulness: cepillarte los dientes con la otra mano

Día	Minicurso	Curso completo
4	Miniescáner corporal 1 pausa atenta Potenciador de mindfulness: cepillarte los dientes con la otra mano	Escáner corporal 1 meditación mindfulness de la respiración 3 pausas atentas Escribir una experiencia agradable que hayas tenido hoy. Anotar pensamientos, sentimientos y sensaciones corporales Potenciador de mindfulness: cepillarte los dientes con la otra mano
5	Miniescáner corporal 1 pausa atenta Potenciador de mindfulness: cepillarte los dientes con la otra mano	Escáner corporal 1 meditación mindfulness de la respiración 3 pausas atentas Escribir una experiencia agradable que hayas tenido hoy. Anotar pensamientos, sentimientos y sensaciones corporales Potenciador de mindfulness: cepillarte los dientes con la otra mano

Día	Minicurso	Curso completo
6	Miniescáner corporal 1 pausa atenta Potenciador de mindfulness: cepillarte los dientes con la otra mano	Escáner corporal 1 meditación mindfulness de la respiración 3 pausas atentas Escribir una experiencia agradable que hayas tenido hoy. Anotar pensamientos, sentimientos y sensaciones corporales Potenciador de mindfulness: cepillarte los dientes con la otra mano

SEIS

Semana 3
La alegría y la importancia de vivir en el presente

—¿Qué día es?
—Es hoy —respondió Piglet.
—Mi día favorito —dijo Pooh.
A. A. MILNE

INTENCIONES

- *Descubrir el verdadero valor de vivir en el presente.*
- *Explorar la meditación mindfulness de la respiración, el escáner corporal y estiramientos atentos para situarte en el aquí y el ahora.*
- *Descubrir los placeres de caminar con mindfulness.*
- *Entender por qué el cerebro se pierde en historias y cómo traerlo de nuevo al momento presente.*

Cuando Miguel empezó a practicar meditación, hace unos diez años, pensaba que era una persona centrada que vivía en el presente. Trabajaba de redactor para una revista, y por las tardes escribía para varias páginas web y otras publicaciones. Su mente siempre estaba en varias cosas a la vez; era un «multitareas».

Empezó a utilizar la meditación mindfulness para solucionar sus problemas de sueño. Siempre había sido un poco insomne, y se reservaba diez minutos diarios de su apretada agenda para dedicarlos a la meditación mindfulness con la esperanza de que le ayudase. Empezó a dormir más y a levantarse más fresco. La meditación era su único momento de pausa a lo largo del día. No obstante, no aplicaba el mindfulness al resto de las facetas de su vida.

Miguel tenía problemas de peso desde hacía mucho tiempo; subía y bajaba como un yoyó. Seguía las dietas de moda, y para él el ejercicio era como una disciplina militar. No obstante, en el tiempo que llevaba en ese trabajo tan estresante, Miguel había ganado más de 31 kilos, mucho más que nunca. Se sorprendió mucho. Aunque se esforzase al máximo y se armase de voluntad, en esta ocasión no conseguía bajar de peso. Se sentía asustado, confuso y frustrado.

Un día, después de una meditación, pensó: «Y ¿si estoy ganando peso porque en realidad no presto atención a lo que hago?». ¡Fue una auténtica revelación! Empezó a observarse detenidamente y descubrió que estaba en lo cierto. Rara vez saboreaba la comida, y todo lo hacía con prisas. Prácticamente todas sus actividades implicaban varias tareas a la vez. Había perdido por completo el contacto con sus sentidos. Nunca miraba el cielo para ver las nubes, ni sentía la brisa en su piel, ni percibía la sonrisa de un compañero. Se había desconectado de la vida; llevaba una existencia rutinaria, automática, enfocada a objetivos y centrada en el futuro. Los incesantes pensamientos de su mente absorbían toda su atención.

Decidió estar más presente y poner fin al ciclo interminable de culpa y autocrítica que resonaba en su cabeza. Todas las dietas que había intentado parecían emplear la autocrítica como método de motivación, lo cual resultaba muy estresante. La meditación le había enseñado a vivir momento a momento sin juzgar nada. También se dio cuenta, gracias a su perro, de que un entrenamiento eficaz se basa más en elogiar las pequeñas conductas positivas que en castigar los comportamientos no deseados. Decidió aplicar ese enfoque a su propia vida y dejar de adoptar el ciclo constante de dietas de moda y castigos cuando fracasaba. Iba a ser amable consigo mismo y a dar pequeños pasos positivos para controlar su peso con mindfulness.

A partir de entonces, cuando meditaba, su intención se centraba en la amabilidad y el respeto hacia sí mismo. Merecía esos momentos. Y equilibró la autoaceptación con la necesidad clara de cambiar sus hábitos y su conducta.

A medida que fue tomando más conciencia de sí mismo, también lo hizo (de forma natural) con la comida. Su forma de comer, automática y distraída, empezó a ser cosa del pasado, y recuperó la alegría casi infantil de vivir en el presente. Se dio cuenta de que la falta de presencia había hecho que no existiese una separación entre el deseo de comer algo y el acto real de comérselo. Ahora, cuando veía un trozo de tarta, sí existía un espacio: tiempo para reflexionar y decidir qué hacer; tiempo para realizar una pausa atenta y tomar una decisión; tiempo para agradecer el hecho de disponer de comida.

Lo más importante es que cuando tenía un desliz, Miguel no se castigaba mentalmente. Recordaba que la autocompasión y la presencia son más importantes, y no se regañaba por una acción que ya se había producido. Respiraba profundamente, regresaba al momento presente y se decidía a intentarlo de nuevo con una sonrisa. Era consciente de los momentos de estrés y adoptaba una acción plena y consciente para reducirlos.

Miguel comenzó a perder peso, kilo a kilo, semana a semana. Perdió todo lo que había ganado, pero esta vez a un ritmo saludable. Unos años más tarde, todavía va perdiendo peso. Comparte los beneficios de vivir en el momento presente con todo el que se muestre interesado en escucharlo.

La importancia de estar presente

En el caso de Miguel, centrar su atención en el momento presente resultó algo decisivo para controlar el peso. Solo así fue capaz de percibir sus hábitos alimenticios y sus comentarios mentales autocríticos. Y emprendió entonces acciones, y empezó a tratarse bien tanto si conseguía seguir su plan de alimentación como si no lo hacía. Todo comenzó con el hecho de estar presente en su propia vida.

Como seres humanos, nuestro cerebro está concebido para poder pensar en el pasado y prever el futuro, así como también para poder conectarse con el momento presente. Sin embargo, en nuestra sociedad moderna no se valora el hecho de vivir en el presente. Resulta por ello muy fácil convertirse en una persona que planifica constantemente, que solo piensa en la agenda de la semana, del mes, del año... incluso de la década. Y ¿qué pasa con el ahora? Si te pasas la vida planificando, nunca llegas. Ese planificar constante sin conectarse realmente con el momento presente es un error en el que resulta muy fácil caer. Si estás en ese barco, ten por seguro que no estás solo.

La siguiente es una de mis citas favoritas. La tengo en mi tablón para no olvidarme de vivir en el presente.

> Al principio me moría por terminar el instituto y empezar la universidad. Después me moría por terminar la universidad y empezar a trabajar. Después me moría por casarme y tener hijos. Y después me moría porque mis hijos creciesen para poder regresar al trabajo. Y después me moría por jubilarme. Ahora me estoy muriendo... y de pronto me he dado cuenta de que me olvidé de vivir. Por favor, no permitas que esto te ocurra a ti. Aprecia tu situación actual y disfruta cada día.
>
> AUTOR DESCONOCIDO

¿Te suena? No estoy defendiendo que vivas cada segundo de tu vida en el aquí y el ahora; algo así no es realista, y es pensar de un modo perfeccionista. Sin embargo, es necesario equilibrar mejor las cosas. Se ha descubierto que las personas invertimos alrededor de la mitad de nuestro tiempo en prestar atención al momento presente y la otra mitad en pensamientos sobre el pasado y el futuro. Por lo tanto, si vives hasta los ochenta años, te habrás pasado cuarenta años de tu vida pensando en lo que ocurrió ayer o el mes pasado, o planificando y preocupándote por el futuro. Es mucho. Disfrutarás más, y tu vida tendrá más sentido, si inviertes los preciosos años que tienes en este planeta viviendo realmente el momento. A menudo bromeo con la idea de que existe una nueva técnica, y gratuita, para duplicar la esperanza de vida: se llama mindfulness.

El mindfulness ofrece un conjunto de herramientas prácticas, ejercicios y actitudes para aprender a vivir en el presente y hacer de él un lugar más agradable e interesante. Al fin y al cabo, el momento presente es el único lugar en el que puedes pensar, crear, aprender, crecer y emprender acciones.

El pensamiento no es el enemigo

Que estés pensando no significa que no estés atento. Si pensar y reflexionar sobre lo que te ocurrió ayer es una decisión consciente, y sabes que estás pensando en el día de ayer, eso es mindfulness. Si decides planificar qué harás el mes que viene, y sabes que vas a hacerlo, eso también es mindfulness. El pensamiento presente y consciente es la observación deliberada de que estás pensando sin quedarte atrapado en ese proceso de pensamiento.

«De repente lo vi claro. No tengo que luchar contra mis pensamientos. ¡Qué alivio! Siempre había pensado que era inútil para la meditación porque era incapaz de acallar mi mente. Ahora me concentro en la respiración y dejo que mi mente continúe. Por raro que parezca, ¡está más callada que nunca!»

Hay momentos para pensar y planificar, y momentos para conectar con los sentidos. Si estás en el trabajo, es probable que tengas que dedicar bastante tiempo a pensar y hacer cosas. Si, en cambio, te encuentras paseando por la playa, en un bosque o, incluso, si vas caminando del trabajo a casa, esos son momentos para estar presente: sentir la suave brisa en la piel, percibir una rosa en un jardín, escuchar un avión a lo lejos y el crujir de hojas bajo los pies.

Los pensamientos aparecen y desaparecen continuamente, como el sol que sale y se pone. No luchas contra el amanecer o el ocaso; simplemente, aceptas que esos movimientos están en la naturaleza del sol. Del mismo modo, no tienes que luchar contra tus pensamientos. En su naturaleza está aparecer y desaparecer en la mente. Con el mindfulness aprendes a tomar distancia y observar tus pensamientos.

Incluso los juicios y las autocríticas pueden ser conscientes y presentes. Si eres consciente de que tu mente te está juzgando o criticando, o que está nerviosa, no estás perdido en ese sentimiento. Eso es lo que hizo Miguel: vio cómo su mente lo estaba criticando. Eso es mindfulness. A partir de aquel momento empezó a tratarse mejor a sí mismo para reducir su estrés e incrementar su sensación de bienestar, lo que le dio las fuerzas necesarias para controlar su peso.

Lo que nos aporta la investigación:
una mente dispersa es una mente infeliz

Un estudio realizado por Matthew Killingsworth en la Universidad de Harvard registró los pensamientos, los sentimientos y las acciones de 2.250 voluntarios en sus teléfonos móviles. La conclusión fue que la mente divaga el 47 % del tiempo. Los voluntarios afirmaron que se sienten más felices cuando están en el presente, y un nivel mayor de felicidad se relaciona con un nivel de estrés inferior. El estudio recibió el acertado título de «Una mente dispersa es una mente infeliz». El estudio incide en lo que muchos practicantes orientales de meditación recomiendan: prestar más atención a lo que hacemos en el momento presente en lugar de dejar que la mente se disperse.

Cuando aprendas a vivir en el presente, podrás distanciarte de tus pensamientos y verlos exactamente como lo que son: pensamientos. Los sentimientos de ansiedad provocados por el estrés también se pueden contemplar como una experiencia que aparece y desaparece, igual que todas las emociones. Al disociarte del sentimiento podrás dejar de reaccionar e intensificar la emoción.

Cuando aprendí el valor de vivir en el momento presente, en una clase de filosofía oriental, me quedé enganchado. Antes de aprender a estar presente y atento, yo era un pensador constante. Y no era consciente de ello. Me perdía en pensamientos mientras conducía, mientras caminaba, en medio de una conversación. No creía que prestar atención a mi entorno o a mis propias sensaciones corporales fuese algo útil. ¿Por qué iba a creerlo? Nunca había pensado en cultivar esa cualidad de fondo que nos hace humanos pero que olvidamos tan fácilmente: la conciencia propiamente dicha. Pensaba que la vida es corta y que no debemos desperdiciarla, y que si planificaba el futuro, mi vida y la de los míos sería mejor. No valoraba el hecho de vivir en el momento presente porque no conocía su importancia.

Toda la vida se experimenta en el momento presente. El aquí y el ahora. No existe ningún otro lugar en el que podamos llevar una vida satisfactoria. El pasado fue momento presente. El futuro será momento presente. Por lo tanto, utiliza el mindfulness para experimentar el momento con plenitud y convertirlo en un espacio en el que puedas tomar decisiones conscientes para ti y los que te rodean.

Todas las experiencias que has vivido, todos los pensamientos que han asaltado tu mente, todos los viajes, los éxitos y los fracasos, tus esperanzas y tus sueños tienen lugar en el momento presente.

Controlar el estrés por exceso de actividades simultáneas

Uno de los motivos por los que alguien puede no estar viviendo en el momento presente es porque hace demasiadas cosas a la vez. Todo el mundo hace varias cosas a la vez, unos más y otros menos. La tecnología moderna lo fomenta. Puedes escribir mensajes de texto mientras conduces, ver la televisión mientras comes o mirar el correo mientras hablas por teléfono.

Es probable que en tu caso, estar simultaneando diversas tareas se haya convertido en un hábito. La idea es intentar hacer más cosas en menos tiempo. Y se convierte en un hábito muy difícil de romper. Un amigo me contó ayer que hace poco se dio cuenta, después de perder su trabajo y poner en marcha un negocio que no arranca, de que comprueba su correo electrónico y su cuenta de Twitter unas veinte veces cada hora. Eso le roba energía y concentración, y sabe que le resta eficacia. No le está resultando fácil romper ese hábito.

¿Cuál es el problema?

Desviar la atención rápidamente de una cosa a otra suele reducir la capacidad de hacer las cosas de una en una. Así se incrementan las posibilidades de que en el futuro nos distraigamos añadiendo todavía más tareas a nuestra vida.

¿Cuál es la solución?

Si eres realmente adicto a hacer varias cosas a la vez, empieza con pequeños pasos. Resérvate un momento para concentrarte únicamente en la tarea que tienes entre manos. Asegúrate de eliminar todas las posibles distracciones. A medida que aumente tu capacidad para realizar las tareas de una en una, ve aumentando el tiempo que dedicas a una de ellas. Cada vez que tu mente se disperse, recupera la concentración con delicadeza, como cuando meditas. De ese modo, tu vida se convertirá en una meditación.

Cuando trabajo con el ordenador, me pongo treinta minutos en la alarma del móvil. Durante ese tiempo realizo una sola tarea, y después hago una pausa de cinco minutos para realizar un estiramiento atento, beber agua y distanciarme mentalmente del trabajo. Esta medida ha mejorado notablemente mi productividad, y siento que mi estrés también ha descendido mucho. Estirarme cada media hora, además, resulta beneficioso para mi cuerpo. Si te parece imposible realizar esta pausa cada treinta minutos, inténtalo cada hora.

Utilizo un calendario en línea y tengo programados los momentos para mirar el correo electrónico y el teléfono. Solo necesito abrir el correo una o dos veces al día, y eso es lo que hago. Es posible que tu trabajo te obligue a mirarlo más a menudo. Me reservo el momento más productivo del día para las tareas más importantes (para mí, es la mañana) y abro el correo cuando me siento menos creativo y necesito descansar de tareas que exigen mucha concentración (primera hora de la tarde).

Reflexión

Para ayudarte a decidir con qué frecuencia necesitas consultar el correo, practica la pausa atenta (Capítulo 5). Después, hazte la siguiente pregunta: «Si soy totalmente honesto conmigo, ¿cuál es el número mínimo de veces que puedo consultar el correo en un día?».

Tómate tu tiempo para reflexionar sobre la respuesta antes de escribirla. Si son muchas menos veces de las que lo consultas actualmente, empieza a poner en práctica este nuevo hábito: programa un tiempo para dedicarlo a esta tarea. Tu capacidad para estar presente y concentrado mejorará.

Veamos algunos consejos más para utilizar la tecnología de manera atenta y consciente. Todos se basan en la idea del control estableciendo unos límites:

- **Desactiva las alertas de entrada de correos y mensajes nuevos.** El sonido te distraerá, y sentirás la tentación de interrumpir lo que estés haciendo para responder a las necesidades de otra persona, que, además, podrían no ser importantes. Si no te es posible debido al tipo de trabajo que haces, intenta encontrar una solución hablándolo con tu jefe. Un estudio realizado en 2012 por investigadores de la Universidad de California concluyó que los empleados que tenían desactivada la alerta del correo electrónico mostraban una variabilidad menor del ritmo cardíaco (y, por lo tanto, menos estrés) y aumentaban su capacidad para realizar tareas de una en una. El resultado: mayor productividad y bienestar.

- **Desconecta el teléfono en determinados momentos del día.** Si tu teléfono está encendido todo el día, es muy probable que estés siempre pendiente de él. Cualquiera, cuando le plazca, puede distraerte de lo que estés haciendo. Si puedes, elige algunos momentos del día para concentrarte exclusivamente en tu trabajo.

Lo que nos aporta la investigación:
mejora el cerebro reduciendo el número
de tareas simultáneas

En la Universidad de Stanford, Clifford Nass llevó a cabo un estudio sobre multitarea con 262 alumnos. Esperaba que los que habitualmente hacían varias cosas a la vez darían mejores resultados en un experimento al respecto.

Pero ocurrió todo lo contrario. Los alumnos acostumbrados a hacer varias cosas a la vez resultaron ser terribles en las tareas; incluso cuando se les asignó solo una, se mostraron menos eficaces. Por lo tanto, el consejo es que practiques la realización atenta y presente de una sola tarea cada vez para maximizar tu eficacia y minimizar tu estrés.

- **No te lleves trabajo a casa.** Si abres el correo electrónico en casa, estás trabajando. Separa tu vida laboral de tu vida familiar. Consultar tus mensajes incrementará tus niveles de estrés. Si tienes que abrir el correo en casa, no lo pospongas para evitar que el estrés interfiera en tu descanso nocturno.
- **Apaga el teléfono cuando vayas a conducir.** Varias investigaciones concluyen que hablar por teléfono mientras se conduce resulta tan peligroso como conducir si se ha bebido. Y los ma-

nos libres no son más seguros. Conducir con plena atención salva vidas.

Las sensaciones corporales: un poderoso medio para estar presente

Tu mente solo puede concentrarse plenamente en las cosas de una en una; por lo tanto, uno de los medios más fáciles para mantenerse en el presente consiste en tomar conciencia de las sensaciones corporales. Eso se debe a que el cuerpo siempre está en el presente. Si prestas toda tu atención a las sensaciones corporales, no te perderás en pensamientos sobre el pasado ni en preocupaciones sobre el futuro. No puedes estar divagando mentalmente y prestando toda la atención a las sensaciones corporales al mismo tiempo.

¿A qué me refiero cuando hablo de sensaciones corporales? Aquí tienes algunos ejemplos:

- Dolores
- Calor o frío
- Picores, hormigueos, palpitaciones
- Ligereza o pesadez
- Entumecimiento
- Presión
- Dolor agudo o leve
- Tensión o rigidez
- Ausencia total de sensaciones

Es cierto que no suena precisamente maravilloso centrar la atención en estas sensaciones. Pero cuando te concentres en las sensaciones corporales, descubrirás muchos aspectos interesantes.

- Experimentas y percibes que **las sensaciones corporales cambian constantemente.** Son pasajeras. Nunca se mantienen exactamente igual. Tienden a aumentar y desaparecer, como las olas del mar. E, incluso, si tienes la sensación de que padeces un dolor permanente, verás que este desaparece cuando te duermes y disminuye en algunos momentos del día. Muchas personas aquejadas de dolor crónico afirman que el mindfulness las ayuda a percibir los momentos en los que el dolor disminuye o desaparece por completo.

- **Percibir las sensaciones corporales puede ser una experiencia agradable.** Hay personas que afirman que el proceso les ayuda a sentirse más arraigados, o que les reconforta. Otras sienten que conectar con las sensaciones corporales les aporta un sentimiento de plenitud, de estar completas. Es posible hallar placer en el mero hecho de prestar atención a las sensaciones corporales en cualquier momento del día.
- **Las sensaciones corporales pueden indicar el nivel de estrés de manera precisa.** Descubrirás que las sensaciones corporales están íntimamente ligadas al estado emocional. Casi todas las emociones tienen un componente relacionado con una sensación corporal. Las sensaciones del cuerpo relacionadas con las emociones son ligeramente distintas para cada persona. Por ejemplo, puede ocurrir que la ansiedad vaya ligada a un hormigueo en el estómago y a rigidez en los hombros. La tristeza podría expresarse como tensión en el pecho y debilidad muscular. La felicidad podría implicar una sensación de expansión en la zona del pecho, una sonrisa en el rostro y relajación en la frente. El estrés podría producir nerviosismo, tristeza o ira. Uno puede percibir esas emociones si presta atención a su cuerpo. Entonces podrá decidir qué necesita para cuidarse.
- Descubres que el **mindfulness parece ejercer un efecto positivo a largo plazo en las sensaciones corporales.** Por ejemplo, cuando percibes la tensión en el cuerpo con una conciencia amable, curiosa, abierta y sin juzgar, dicha sensación tiende a remitir. Y si no es así, la aceptas mejor y, por lo tanto, pierde importancia. Al parecer, las emociones también se procesan de

manera más eficaz si se mantiene una conciencia atenta. Si percibes su dimensión corporal, cuando experimentas una emoción difícil resulta menos probable que te pierdas en la «historia» de la emoción. Etimológicamente, la palabra *emoción* tiene relación con el movimiento, como se puede ver en palabras como *locomoción* o *automoción*. Y justamente estableciendo la conexión con las sensaciones corporales permitirás que la emoción haga exactamente eso: ¡moverse!

- **Experimentas realmente cómo influyen los pensamientos en las sensaciones corporales,** para bien o para mal. Dado que las emociones están conectadas con los pensamientos, estos influyen en las sensaciones corporales. Cuando tu atención se detiene obsesivamente en pensamientos estresantes, como por ejemplo todo lo que tienes pendiente por hacer, es más probable que sientas cómo aumentan la ansiedad y las sensaciones corporales que casi siempre la acompañan. E incluso cuando no estás meditando y realizas tus actividades cotidianas, todo lo que captan tus sentidos es juzgado por tus pensamientos, lo que influye en tus emociones y en tus sensaciones corporales. Piensa en el efecto que produce en tu cuerpo tu sabor favorito. O en un olor desagradable. O en la visión de un hermoso amanecer sobre un lago.

Lo cierto es que existen factores muy diversos que influyen en las sensaciones corporales en todo momento, como se ilustra en la figura anterior. Cuando eres plenamente consciente de cómo se siente tu cuerpo, obtienes un «informe» sobre tu estado. Ahora ya sabes por qué el mindfulness promueve la conciencia de las sensaciones corporales, basándose en lo útil que esto puede resultar en la vida cotidiana, ya que brinda información sobre cómo nos sentimos y, de ese modo, nos ayuda a decidir qué necesitamos para cuidarnos y reducir el estrés.

«Después de practicar el escáner corporal durante un par de semanas, un día bajaba la escalera y me sentí de verdad las piernas. Sé que suena raro, pero normalmente no las siento, a no ser que me duelan. Pero sentía mi cuerpo, y por primera vez en años me sentí bien por estar vivo y sentir mi cuerpo.»

Por ejemplo, yo acabo de practicar una pausa atenta. Antes de la pausa me dolía un poco la cabeza y sentía la necesidad de acabar el trabajo. Después de realizar la pausa y conectarme con mis sensaciones corporales, me he dado cuenta de que tenía tenso el cuello. Y la tensión se ha ido por sí sola mientras la percibía con una respiración profunda. A continuación he notado que mis pensamientos se estaban distrayendo con un minitaller que tengo que impartir esta tarde y todavía no he podido planificar. Ese ligero estrés me estaba provocando ansiedad y, probablemente, el dolor de cabeza (que no se debía a la falta de agua o de aire fresco). Así que ahora me pondré a planificar esa sesión, cosa que reducirá mi nivel de estrés. Este es un pequeño ejemplo de cómo se supera el estrés mediante el mindfulness.

Relatos sabios. Las tres preguntas

Érase una vez un rey que tuvo una idea interesante. Pensó que si era capaz de responder tres preguntas, no fracasaría en nada de lo que se propusiera. Las tres preguntas eran:

- ¿Cuándo es el mejor momento para hacer cada cosa?
- ¿Cuáles son las personas más importantes con las que trabajar?
- ¿Cuál es la cosa más importante que hay que hacer?

El rey decidió consultar a un ermitaño muy conocido por su sabiduría. Atravesó un bosque para llegar hasta él y encontró al ermitaño cavando. El rey le hizo las tres preguntas, pero el ermitaño continuó con su tarea. El rey observó que el ermitaño era un hombre viejo y parecía cansado, de modo que le ofreció ayuda y cavó hasta que empezó a oscurecer. Agotado, dejó de cavar y volvió a pedirle consejo al ermitaño.

—Mirad, por allí va alguien corriendo. ¡Id a ver quién es!

Un hombre corría por el bosque y, de pronto, se desmayó. Tenía una herida en el vientre. El rey se apresuró a atenderle, le lavó y le vendó la herida, y lo cuidó durante horas. Después lo llevó a la cabaña del ermitaño, ya que se había puesto el sol y comenzaba a refrescar. El rey estaba tan agotado que se quedó dormido junto al hombre herido.

A la mañana siguiente, al despertarse, el rey se encontró al hombre herido mirándole sonriente.

—¡Perdonadme! —imploró el hombre—. Quería mataros por venganza. Yo os odiaba porque vos mandasteis ejecutar a mi hermano. Uno de vuestros guardas me hirió cuando intentaba entrar en el bosque. Sin vuestra amabilidad, habría muerto sin remedio. Perdonadme. ¡Ya no soy vuestro enemigo, sino vuestro humilde servidor!

Al rey le agradó escuchar que un enemigo se había convertido en un aliado. Sin embargo, seguía sin tener las respuestas a sus preguntas. Una vez más, le suplicó al ermitaño que se las respondiese.

—Ya tenéis vuestras respuestas —aseguró el anciano—. Habéis estado atento a mis necesidades y me habéis ayudado, y así conocisteis al hombre herido. Vuestra amabilidad con él ha convertido a un asesino potencial en un amigo.

1. El momento más importante es ahora. El presente es el único momento sobre el que tenemos poder.
2. La persona más importante es aquella con la que estés.
3. Lo más importante es hacer el bien a la persona con la que estés.

Me gustaría añadir algo: cuando estés solo, tú eres la persona más importante con la que estás. Y lo más importante es hacerte bien a ti mismo.

PRÁCTICA. Yoga atento

10 minutos.

30 minutos.

Pistas de audio 9 (mini) y 10 (completo).

Llegados a este punto, deberías considerar la posibilidad de practicar estiramientos y yoga con plena atención. Consulta la introducción al yoga del Capítulo 13 y realiza la secuencia mini o completa en función del curso que hayas decidido seguir o del tiempo del que dispongas en este momento. Como alternativa, puedes probar una de las secuencias después de leer todo el capítulo (si pruebas las dos, la mini y la completa, podrás decidir con cuál te quedas para las prácticas de la semana). También puedes emplear el audio para que te guíe en la práctica; es el método más sencillo para la mayoría de las personas.

PRÁCTICA. Meditación mindfulness de la respiración

10 minutos.

10 minutos.

Pista de audio 12.

Acabaremos la práctica de yoga con la meditación mindfulness de la respiración, a ser posible en una postura sentada. Al permanecer sentado, con la espalda recta, resulta un poco más fácil mantener la concentración. Tradicionalmente, los estiramientos de yoga estaban pensados para relajar el cuerpo y continuar después con la meditación en una postura sentada cómoda. Si dispones de tiempo y espacio, practica unos estiramientos de yoga antes de comenzar esta meditación, que encaja tanto en el curso mini como en el completo, dado que te tomará tan solo diez minutos. Las instrucciones para la meditación se encuentran en la Semana 2.

Cada vez que percibes tus sensaciones corporales estás más cerca del momento presente. Con esta breve meditación practicarás la percepción de tus sensaciones corporales durante diez minutos.

Los modos mentales: el «modo hacer» y el «modo ser»

El estrés crónico puede generar emociones difíciles, como la ansiedad y la tristeza. Cuando esas emociones son pasajeras, no suponen un problema. Sin embargo, si persisten durante mucho tiempo, con mucha intensidad, es posible que las tareas cotidianas cuesten más de realizar. ¿Cómo se pueden dejan ir esas emociones?

Para responder a esa pregunta tienes que entender dos modos mentales que los investigadores estudian desde hace diez años: el «modo hacer» y el «modo ser».

El **modo hacer** es un modo mental importante para el día a día. Implica establecer objetivos y emprender las acciones necesarias para conseguirlos. Trabajar activamente para cumplir con las obligaciones es un ejemplo clásico del modo hacer.

El **modo ser** no implica objetivos ni cambios, sino permiso y aceptación de la propia realidad en el momento presente. El modo ser implica una conexión con los sentidos. Si te encuentras en modo ser pleno, no acabas tus tareas. Contemplar una puesta de sol con toda la atención centrada en el momento es un ejemplo de modo ser puro.

Algunas actividades de la vida exigen el modo hacer; otras, el modo ser. El mindfulness te ofrece la capacidad de apreciar si te encuentras en modo hacer, en modo ser o en un término medio. Así, podrás pasar de un modo mental al otro. La figura que se incluye más abajo muestra cómo se puede cambiar entre modo hacer para conseguir objetivos y modo ser para gestionar emociones. De esta manera tendrás más herramientas para enfrentarte a las emociones provocadas por el estrés.

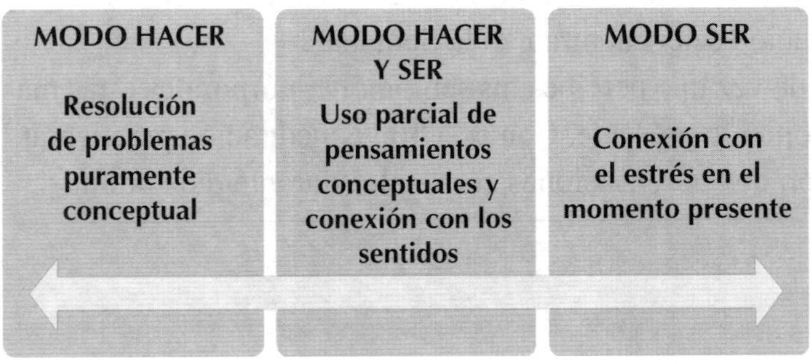

No pienses que hacer es malo y ser es bueno. Ambos modos deben estar equilibrados para disfrutar de una vida plena y satisfactoria.

Veamos un ejemplo.

Atascado en modo hacer

Piensas: «Mi hija se está portando mal otra vez». Te sientes nervioso. «¿Qué puedo hacer? Y ¿si sigue portándose así durante los próximos diez años? ¿Qué hago?» Te enfadas con tu hija e intentas que deje de dar patadas al sofá. Se pone a llorar. La agarras y le dices que no se porte mal, y empezáis a pelearos. Sigues intentando pensar en una solución para tu ansiedad.

Entre el modo ser y el modo hacer

La relación con tu marido te provoca ansiedad. En lugar de ignorar el sentimiento o de intentar arreglar algo, percibes la sensación en tu estómago. Sientes el hormigueo. Escuchas los pensamientos en la cabeza, pero los observas como nubes que pasan y no te entretienes con ellos. Respiras profundamente. Percibes el sonido de las hojas en el jardín y el de un avión que vuela a lo lejos. Tus hombros empiezan a relajarse, lo que te hace sonreír. La ansiedad pasa de forma natural. Vives en el presente, en el modo ser.

A continuación adoptas el modo hacer y empiezas a pensar cómo puedes mejorar las cosas entre tu marido y tú, y se te ocurre salir a cenar a vuestro restaurante favorito.

El modo hacer es para acabar tareas. El modo ser es para descansar y gestionar las emociones.

No existen emociones «malas». Las emociones son solo eso, emociones. Eres un ser humano, y en la naturaleza del ser humano está sentir emociones. Y no todas son agradables; no es realista pensar que podrás sentirte siempre feliz y sin estrés. Puedes cultivar la mente para reducir las probabilidades de sentir estrés, pero eso solo se consigue mediante el aprendizaje y aceptando que todas las emociones pueden afectarte en algún momento.

Las emociones no son problemas que hay que resolver, sino experiencias que se sienten.

Cuando dejas de considerar algunas emociones como negativas, tiendes a juzgar y a criticar menos. Ya no necesitas «arreglarlas». Así, son cada vez menos frecuentes los pensamientos del tipo «¿Por qué estoy tan nervioso? ¿Qué me pasa?». Y cuando aparecen, no te los tomas tan en serio. Vives en el momento presente con tu sentimiento, aceptas la emoción tal como es y sigues adelante.

Por lo tanto, otro beneficio de vivir en el presente consiste en una capacidad mayor para procesar las emociones difíciles a fin de que no persistan demasiado.

Caminar con mindfulness: una vía hacia el modo ser

Me encanta explicar esto en mis clases, sobre todo a personas que nunca han probado a caminar con mindfulness. La mayoría de las personas lo encuentran divertido o se quedan boquiabiertas al descubrir lo poco que sabían sobre el proceso de caminar.

Normalmente caminamos por una razón: porque queremos llegar a algún sitio. Nos levantamos para buscar un vaso de agua o caminamos hasta el supermercado. La atención rara vez se centra en el propio proceso de caminar; la concentración recae en el destino.

Caminar con atención plena es distinto. Cuando lo practicas, tu atención se centra en el momento presente, no en la tarea que tienes entre manos. Veamos los aspectos del momento presente que puedes percibir mientras caminas con atención plena.

- Tu respiración
- Las sensaciones en los pies
- Las sensaciones en las piernas
- El aire en la piel
- Los sonidos que escuchas
- Los colores que ves
- Los olores

> **«Me sentí muy tonta la primera vez que probé a caminar con atención plena durante la clase. Pero cuando realmente puse toda mi atención en el proceso de caminar, y no en mis preocupaciones, fue liberador, ¡como si caminase por la Luna! Conseguí dedicar toda mi atención al momento y me olvidé completamente de mis preocupaciones laborales.»**

¿Alguna vez has observado a un niño pequeño caminando? Lo hace con toda su atención, plenamente conectado con sus sentidos. Si ve un charco, se queda maravillado con los colores y, seguramente, ¡saltará dentro! Se muestra curioso, encantado, sin ninguna preocupación por si llega tarde. Si ve una flor, lo más probable es que quiera arrancarla. Si oye un avión, mirará hacia el cielo, sonreirá y exclamará: «¡Hala!». ¿Te imaginas vivir así? Lo cierto es que, seguramente, así es como vivías cuando eras pequeño y, por lo tanto, ya sabes cómo se hace. El mindfulness consiste en recuperar ese entusiasmo por el aquí y el ahora. ¿Verdad que es emocionante?

PRÁCTICA. Caminar con mindfulness

 5 minutos.

 10 minutos.

Pista de audio 11.

Esta práctica dura cinco o diez minutos. Como principiante en caminar con mindfulness, te recomiendo que camines a paso muy lento, en un lugar en el que te sientas cómodo y seguro. Casi todo el mundo empieza en su casa, o en el jardín si lo tiene. Estas son las instrucciones para caminar con mindfulness:

1. **Define tu intención.** Empieza teniendo claro que durante los próximos cinco minutos vas a prestar toda tu atención a caminar con mindfulness. Asegúrate de reducir las distracciones potenciales.
2. **Respira profundamente, de manera atenta, tres veces.** Este pequeño ritual le envía al cerebro la señal de que vas a comenzar un ejercicio de mindfulness. Las respiraciones profundas, además, contribuyen a reducir la respuesta de estrés de tu cuerpo.
3. **Mantén una posición erguida.** Para empezar, solo tienes que permanecer erguido; si puedes, mantén los ojos cerrados unos segundos. Percibe si tu cuerpo está tenso o relajado. Siente la distribución del peso en tus pies y balancéate de izquierda a derecha, hacia delante y hacia atrás, para encontrar un punto central de equilibrio a fin de que tu peso se distribuya entre tus pies de manera equitativa.
4. **Levantar, desplazar, colocar.** Cuando caminas, el proceso se compone de tres fases: levantar un pie, desplazarlo hacia delante y colocarlo en el suelo. A continuación, el proceso se repite con el otro pie. Percibe este ciclo de levantar, desplazar y colocar los pies. Incluso puedes repetir estos verbos para tus adentros a medida que realizas las acciones.
5. **Párate cuando tu mente se disperse.** Como ocurre con cualquier otra meditación, la mente se dispersará. Forma parte de la experiencia. Cuando notes que tu mente se pierde entre pensamientos, deja de caminar, respira tres veces profundamente y de manera atenta, y comienza de nuevo.
6. **Párate y gírate.** Cuando llegues al final de la sala o del jardín, párate. Tómate un momento para percibir cómo te sientes, emocional y físicamente. A continuación, date la vuelta poco a poco. Siente ese proceso. Percibe los diferentes músculos que participan en el proceso, cómo tu cuerpo gira. Haz una pausa de unos segundos antes de empezar a caminar de nuevo.

7. **Acaba la práctica.** Puedes poner fin a este ejercicio pausado con tres respiraciones profundas y atentas. Si puedes, presta toda tu atención a lo que tengas que hacer a continuación. Este es un ejemplo de una transición atenta y consciente de una actividad a otra.

CONSEJOS Empieza poco a poco, pero recuerda que mindfulness no es sinónimo de lentitud. ¡Incluso puedes practicarlo mientras esprintas!

Si caminas en círculo, no tienes que pararte y girar cuando realices la práctica en casa, en un parque o en el jardín.

Cuando salgas a dar un paseo «normal», presta atención a un solo aspecto de la experiencia: los pies, la respiración o la belleza del entorno, por ejemplo. ¡Lo que prefieras! No existen reglas para caminar con mindfulness, siempre que tu intención sea estar en el momento presente y experimentar lo que ocurra.

Puedes utilizar este ejercicio como potenciador de mindfulness siempre que lo desees.

PROFUNDIZAR. Prueba a realizar el ejercicio todavía más lentamente. Invierte el doble de tiempo en dar cada paso y percibe las nuevas sensaciones. Es posible que descubras cómo cambia el ritmo de tu respiración, o los nuevos músculos que participan en la acción de caminar (por ejemplo, los de la espalda). Prueba a sonreír ligeramente para ver qué efecto te produce.

Preguntas frecuentes sobre la meditación de caminar con mindfulness

P: Pierdo el equilibrio cuando camino. ¿Qué puedo hacer?

R: En primer lugar, ¡mantén los ojos abiertos! Algunas personas creen (erróneamente) que tienen que cerrar los ojos, pero no es necesario. Perder el equilibrio cuando se camina muy despacio es normal. Prueba a caminar junto a una pared para no caerte (esto es importante). Mejorarás en cuanto tengas más práctica; tu cerebro tiene que reaprender a caminar a un ritmo más lento.

P: Me abruma todo lo que percibo y veo. ¡Socorro!

R: Muchas personas tienen este problema cuando caminan al aire libre: ¡hay mucho que ver! Intenta concentrarte en algo sencillo, como la sensación de tus pies sobre el suelo. Cuando tu atención se desvíe a los otros sentidos, vuelve a llevarla a las plantas de los pies.

P: ¿Puedo caminar con mindfulness cuando voy al trabajo a paso rápido?

R: ¡Sí! No podrás percibir los detalles más sutiles de tus sensaciones corporales, pero no pasa nada. Trata de mantenerte en el momento presente en lugar de preocuparte por lo que ocurrirá cuando llegues al trabajo. Si tienes muchas cosas en la cabeza, tómate diez minutos para pensar en ellas, pero después imponte la intención de vivir en el momento y caminar con mindfulness.

P: ¿Caminar con mindfulness es lo mismo que la meditación caminando?

R: Sí, son términos distintos para el mismo ejercicio.

P: No tengo tiempo para caminar con mindfulness, estoy muy ocupado. ¿Qué puedo hacer?

R: Caminar con mindfulness no tiene por qué ocupar mucho tiempo extra. Cada vez que camines, hazlo con toda la conciencia del momento presente, en lugar de planificar o preocuparte constantemente. Hay un tiempo para planificar y un tiempo para estar presente.

P: Me paso casi todo el día en la oficina. ¿Cómo puedo practicar el ejercicio sin parecer estúpido?

R: Camina como lo haces normalmente, pero pon toda tu atención en el momento. Nadie sabrá que estás caminando con mindfulness. ¡Es mindfulness secreto!

P: ¿Caminar con mindfulness es tan bueno como la meditación normal?

R: Sí. Meditar no significa que tengas que permanecer inmóvil.

En la tradición budista, por ejemplo, existen cuatro «posturas» de meditación: sentado, tumbado, de pie y caminando. En los retiros y los talleres se destina bastante tiempo a la meditación caminando.

¿Tu cerebro se ha perdido en un relato estresante?

Ya sabes que un aspecto fundamental del estrés es el de los pensamientos que crees ciertos, que te asaltan de repente. Si tus pensamientos te sugieren que todo va bien y que tienes el control, tus niveles de estrés se mantienen a raya. En cambio, si tus pensamientos se obsesionan con lo negativo y te hacen sentir que has perdido el control, tus niveles de estrés aumentan.

Por lo general, los pensamientos adoptan en tu cabeza la forma de pequeños relatos. Desde que el hombre es hombre, los relatos van pasando de generación en generación. La literatura está llena de relatos, desde las fábulas de Esopo hasta las obras de Shakespeare. Los historiadores conjuran imágenes de antiguas culturas narrando historias en torno a una hoguera.

Imagina que el cerebro es una máquina de narrar historias. Desde el momento en que te levantas por la mañana, empiezas a explicarte la historia de tu vida. En el segundo inmediatamente después de despertarte estás presente y nada más, sin tu historia. ¿Lo has notado alguna vez? Pero entonces, de repente, tu historia personal invade tu conciencia, por lo general sin que te des cuenta. Tu cerebro te recuerda quién eres, dónde vives y qué tienes que hacer. Se trata de un proceso automático.

Te relatas historias continuamente sobre todo tipo de personas, situaciones, hechos y dificultades. Si tomas conciencia de que te estás narrando un relato sobre una determinada situación estresante, podrás sopesar si la historia que cuentas es realmente cierta. Por definición, tratándose de una historia, de un cuento, de una narración, es posible que no sea totalmente cierta. Cada uno interpreta las historias a su manera.

Tu identidad se construye de dos maneras: con historias construidas a lo largo del tiempo, o mediante tus experiencias en el momento presente. Si te preguntase quién eres, probablemente me dirías tu nombre. Si te volviese a preguntar, me contarías tu historia: dónde naciste, en qué trabajas, qué haces en tu tiempo libre, etcétera. Pero también puedes sentir quién eres sin tu historia. Y para ello tienes que conectarte con tus sentidos. Ahí es donde interviene el mindfulness.

El cerebro narrador es una red que se activa por defecto, que incluye su actividad en la parte del cerebro responsable de la memoria. Cuando haces cola en un centro comercial, tu mente se dispersa, fantasea y se preocupa. Sin embargo, esa red también se activa fácilmente cuando das un paseo por el parque. En lugar de ver la belleza que te rodea, te quedas atrapado en tu pequeño mundo de preocupaciones. Es el relato que te cuentas a ti mismo sobre tu propia vida, las vidas de las personas que conoces y vuestras interacciones.

No hay nada de malo en la parte de tu cerebro basada en la narrativa. Pero nadie quiere limitar su vida a su narrativa personal, ya que resulta muy sencillo perderse en pensamientos y emociones negativas si no prestamos atención al momento presente. Cada vez existen más pruebas de que cuanto más tiempo pasamos perdidos en los relatos que narra nuestra mente, más propensos somos al estrés y la ansiedad.

Una investigación fascinante llevada a cabo en 2007 por Norman Farb y sus colegas de la Universidad de Toronto sometió a una prueba a un grupo de personas que había realizado un curso de meditación mindfulness de ocho semanas y a otro grupo de personas que no lo había hecho. Los investigadores descubrieron una red en el cerebro que se activa cuando nos conectamos con nuestros sentidos (experiencia directa). Implica partes del cerebro responsables de las sensaciones corporales y de la atención. Esa activación de la experiencia directa es un estado de mindfulness. Vives en el momento presente; es el modo ser en funcionamiento. Cuando paseas por el parque, percibes el aroma de los árboles, el color de las flores y las sensaciones de tu cuerpo.

Los investigadores descubrieron que los integrantes del grupo del curso de mindfulness eran más conscientes de cuándo se perdían en una narrativa. La actividad neuronal del cerebro narrador y la experiencia directa de sus cerebros aparecía más claramente separada en el caso de los que meditaban. Por lo tanto, eran capaces de pasar de la narrativa a la atención al momento presente con mayor facilidad.

No es posible tener activados al mismo tiempo en el cerebro la red de la narrativa y la de la experiencia directa. Por lo tanto, cuando paseas por el parque, si te pierdes en tu red narrativa que se activa por defecto, tendrás más probabilidades de obsesionarte con los factores estresantes. Pero hay buenas noticias. En cuanto empieces a activar la parte de tu cerebro dedicada a la experiencia directa (lo que puede ser algo tan simple como sentir tu respiración o una brisa suave en el rostro), tu narrativa se calmará y la red de la experiencia directa se activará. De repente piensas en un viejo amigo con el que hace tiempo que quieres hablar, o descubres un nuevo camino de regreso a casa cuando sales a la montaña, y tus niveles de estrés empiezan a bajar.

Reflexión

Si lo deseas, anota tus respuestas en tu diario.

1. Intenta completar las siguientes frases para descubrir qué te dice tu cerebro narrador acerca de ti ahora mismo. Escribe lo primero que se te ocurra, no te lo pienses demasiado.

Soy...
También soy...
Vivo en...
Hoy necesito...
Mi infancia fue...
Me siento agradecido por...
La vida es...
El mundo es...
En el futuro yo...
Me gusto porque...
Los demás son...

El propósito de la vida es...

Para estar presente y atento, yo...

Mi estrés se debe a...

Reduciré mi estrés...

Y ahora pensemos en una importante pregunta que hay que tener en cuenta: **¿crees que tus respuestas cambiarían si te encontrases de muy buen humor ahora mismo?** En caso afirmativo, ¿tus respuestas son hechos absolutos o solo son tu narrativa actual?

2. Piensa en algo que te provoque estrés en este momento. ¿Qué relato te estás contando acerca de la situación?

Ahora, practica la pausa atenta de la Semana 2 durante unos minutos.

3. Ahora piensa en la persona más inteligente que conozcas. Puede ser alguien a quien conozcas personalmente y que te inspire respeto, como tu abuela, un tío o un compañero de trabajo. O también alguien a quien admires, como el dalái lama, Sócrates, Gandhi, Martin Luther King o Nelson Mandela.

¿Cómo vería esa persona tu historia si se pusiera en tu lugar?

¿Qué acción emprendería esa persona para superar el desafío?

Ahora practica la pausa atenta de nuevo durante unos minutos.

Volviendo al factor que te estresa, ¿todavía te provoca tanto estrés? ¿Tienes alguna idea o solución para reducirlo, aunque sea un poco?

«INVICTUS»

Este es un poema que inspiró a Nelson Mandela durante sus muchos años de presidio en Sudáfrica. Lo leía para animar a sus compañeros de prisión.

Desde la noche que sobre mí se cierne,
negra como su insondable abismo,
les agradezco a los dioses, si existen,
mi alma invencible.
Caído en las garras de las circunstancias,
nadie me vio llorar ni pestañear.
Bajo los golpes del destino,
mi cabeza ensangrentada sigue erguida.
Más allá de este lugar de ira y lágrimas
yacen los horrores de la sombra,
pero la amenaza de los años
me encuentra, y me encontrará, sin miedo.
No importa cuán estrecho sea el camino,
ni cuántos castigos dicte la sentencia.
Soy el amo de mi destino;
soy el capitán de mi alma.

WILLIAM ERNEST HENLEY (1875)

Reflexión

¿Qué efecto te ha provocado el poema? Si lo deseas, escribe tus impresiones en tu diario.

Reflexión

Descubrimientos sobre los ejercicios en casa de la Semana 2

Esta es una oportunidad para que reflexiones sobre tus prácticas y tus ejercicios de meditación durante la semana. Considera cada ejercicio por separado y utiliza tu diario para plasmar cómo te ha ido.

Escáner corporal. Llevas un par de semanas practicándolo. A estas alturas, algunas personas empiezan a aburrirse con esta meditación; otras empiezan a disfrutarla. Todo es aceptable. ¿Cómo ha sido tu experiencia durante la semana?

Pausa atenta. ¿Te has acordado de practicarla? Si no, ¿qué puedes hacer esta semana para acordarte? Si no te has olvidado, ¿qué efecto te ha producido la pausa atenta? Es la práctica que más valoran muchos de mis alumnos.

Calendario de acontecimientos agradables. ¿Has probado a llenarlo? En caso negativo, ¿puedes comprometerte a completarlo esta semana? ¿Qué patrones has observado? Tendrás la oportunidad de explorar el calendario con más detalle dentro de una semana.

Potenciador de mindfulness. ¿Qué has descubierto al cepillarte los dientes con la otra mano? ¿El proceso te ha hecho sentir más presente y consciente, menos automático? A algunas personas les fascina este experimento; otras acaban frustradas. ¿Qué te ha pasado a ti?

Ejercicios en casa. Semana 3

Los ejercicios recomendados se alternan esta semana. Un día practicas el escáner corporal y el siguiente lo dedicas al yoga atento.

Escáner corporal

Observa qué efectos produce en tus prácticas el hecho de alternar entre el escáner corporal y el yoga atento. He observado que en torno a la Semana 3 muchos de mis alumnos se sienten especialmente frustrados con la meditación porque ya se ha pasado el efecto de la novedad. Por lo tanto, no te sorprendas si te ocurre a ti lo mismo con el escáner corporal. Te animo sinceramente a que perseveres a pesar de lo que te diga tu mente.

Yoga atento

Puedes practicarlo diez o treinta minutos. En el primer caso, prueba los ejercicios destacados en la secuencia mini de yoga del Capítulo 13. Si practicas treinta minutos, sigue las dos pistas de audio del yoga (la mini seguida de la completa). Acuérdate de realizar los ejercicios lentamente, concentrándote en tu cuerpo. Presta especial atención a la respiración. Ponte una alarma que te avise cuando hayas practicado el tiempo suficiente o detente si sientes que el cuerpo necesita parar.

Experiencia desagradable

Dado que la semana pasada anotaste experiencias agradables, en esta probarás a hacer lo mismo, pero con experiencias desagradables. Mantén una actitud curiosa y abierta durante este ejercicio, y no olvides apuntar tus sensaciones corporales, tus pensamientos y tus emociones en torno a la experiencia. Este ejercicio podría revelarte patrones personales que no habías notado nunca.

Potenciador de mindfulness

El potenciador de esta semana se centra en lo que caminas cada día. Si realizas el mismo recorrido todos los días, esta semana cámbialo. Por ejemplo, llega un poco más lejos, o bien camina por el lado de la calle que no utilizas nunca. Si no te es posible, prueba a caminar con mindfulness. Percibe las sensaciones de tus pies con cada paso. Presta atención a las plantas de los pies, tal como te concentras en la respiración en la meditación mindfulness de la respiración: con curiosidad, delicadeza y paciencia.

CONSEJO Camina un poco más despacio de lo habitual para salir de tus movimientos habituales y tomar conciencia de tus acciones.

Pausa atenta

Continúa con las tres pausas atentas diarias. O una al día si no puedes llegar a más. Esta es una práctica estupenda, y aprenderás a utilizarla para detectar el estrés y afrontarlo con mindfulness antes de que se dispare.

Semana 3

Día	Minicurso	Curso completo
1	Minipráctica de yoga Percibir una experiencia desagradable que hayas tenido hoy y anotar pensamientos, sentimientos y sensaciones corporales Potenciador de mindfulness: tomar una ruta distinta para volver caminando a casa o simplemente caminar con mindfulness	Práctica de yoga completa 1 meditación mindfulness de la respiración 3 pausas atentas Percibir una experiencia desagradable que hayas tenido hoy y anotar pensamientos, sentimientos y sensaciones corporales Potenciador de mindfulness: tomar una ruta distinta para volver caminando a casa o simplemente caminar con mindfulness

Día	Minicurso	Curso completo
2	Miniescáner corporal Percibir una experiencia desagradable que hayas tenido hoy y anotar pensamientos, sentimientos y sensaciones corporales Potenciador de mindfulness: tomar una ruta distinta para volver caminando a casa o simplemente caminar con mindfulness	Escáner corporal completo 1 meditación mindfulness de la respiración 3 pausas atentas Percibir una experiencia desagradable que hayas tenido hoy y anotar pensamientos, sentimientos y sensaciones corporales Potenciador de mindfulness: tomar una ruta distinta para volver caminando a casa o simplemente caminar con mindfulness
3	Minipráctica de yoga Percibir una experiencia desagradable que hayas tenido hoy y anotar pensamientos, sentimientos y sensaciones corporales Potenciador de mindfulness: tomar una ruta distinta para volver caminando a casa o simplemente caminar con mindfulness	Práctica de yoga completa 1 meditación mindfulness de la respiración 3 pausas atentas Percibir una experiencia desagradable que hayas tenido hoy y anotar pensamientos, sentimientos y sensaciones corporales Potenciador de mindfulness: tomar una ruta distinta para volver caminando a casa o simplemente caminar con mindfulness

Día	Minicurso	Curso completo
4	Miniescáner corporal Percibir una experiencia desagradable que hayas tenido hoy y anotar pensamientos, sentimientos y sensaciones corporales Potenciador de mindfulness: tomar una ruta distinta para volver caminando a casa o simplemente caminar con mindfulness	Escáner corporal completo 1 meditación mindfulness de la respiración 3 pausas atentas Percibir una experiencia desagradable que hayas tenido hoy y anotar pensamientos, sentimientos y sensaciones corporales Potenciador de mindfulness: tomar una ruta distinta para volver caminando a casa o simplemente caminar con mindfulness
5	Minipráctica de yoga Percibir una experiencia desagradable que hayas tenido hoy y anotar pensamientos, sentimientos y sensaciones corporales Potenciador de mindfulness: tomar una ruta distinta para volver caminando a casa o simplemente caminar con mindfulness	Práctica de yoga completa 1 meditación mindfulness de la respiración 3 pausas atentas Percibir una experiencia desagradable que hayas tenido hoy y anotar pensamientos, sentimientos y sensaciones corporales Potenciador de mindfulness: tomar una ruta distinta para volver caminando a casa o simplemente caminar con mindfulness

Día	Minicurso	Curso completo
6	Miniescáner corporal Percibir una experiencia desagradable que hayas tenido hoy y anotar pensamientos, sentimientos y sensaciones corporales Potenciador de mindfulness: tomar una ruta distinta para volver caminando a casa o simplemente caminar con mindfulness	Escáner corporal completo 1 meditación mindfulness de la respiración 3 pausas atentas Percibir una experiencia desagradable que hayas tenido hoy y anotar pensamientos, sentimientos y sensaciones corporales Potenciador de mindfulness: tomar una ruta distinta para volver caminando a casa o simplemente caminar con mindfulness

SIETE

Semana 4
Entender y gestionar el estrés

No es el estrés lo que nos mata, es nuestra reacción ante él.

HANS SELYE

INTENCIONES

- *Conocer la fisiología del estrés.*
- *Descubrir cómo ayuda el mindfulness frente al estrés.*
- *Analizar cómo mantener la calma ante experiencias agradables y desagradables.*
- *Practicar algunas secuencias nuevas de yoga atento.*

Sofía padecía ansiedad desde el instituto. Ahora, con casi veinticinco años, sentía que estaba al límite de sus fuerzas. No sabía cuánta negatividad más podría soportar su cerebro. Le asustaba estar con otras personas; pensaba que seguramente les parecía estúpida y vivía con el temor constante de decir algo fuera de lugar. Estaba agotada por el miedo implacable que sentía a socializar con otras personas, un miedo que paralizaba su mente y su cuerpo.

Había probado a resolver sus problemas haciendo visitas con algún terapeuta, había leído innumerables libros sobre reducción de la ansiedad, y por pura desesperación decidió intentarlo con la meditación, ya que había leído algo sobre sus beneficios en un foro de internet. No le atraía nada la idea de la meditación. En primer lugar, porque le sonaba a algo religioso y espiritual, y ella no creía en nada de eso; y, en segundo lugar, porque había perdido toda esperanza en poder ayudarse a sí misma.

Se hizo con un CD de meditación mindfulness y empezó a escucharlo para hacer la meditación mindfulness de la respiración. Mientras practicaba, comenzó a darse cuenta de que al sentir su respiración, los pensamientos negativos sobre ella misma y los demás iban desapareciendo poco a poco. Sí, su mente continuó regresando a sus preocupaciones, pero como recomendaba el audio de mindfulness, nunca dejó de reconducir su concentración hacia la respiración. Cuanto más practicaba, más disminuía su ansiedad, ya que su conciencia estaba más centrada en la respiración que en sus contraproducentes pensamientos recurrentes. Se dio cuenta de que su preocupación sobre la opinión que los demás tenían de ella solo estaba en su cabeza y que todas aquellas ideas no eran necesariamente ciertas. Se sentía nerviosa por ideas falsas que su propia mente había creado.

Sofía se enganchó a la meditación y se comprometió a practicarla todas las mañanas. La paz mental que consiguió gracias a la respiración mindfulness le permitió comenzar sus jornadas sin entrar en sus ciclos negativos habituales. Con un comienzo tan positivo, se sentía menos estresada durante el día y estaba más concentrada y presente en las tareas que tenía que llevar a cabo.

El principal descubrimiento de Sofía fue que la mente humana es capaz de crear historias o ideas que parecen reales y aterradoras y que, sin embargo, son completamente falsas. La mente desbocada produce ideas inútiles, y el bajo estado de ánimo que estas generan desencadena un ciclo de desesperación. Sofía descubrió que cuando empiezas a cultivar un nivel mayor de conciencia de ti mismo, accedes de forma natural a esos recursos profundos de la serenidad interior. Es como un manantial de esperanza.

Descubrimiento: la fisiología del estrés

En el Capítulo 1 se explica brevemente la diferencia entre presión y estrés. Los niveles medios de presión pueden aportar energía y motivación. Sin embargo, cuando la presión aumenta, como le ocurrió a Sofía, el cuerpo pone en marcha la respuesta de estrés. ¿Qué es exactamente la respuesta de estrés, y qué ocurre en el cuerpo cuando esta se desencadena? En este apartado lo descubrirás. Si crees que el estrés te afecta más a ti que a los demás, espero que la siguiente información te muestre lo universales que son sus efectos; entender esos efectos hace más fácil reducir el estrés.

Eso no significa que todos los expertos consideren el estrés de la misma manera. Lo cierto es que entender el estrés desde diferentes perspectivas puede ayudarte a formarte una imagen más completa de su naturaleza, sus causas subyacentes y los mejores modos de responder con mindfulness en lugar de reaccionar de manera automática.

Siento una fascinación personal por el tema del estrés desde muy joven. Cuando experimenté un nivel de estrés considerable por primera vez, en la facultad, empecé a leer sobre ello. Lo que me resultó más interesante fue descubrir que el estrés no es solo una palabra «de moda», sino un complejo mecanismo biológico que ha evolucionado a lo largo de millones de años como un modo de vida.

Existen dos puntos de vista que resultan fundamentales para comprender el estrés:

1. Como la **respuesta de lucha o huida** a corto plazo.
2. En función de sus efectos a largo plazo: **síndrome general de adaptación.**

Lucha o huida

La respuesta de estrés se conoce también como «respuesta de lucha o huida». Se trata de la reacción automática y primitiva que prepara el cuerpo para atacar o huir ante lo que se percibe como una amenaza para la supervivencia. También recibe el nombre de «respuesta de lucha, huida o congelación», porque, a veces, resulta paralizante. Como se describe en el Capítulo 3, este mecanismo ha evolucionado a lo largo de millones de años para protegernos de los peligros potenciales e incrementar nuestras posibilidades de supervivencia. Uno de los resultados de dicho mecanismo es la tendencia innata a la negatividad entre los humanos de hoy.

Cuando experimentas una amenaza externa, o simplemente cuando experimentas preocupaciones internas, se activa una parte del cerebro denominada hipotálamo. El hipotálamo pone en marcha una serie de activaciones neuronales, además de liberar ciertos compuestos químicos como el cortisol, la adrenalina y la noradrenalina en el torrente sanguíneo. Esta combinación de activación neuronal y liberación química provoca numerosos cambios. El ritmo de la respiración y la presión sanguínea aumentan, la energía se desvía de los sistemas digestivo e inmune para concentrarse en los músculos, y los reflejos se agudizan. Desde el punto de vista mental, la parte más sabia, inteligente y racional del cerebro se bloquea.

Básicamente, este mecanismo te sitúa en «modo ataque», tanto física como mentalmente, a fin de prepararte para responder de forma adecuada a la amenaza. Si fueses un humano de la prehistoria y vieses un tigre, la respuesta de lucha o huida podría suponer la diferencia entre la vida y la muerte. El aumento de las hormonas del estrés te daría la fuerza necesaria para huir o enfrentarte a un agresor, para levantar un coche si este estuviera aplastando a un ser querido o para huir de un edificio en llamas.

Cuando te encuentras en modo lucha o huida, el cerebro escanea el entorno y percibe todo lo que te rodea como una amenaza para la supervivencia. Como si un ladrón hubiese entrado en tu casa, percibes cada momento y cada sonido como una señal de peligro (aunque solo se trate de las cortinas que mueve el viento). Un comentario inofensivo se interpreta como un ataque. Reaccionas exageradamente a las opiniones de los demás. Tus pensamientos son irracionales. Tu miedo se convierte en un filtro a través del cual ves el mundo que te rodea.

Cuando te quedas atascado en la respuesta de estrés, no puedes pensar de manera positiva. Tus recursos atencionales se centran en la negatividad. El miedo, y no la cordialidad, es el protagonista. Eres incapaz de tomar decisiones racionales, y las que tomas son a corto plazo. Las consecuencias a largo plazo de las decisiones no se pueden procesar. Si tu respuesta de lucha o huida se activa continuamente, vives en un modo de emergencia constante y solo puedes tomar decisiones de emergencia a corto plazo.

Actualmente, el mismo mecanismo que te prepara para huir corriendo de un tigre se activa cuando tienes que hacer una larga cola en el banco, si llegas tarde al trabajo, si tu hijo tiene una rabieta o si tienes que tratar con un jefe agresivo. El cuerpo se prepara para una amenaza física que no existe.

En la sociedad moderna, en lugar de esforzarnos físicamente cuando la respuesta de estrés se activa, se espera de nosotros que nos controlemos. Cuando haces cola, se espera de ti que hagas exactamente eso, por mucha prisa que tengas. Cuando tu jefe te pide cosas poco razonables, se espera de ti que escuches, no que luches o salgas corriendo.

La respuesta de lucha o huida nos convierte en seres más agresivos, hipervigilantes y de reacciones exageradas. Acabamos dando patadas a las fotocopiadoras, enfadándonos al volante y peleándonos con todo el mundo.

Equilibrar tu sistema nervioso: la clave para gestionar el estrés

Ya he mencionado que la respuesta de estrés está programada en el cerebro y el cuerpo para protegernos de peligros físicos. Por suerte, la capacidad de reducir el estrés también es innata. Los dos sistemas funcionan en gran parte de manera inconsciente. Son automáticos, y por eso se denominan «sistema nervioso autonómico». A través del mindfulness puedes aprender a detectar cuándo se activa tu respuesta de estrés y emprender las acciones necesarias para reducirlo.

El sistema nervioso autonómico se compone de dos partes principales:

1. **Sistema nervioso simpático (respuesta de estrés):** su función principal consiste en activar la respuesta de lucha o huida.
2. **Sistema nervioso parasimpático (respuesta de relajación):** su principal función consiste en activar el sistema de «descanso y digestión», y recuperar el equilibrio del cuerpo después de la respuesta de estrés.

Para entender hasta qué punto es física la respuesta de estrés, consulta la figura siguiente:

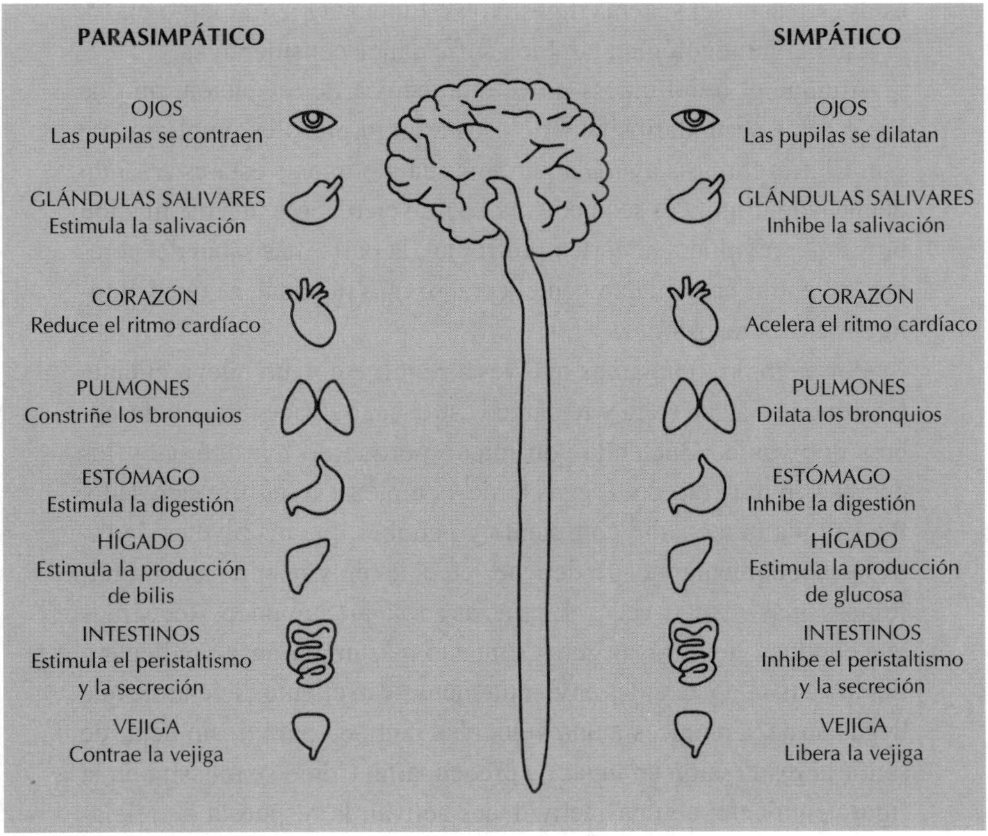

¿Alguna vez has sentido la boca seca antes de hablar en público? ¿Has notado que el corazón te late rápidamente o que se te acelera la respiración? ¿Has sentido la necesidad de ir al baño? Todas estas reacciones son efectos físicos de la respuesta de estrés creados por el aumento de la actividad del sistema nervioso simpático. A eso se refiere la gente cuando dice que «está estresada», y esos efectos se muestran en la parte derecha de la figura. Es el modo emergencia que se pone en marcha.

Las acciones de la respuesta de estrés se pueden equilibrar mediante el sistema nervioso parasimpático, que es el sistema que controla la respuesta de relajación. Dicha respuesta se conoce también como modo de «descanso y digestión», porque cuando se activa se dedican más recursos a los sistemas digestivo e inmune. Cuando estás estresado, el sistema digestivo no funciona bien. A largo plazo, el sistema inmunológico también sufre daños considerables.

Aunque el mindfulness no es una técnica de relajación, uno de sus efectos secundarios beneficiosos a largo plazo es precisamente ese. El mindfulness ayuda a percibir cuándo uno se está estresando demasiado. Entonces se puede realizar un ejercicio o una meditación breve que involucra al córtex prefrontal, la parte más sabia del cerebro. Al entrar en contacto con el cerebro más racional, se pueden tomar mejores decisiones.

Por ejemplo, pongamos que vas a reunirte con un nuevo cliente. No conoces la carretera y te parece estrecha. Se hace tarde, y descubres que vas conduciendo con miedo porque no hay farolas y los demás van muy rápido. Llegas tarde y empiezas a sentirte estresado. Pones toda tu atención consciente y percibes que tus niveles de estrés están aumentando. Te detienes en el arcén y respiras con mindfulness unas cuantas veces. Empiezas a relajarte un poco. Recuerdas que conducir de forma segura es mucho más importante que llegar a tiempo a tu cita y decides enviar un mensaje al cliente diciéndole que llegas tarde. Conduces a una velocidad cómoda para ti, sin dejar de sentir la respiración en lugar de preocuparte. Como se muestra en la figura siguiente, algunas actividades activan la respuesta de relajación y otras ponen en marcha la respuesta de estrés. No obstante, todo se puede cambiar.

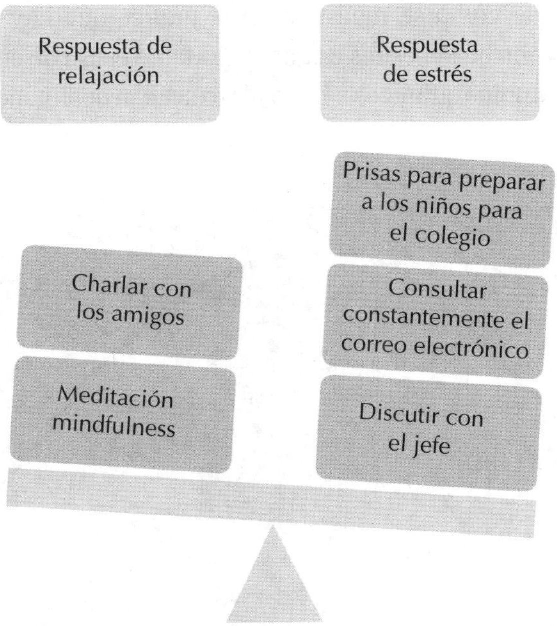

Reflexión

Piensa en la última vez que te sentiste realmente estresado. ¿Qué cambios notaste en tu cuerpo? ¿Se corresponden con lo que has descubierto sobre los efectos del sistema nervioso simpático?

SÍNDROME GENERAL DE ADAPTACIÓN: LAS TRES FASES DEL ESTRÉS

La respuesta de lucha o huida la descubrió Walter Cannon en la década de 1920, pero habría que esperar hasta 1936 para que Hans Selye descubriese la respuesta del cuerpo al estrés a largo plazo: el llamado síndrome general de adaptación. Básicamente, Selye descubrió que cuando ocurre un hecho estresante, pasamos por tres fases si el estrés no desaparece (tal como se muestran en la gráfica que hay más abajo). Selye comprobó que el estrés es una importante causa de enfermedades porque los cambios químicos a largo plazo acaban debilitando el cuerpo.

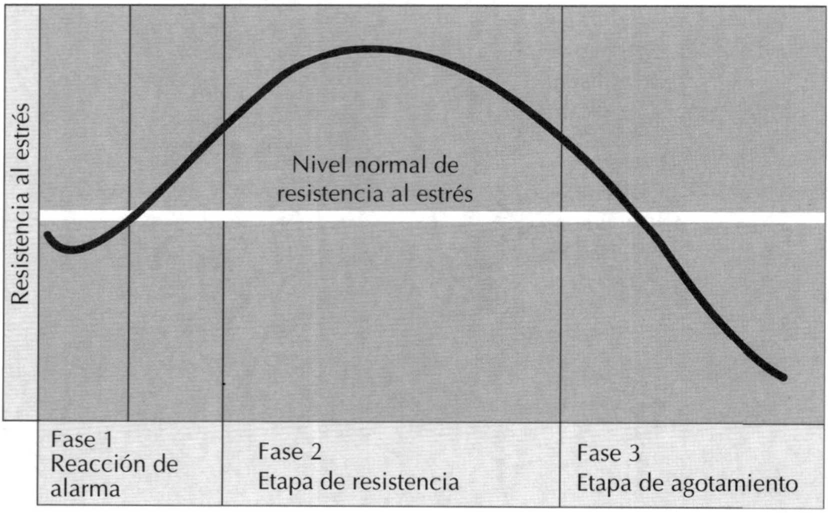

Fase 1: Alarma

En la fase de alarma te encuentras en estado de *shock*. Imagina que tienes mucha presión en el trabajo y te das cuenta de que no puedes acabarlo todo. En tu estado de *shock* pierdes eficacia. Tu sistema nervioso simpático se activa y se liberan las hormonas del estrés en el torrente sanguíneo. La respuesta de lucha o huida ha comenzado a funcionar. Si se elimina el estrés, recuperarás un equilibrio sano.

En esta fase inicial, tu cuerpo funciona como debe, alertándote y preparándote para una fuente de estrés. Si has practicado mindfulness, serás consciente de que se ha activado tu respuesta de estrés. Entonces podrás emprender las acciones necesarias para reducirlo cuando tengas tiempo mediante un ejercicio de mindfulness (por ejemplo, un miniescáner corporal o caminando con mindfulness). Eso te ayudará a recuperar el equilibrio.

Fase 2: Resistencia

Si el estrés persiste, o si experimentas factores estresantes adicionales, se intensifica la lucha contra la dificultad. Es la fase de resistencia.

En esta fase, si logras gestionar el estrés de algún modo, tu cuerpo podrá reparar el daño causado por la fase de alarma y tus niveles de hormonas del estrés recuperarán la normalidad. Los problemas comienzan cuando no tienes tiempo para recuperarte de esta fase.

El mindfulness resulta muy útil también para superar esta fase, y eso puede servirte para evitar llegar al agotamiento. Dado que te encuentras sometido a una cantidad significativa de estrés, deberías practicar meditaciones mindfulness todos los días si puedes. Físicamente, las meditaciones te brindan el tiempo necesario para sentir la tensión corporal y, paradójicamente, esta conciencia plena alivia la tensión poco a poco. Desde el punto de vista mental, el mindfulness te ofrece el espacio necesario para distanciarte de las preocupaciones y las exigencias que podrían estar provocándote estrés. Tu respuesta de relajación empieza a funcionar, y tu estrés regresa a un nivel que puedes afrontar.

Si el estrés continúa, el sistema inmunológico deja de funcionar bien y resulta menos eficaz en su lucha contra las infecciones. El estrés prolongado podría desembocar en la Fase 3.

Fase 3: Agotamiento

La fase de agotamiento se produce cuando el estrés a largo plazo no desaparece. Ya no resistes el factor estresante porque tus recursos para afrontarlo se han agotado. Tus niveles de adrenalina, la hormona del estrés, están a cero. Selye descubrió que hay algunos animales, como las ratas, que en ese estado mueren.

Esta fase recibe distintos nombres: agotamiento, fatiga adrenal o sobrecarga de estrés. En la página siguiente se ofrece un cuadro, «Entender el agotamiento», en el que se ofrecen datos para identificar y afrontar ese estado. En esta fase, los niveles de estrés se han disparado y permanecen así; la salud se enfrenta al momento de mayor riesgo.

«Cuando entendí cómo se pasa del estrés a la resistencia y finalmente al agotamiento, comprendí mi estado. En aquel momento, en la clase, supe que mi prioridad número uno era reducir mi estrés.»

Es posible que en esta fase no estés listo para practicar mindfulness porque te resulte demasiado difícil concentrarte en nada. Cuando descanses y te recuperes, y después de visitar a un profesional de la salud, podrás aprender mindfulness para afrontar mejor el estrés.

Relatos sabios.
El marinero sabio y el profesor intelectual

Érase una vez un profesor que viajaba en un barco. Vio a un viejo marinero en cubierta y decidió preguntarle sobre oceanografía, un tema que él había estudiado en el pasado. Sin embargo, el marinero le respondió:

—Lo siento, ¡no sé nada sobre oceanografía!

—¡Menudo bobo! —replicó el profesor.

Al día siguiente, el profesor se encontraba en cubierta contemplando las estrellas. Pensó que el marinero tenía que saber sobre astronomía, pues es una ayuda para la navegación.

—No sé absolutamente nada de astronomía —reconoció el marinero.

—¡Es usted un completo idiota! —exclamó el profesor.

Al día siguiente, el profesor sintió la brisa en la piel y pensó que el marinero tenía que saber algo de meteorología. Pero también estaba equivocado.

—¡Vaya estúpido! —dijo el profesor, que se juró no volver a dirigirse al marinero nunca más.

Al día siguiente, el barco tuvo que lidiar con un viento huracanado y unas olas enormes. El casco se resquebrajó y el barco empezó a hundirse. El marinero vio al profesor y le preguntó:

—¿Sabe nadar?

—¡No! —exclamó.

—¿Quién es el idiota ahora? —preguntó el marinero mientras se zambullía en el agua para ponerse a salvo.

Este relato tiene mucho que ver con gestionar el estrés con mindfulness. Puedes saberlo todo acerca de la teoría, pero hasta que pongas en práctica esos conocimientos, de poco te servirán. Prueba las meditaciones y aprende a capear las olas provocadas por los factores estresantes de la vida. El pequeño esfuerzo merecerá la pena.

Entender el agotamiento

El agotamiento es un estado de cansancio extremo físico, mental y emocional debido a un estrés prolongado y excesivo. Podrías estar cerca del agotamiento si todos los días te parecen malos, si siempre estás cansado y si sientes que nada de lo que haces tiene importancia. En general, el agotamiento está provocado por una sobrecarga de trabajo, pero también puede ser el resultado de la falta de sueño, del hecho de que no tengas suficientes relaciones de apoyo, del perfeccionismo o del pesimismo.

Si crees que estás a punto de caer en el agotamiento, o ya te ha sucedido, prueba a seguir los siguientes consejos:

- Empieza cada día con una meditación mindfulness o practicando yoga.

- Sigue una dieta sana. Duerme lo suficiente. Practica ejercicio varios días a la semana.
- Aprende a decir que no para establecer tus límites y no asumir un exceso de trabajo.
- Dedica un rato cada día, o como mínimo una vez a la semana, a hacer algo que te divierta, que saque tu creatividad.
- Baja el ritmo de vida general.
- Busca el apoyo de familiares y amigos. Es posible que no te apetezca, pero busca apoyo social de todos modos. Hablar es muy importante.

Piensa en la posibilidad de reevaluar tus objetivos en la vida. El agotamiento es una señal de que, probablemente, ha llegado el momento de adoptar un enfoque distinto.

Reflexión

¿Actualmente te encuentras bajo los efectos del estrés a largo plazo? ¿Qué puedes hacer para cuidarte mejor en las semanas y los meses venideros? Si crees que te acercas al punto de agotamiento, ¿cómo puedes convertir la reducción del estrés en tu prioridad número uno?

Tu cuerpo está diseñado para gestionar el estrés como un *sprint*, no como una maratón. La reducción del estrés por medio del mindfulness implica buscar pequeños huecos a lo largo del día para descansar, recargar pilas o meditar. Aunque solo puedas realizar unas cuantas respiraciones profundas con mindfulness, el efecto será positivo.

Los niveles de estrés moderados y ocasionales con etapas de descanso no son perjudiciales. Solo tienes que asegurarte de disponer de tiempo suficiente para la recuperación.

El estrés y las circunstancias de la vida

Los acontecimientos de la vida pueden ejercer diferentes efectos en el estrés. Mudarse a un barrio similar al que ya se conoce no tendrá un efecto tan acusado como un divorcio hostil. Cuantos menos acontecimientos vitales de peso experimentes en un período de tiempo relativamente corto, menos probabilidades tendrás de sufrir las consecuencias del estrés crónico.

Lo que nos aporta la investigación: el estrés puede ser bueno. Descubramos el eustrés

Pocas personas saben que existen dos tipos de estrés: el llamado «eustrés» y el conocido como «distrés». El eustrés es una forma positiva de estrés, mientras que el distrés en una forma negativa.

El factor estresante real no es lo que determina si se producirá eustrés o distrés; por el contrario, ello depende de cómo vea uno la situación: como un reto positivo o como un fastidio negativo.

Los ejemplos de eustrés vendrían a ser como un viaje en una montaña rusa. Si estás deseando enfrentarte al reto de la experiencia, se desencadenará la respuesta de estrés, pero esta te resultará positiva. No obstante, ese mismo viaje es una fuente de distrés si crees que no vas a ser capaz de afrontar la experiencia.

El hecho de ver el estrés como una experiencia positiva resulta transformador. Me gustaría compartir contigo uno de mis estudios favoritos. En una importante investigación, llevada a cabo con casi 29.000 personas a lo largo de ocho años, Keller y sus colegas de la Universidad de Wisconsin-Madison descubrieron que la actitud de los voluntarios hacia el estrés ejerce un enorme impacto en la esperanza de vida. Los que veían el estrés de un modo positivo, como algo enriquecedor, figuraban entre los que tenían menos probabilidades de morir. En cambio, aquellos que consideraban que el estrés los debilitaba presentaban un 43 % más de riesgo de muerte. Por lo tanto, piensa en el estrés como en algo vigorizante o interesante, y no solo como un factor dañino. Los párrafos siguientes podían ayudarte a conseguirlo.

Existen pruebas de que el estrés en arranques breves potencia las funciones corporales. En un interesante estudio llevado a cabo en 2013 por Kirstin Aschbacher y sus colegas de la Universidad de California, se pidió a dos grupos de mujeres que diesen una charla. El primer grupo estaba formado por mujeres con estrés crónico. En este grupo, el estrés extra provocó daños añadidos en las células, tal como se esperaba. Pero el siguiente resultado sorprendió a los investigadores: las mujeres que no sufrían estrés presentaron menos daños en las células después del arranque momentáneo de estrés. Al parecer, un poco de estrés resulta beneficioso.

Cuando haces ejercicio físico en tandas breves y después descansas, tu salud mejora. Del mismo modo, los arranques breves de estrés podrían presentar beneficios para la salud. Entre otras cosas, liberan adrenalina, que incrementa la lucidez y la conciencia, igual que una taza de café, además de mejorar la memoria y agudizar las ideas.

Reflexión

En 1914, el laboratorio del inventor Thomas Edison (que por entonces tenía sesenta y siete años) sufrió un incendio. Perdió todo su equipo y los resultados de sus investigaciones, un total de dos millones de dólares en una sola noche. En lugar de pensar en todo lo negativo, Edison dijo: «El desastre tiene un gran valor. Quema todos nuestros errores. Gracias a Dios, podemos empezar de nuevo». Un gran ejemplo de cómo el distrés se puede convertir en eustrés. Unas semanas más tarde, Edison entregó el primer fonógrafo.

Si sufres de estrés ligero o moderado, escribe cómo podrías convertir tu distrés en eustrés. Distánciate de tus pensamientos para ver las cosas en su conjunto.

EJERCICIO. Sucesos vitales estresantes

La tabla siguiente ofrece una lista de «sucesos estresantes». Los psiquiatras Thomas Holmes y Richard Rahe pidieron a varios voluntarios que anotasen cuántos de esos hechos habían experimentado en el último año. Cada acontecimiento recibía una puntuación, y con los resultados detectaron una relación entre esta y la probabilidad de que la persona sufriese alguna enfermedad.

Sucesos vitales estresantes

Suceso vital	Unidades de cambio vital	√
Muerte del cónyuge	100	
Divorcio	73	
Separación	65	
Encarcelamiento	63	
Muerte de un familiar cercano	63	

Suceso vital	**Unidades de cambio vital**	√
Accidente o enfermedad	53	
Matrimonio	50	
Pérdida del trabajo	47	
Reconciliación con la pareja	45	
Jubilación	45	
Cambios en la salud de un familiar	44	
Embarazo	40	
Problemas sexuales	39	
Nuevo miembro en la familia	39	
Reajustes en el trabajo	39	
Cambio de situación económica	38	
Muerte de un amigo cercano	37	
Cambio de línea de trabajo	36	
Cambio en la frecuencia de las discusiones	35	
Hipoteca alta	32	
Embargo	30	
Cambio de responsabilidades en el trabajo	29	
Hijos que se van de casa	29	
Problemas con la familia política	29	
Logro personal destacado	28	

Suceso vital	Unidades de cambio vital	√
Cónyuge que deja el trabajo o empieza a trabajar	26	
Principio o final de la escolarización	26	
Cambio en las condiciones de vida	25	
Revisión de hábitos personales	24	
Problemas con el jefe	23	
Cambio en las horas o las condiciones de trabajo	20	
Cambio de residencia	20	
Cambio de colegio	20	
Cambio de actividad de ocio	19	
Cambio en las actividades religiosas	19	
Cambio en las actividades sociales	18	
Hipoteca o préstamos bajos	17	
Cambio de hábitos de sueño	16	
Cambio de frecuencia de las reuniones familiares	15	
Cambio de hábitos alimentarios	15	
Vacaciones	13	
Navidad	12	
Violación menor de la ley	11	

Total: ___

Extraído de Holmes, T. H., y Rahe, R. H. (1967), «The Social Readjustment Rating Scale», *Journal of Psychosomatic Research*, 11 (2), págs. 213-219. Copyright 1967. Reproducido con permiso de Elsevier.

Ahora prueba tú a hacer el mismo ejercicio. Marca los acontecimientos de la tabla que hayas experimentado en el último año. Si alguno te ha ocurrido dos veces, señálalo también dos veces. A continuación, calcula tu puntuación y consulta la siguiente tabla para valorar los resultados.

Sucesos vitales estresantes

Puntuación	**Probabilidad de sufrir una enfermedad**
Menos de 150	Probabilidad baja-media en un futuro cercano
150-300	Probabilidad media-alta en un futuro cercano
Más de 300	Probabilidad alta-muy alta en un futuro cercano

CONSEJO Si obtienes una puntuación alta, tómate la información como un aviso de que podrías esforzarte más para reducir tu estrés. Para ti, la práctica del mindfulness podría ser especialmente importante en este momento.

Yo he tenido la suerte de no sufrir demasiados cambios en mi vida. El año más estresante, probablemente, fue 2010: se terminó una relación larga que había mantenido, tuve algunos problemas con mi jefe, cambié de actividades sociales, publiqué mi primer libro, me mudé, viajé durante un mes y dejé el trabajo. Y todo en cuestión de unos meses. Algunos de esos cambios fueron positivos y renovadores, no una carga, sino una fuente de eustrés. Sin embargo, tuve gripe y sentí que perdía el control. Sin el mindfulness, las cosas habrían sido mucho peores. Me aseguré de meditar todos los días, hacer ejercicio, escribir un diario y sacar tiempo para alguna actividad divertida todas las semanas.

Reflexión

¿Qué vas a hacer si tu puntuación indica que tienes un riesgo moderado o alto de sufrir una enfermedad? La clave consiste en minimizar los cambios en tu vida, si es que tienes elección. Por lo tanto, si hace poco has perdido a un familiar muy cercano, tal vez deberías evitar mudarte por el momento. Si acabas de jubilarte y ha cambiado tu situación económica, puede que no sea aconsejable que también cambies las actividades sociales y de ocio ahora mismo. Anota los cambios que puedes evitar este año.

¿Cómo se puede reducir el estrés con el mindfulness?

El caso de Jodie puede ilustrar cómo el mindfulness puede hacer que el estrés se reduzca. Jodie vivía con tres compañeras de piso. Una de ellos, Danielle, decidió que su novio fuera a vivir con ella, aunque el contrato de alquiler no lo permitiera. Con el piso tan lleno, Jodie se sintió muy molesta cuando el novio de Danielle empezó a ocupar el baño por las mañanas y acaparar el salón por las noches. Sus niveles de estrés comenzaron a aumentar día a día, pero lo ignoró. Es decir, fue bajando peldaños en la columna derecha de la siguiente figura.

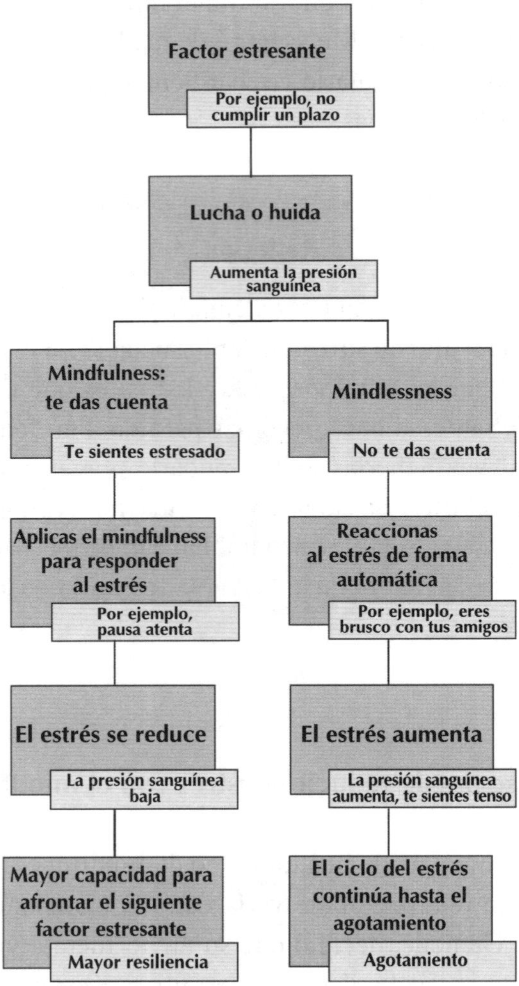

Jodie habló con Danielle, pero no tenía claro que la situación se fuera a resolver. Danielle era abogada y amiga del propietario del piso. Después de discutir con ella, y tras varios meses sin resolver el problema, Jodie empezó a tener dolores de cabeza, molestias digestivas y problemas para dormir. El estrés estaba afectando a su salud.

Una de las amigas de Jodie la guio en una meditación mindfulness y le enseñó la pausa atenta. Jodie aprendió así a detectar las señales del estrés, que en su caso eran tensión en los hombros y bloqueo en la mandíbula. La pausa atenta la ayudó, pero no por mucho tiempo. Jodie solo la utilizaba para relajarse y después volvía a su patrón mental habitual.

Después de leer más sobre el mindfulness, Jodie empezó a asumir más la responsabilidad de su propio estrés. Sí, Danielle no se estaba portando bien, pero no servía de nada estresarse y enfermar por eso. Esa actitud, sumada a la práctica mindfulness, la ayudó a sentirse más segura de sí misma. Se preguntó qué más podía hacer aparte de discutir con Danielle. En un estado más calmado, la solución le pareció obvia: hablar con el propietario. Lo llamó por teléfono, y se sucedieron los acontecimientos. El novio de Danielle tenía que marcharse en una semana, y así lo hizo. Danielle se fue con él.

Reflexión

Piensa en algo que te esté provocando estrés ahora mismo y en cómo reaccionas. Por ejemplo, ¿trabajas más horas, le gritas a tu pareja o intentas desconectar por las noches viendo la tele durante varias horas? Escribe cuál es tu reacción. Percibir estos hechos es mindfulness, y constituye el primer paso hacia un cambio positivo.

La tendencia de las mujeres a hacer amistades y a cuidar de los demás explica por qué estas son menos propensas a la agresividad en comparación con los hombres en situación de estrés. La agresividad se alimenta de la respuesta de lucha o huida. Las mujeres presentan una mayor tendencia a buscar a otras personas cuando se sienten estresadas. Ese deseo de compañía, en lugar de la tendencia a luchar o huir inmediatamente, podría ser un factor evolutivo para proteger a los niños. Las mujeres de la prehistoria eran las principales cuidadoras, y luchar o huir en una situación estresante supondría un riesgo mayor para sus hijos.

Lo que nos aporta la investigación:
las reacciones de hombres y mujeres ante el estrés

La respuesta de lucha o huida se conoce desde hace muchos años. Sin embargo, las investigaciones que tradicionalmente se han llevado a cabo se han centrado sobre todo en los hombres. Actualmente existe una nueva teoría: que las mujeres se enfrentan al estrés mediante un mecanismo adicional y distinto, el de «cuidar y hacer amistades». Esta teoría la propuso Shelley Taylor, profesora de psicología en la Universidad de California, junto con sus colegas.

La razón de esta diferencia de conducta se encuentra en una hormona llamada oxitocina. Las mujeres tienen más oxitocina que los hombres y, por lo tanto, en lugar de enfrentarse a la situación estresante o de huir de ella, la hormona despierta su instinto cuidador y las anima a buscar compañía. Las investigaciones demuestran que en situación de estrés, las mujeres tienden a hablar de sus experiencias emocionales para analizar la situación y ver lo que podría ocurrir después. Los hombres prefieren reaccionar o huir (escapar de la situación saliendo a correr, haciendo deporte o viendo la tele).

Obviamente, todo esto son generalizaciones. Cada individuo es distinto. No obstante, conocer estas tendencias puede ayudarte a entender mejor las reacciones frente al estrés, tanto las tuyas como las de los que te rodean.

La próxima vez que notes que te estás estresando, presta atención y observa si se activa tu respuesta de lucha o huida o si te inclinas por la de cuidar y hacer amistades. Si te sientes con un exceso de energía física, un paseo con mindfulness a paso rápido podría ayudarte a calmar el estrés. Si te apetece compañía, llama a algún amigo para charlar un rato. Y pon toda tu atención a lo que te diga; escucha con mindfulness.

Explorar las experiencias agradables, desagradables y neutras

La vida se compone de una amplia variedad de experiencias que nuestra mente juzga de manera automática. En el campo del mindfulness clasificamos esas experiencias como agradables, desagradables o neutras. La figura que se ofrece en la página siguiente lo ilustra.

Durante las dos últimas semanas has estado registrando situaciones agradables o desagradables y los pensamientos, sentimientos y sensaciones corporales que las han acompañado. Si no lo has hecho, empieza esta semana y lee este apartado después de redactar tus notas.

Las experiencias agradables son aquellas que te gustan, con las que disfrutas. Tomar un poco de chocolate, darse un baño caliente o sentirse emocionado por algo pueden ser experiencias agradables. Las experiencias desagradables son aquellas que no te gustan: por ejemplo, comer algo que no te gusta, madrugar o estar nervioso. Las experiencias neutras son aquellas que ni te gustan ni te disgustan. Por ejemplo, el color de las aceras, la frescura de un vaso de agua o la sensación del cuerpo apoyado en el respaldo de una silla pueden ser experiencias neutras. Las ignoras.

Con el tiempo aumentan los condicionantes. Aprendes lo que es agradable e intentas repetir la experiencia. Y también aprendes qué te resulta desagradable y lo evitas. Ese afán por buscar constantemente lo agradable y evitar lo desagradable y lo neutro provoca estrés. Uno vive en un estado mental de prisa constante para acercarse o alejarse de la experiencia.

AGRADABLE	DESAGRADABLE	NEUTRA
Apego	Aversión	Indiferencia
Por ejemplo, la sensación de placer, comer chocolate, ver la televisión	Por ejemplo, sentirse irritado, comer brócoli, hacer ejercicio	Por ejemplo, la sensación de tranquilidad, los cereales para el desayuno, ir caminando al trabajo

Las investigaciones en el campo de la psicología positiva, que es el estudio meticuloso de la felicidad humana, revelan que la búsqueda de experiencias agradables conduce a una felicidad muy pasajera, mientras que el cultivo de la meditación mindfulness produce una sensación de bienestar y una paz más duradera y más profunda.

> Aquel que se encadena a la alegría,
> la alada vida destruye;
> aquel que besa la alegría cuando pasa volando
> vive en un eterno amanecer.
>
> William Blake

No te olvides de observarlo todo desde esta perspectiva. No defiendo que todos los placeres sean malos o inútiles; no hay absolutamente nada de malo en disfrutar de un delicioso chocolate, de un masaje o de un buen baño caliente. No obstante, las pruebas demuestran que la búsqueda de placeres sensuales no es el camino más adecuado para una vida feliz o sin estrés.

El mindfulness ofrece un modo para liberarse de la tendencia a buscar incesantemente experiencias agradables y evitar las desagradables o neutras. Simplemente hay que tomar conciencia tanto de los sentimientos que nos provocan las experiencias diarias como de la experiencia de meditar. Cada vez que sientas que una experiencia es agradable, desagradable o neutra, percíbela como tal. Empezarás a notar que tu reacción ante el sentimiento domina tu experiencia cotidiana. De ese modo, comienzas a tomar distancia respecto a tus condicionantes. Percibes el deseo que tienes de aferrarte a una experiencia, o bien de apartarte de ella. Al observar la naturaleza de tu mente, con una actitud amable y sin criticarte, empiezas a romper las cadenas del condicionamiento. Y eso te permite disfrutar de un estado de calma en el momento presente.

CONSEJO

Uno de los mejores modos de dejar de buscar experiencias placenteras y de huir de las desagradables consiste en recordar y percibir que todas las experiencias son pasajeras. Una frase como «Pronto pasará» te ayudará a tomar distancia y a experimentar la sensación sin reaccionar a ella.

Reflexión

Repasa tus calendarios de hechos agradables y desagradables. ¿Observas algún patrón en ellos? Por ejemplo, podría ser que siempre reacciones ante el sentimiento de tristeza comiendo galletas (y odiándote después por eso) o intentando hablar con tu pareja, aunque esté demasiado ocupada en el trabajo y le resulte imposible (cosa que te provoca frustración). Anota tus observaciones. En mindfulness, el simple hecho de percibir tus comportamientos sin criticarte basta para poner en marcha el cambio de tus patrones habituales.

PRÁCTICA. Yoga atento

Pista de audio 9 o 10.

Ha llegado el momento de probar el yoga atento. Forma parte de esta sesión. Realiza la secuencia mini (10 minutos) o la completa (30 minutos) con el audio o siguiendo las instrucciones del Capítulo 13.

PRÁCTICA. Meditación mindfulness de la respiración y el cuerpo

Pista de audio 13: 10 minutos.

Pista de audio 14: 20 minutos.

Después de estirar el cuerpo, deberías estar listo para una meditación mindfulness en posición sentada. Recuerda que si no puedes permanecer sentado por la razón que sea, elige la postura que te resulte más cómoda. Tu intención y tu actitud de mindfulness son más importantes que cualquier otra cosa. Escucha el audio, que te guía en la meditación que se describe a continuación.

1. Si puedes, siéntate en una silla, en posición erguida, con los pies apoyados firmemente en el suelo y la espalda recta. Asegúrate de eliminar las posibles fuentes de distracción y de que haya silencio (el silencio favorece la concentración de los principiantes). Ponte una alarma si no utilizas el audio.
2. No debes pensar que tienes que intentar relajarte, calmar la mente o deshacerte de la tensión; las ideas de este tipo, déjalas ir. Lo que debes hacer es aceptar lo que surja con una actitud abierta de receptividad, sin juzgar, hacia tu experiencia en cada momento.

3. Empieza la meditación con tres respiraciones completas profundas. Si puedes, inspira hasta la base de los pulmones de manera que tu estómago se expanda ligeramente al inspirar y se contraiga al espirar. Si no lo sientes, prueba a colocar una mano sobre el ombligo.
4. Deja que la respiración vuelva a su ritmo normal y natural, que el cuerpo respire por sí solo.
5. Cada vez que tu mente se disperse y te des cuenta de ello, alégrate por haberlo percibido en lugar de frustrarte. Vuelve a concentrarte en las sensaciones físicas de la respiración en la nariz, el pecho o el estómago, donde te resulte más fácil.
6. Cuando hayan pasado cinco minutos aproximadamente, abre la conciencia a tu cuerpo como un todo. Percibe las sensaciones de tu cuerpo físico. Incluye las sensaciones agradables y las desagradables, las que te resulten cálidas o frías, y también las que te produzcan cierta incomodidad. Es posible que sientas hormigueos, picores, calor u otras sensaciones, o que simplemente percibas tu cuerpo, vivo y presente.
7. Recuerda que las sensaciones de la respiración también son sensaciones corporales; por lo tanto, inclúyelas también. Percibe qué efecto ejerce la respiración en tus sensaciones corporales en cada momento. ¿Tu respiración incrementa o reduce la tensión muscular, o no la afecta de ningún modo? ¿Otras sensaciones también se mantienen inalterables o cambian a cada momento?
8. Cuando se acabe el tiempo, vuelve a prestar atención a tu entorno. Tómate un momento para percibir la transición desde la meditación hasta la vida cotidiana de nuevo. Si puedes, pon un poco de mindfulness, de atención consciente y plena, en los siguientes momentos de tu jornada.

PROFUNDIZAR. Cuando percibas una sensación «difícil» en el cuerpo, intenta no esforzarte por deshacerte de ella. Presta toda la atención a la sensación en sí misma, con un sentimiento de completa aceptación, sabiendo que pasará, como ocurre con todas las sensaciones. Incluso puedes probar a dar la bienvenida a la sensación como si se tratase de algo que realmente te gusta.

PRÁCTICA. Pausa atenta

Has aprendido a realizar la pausa atenta en la Semana 2. En este punto te recomiendo que vuelvas a probarla. Recuerda que el objetivo consiste en tomar mayor conciencia de tu estado corporal y mental, que no se trata de una simple pausa para descansar o relajarse.

Reflexión

Descubrimientos sobre la pausa atenta

1. ¿Qué has notado esta vez durante la práctica de la pausa atenta?

Según mi experiencia, la gente tiende a incluirse en una de las dos categorías siguientes: o bien practican la pausa atenta de forma regular y sin problemas, o bien les cuesta muchísimo.

En el caso de los segundos, no es que tengan problemas con la técnica: sus dificultades radican en encontrar tiempo o en motivarse para realizar la práctica. Se produce una especie de resistencia interior.

El mejor modo de superar esa resistencia consiste en tomar conciencia de ella en el propio cuerpo. Percibe las sensaciones que te provoca esa resistencia. Siente la emoción de la resistencia en tu cuerpo y conéctate con los pensamientos que la alimentan. A continuación, respira varias veces de manera atenta y profunda. ¿Sabes una cosa? Al percibir la resistencia ya estás practicando una pausa atenta.

La pausa atenta reduce el estrés desconectando los patrones mentales habituales. A continuación tomas distancia con respecto a esos patrones, que podrían estar alimentando tu estrés. La conciencia de la respiración pone en marcha el sistema nervioso parasimpático y empiezas a relajarte. En ese estado puedes observar tu factor estresante con perspectiva y podrías dar con una solución para tratar el estrés.

2. ¿Cómo te ha ido la pausa atenta en las dos últimas semanas? ¿Qué te funciona? ¿Qué cambios debes introducir para integrar la práctica en tu vida (por ejemplo, ponerte una alarma o apuntar el ejercicio en la agenda o el calendario)?

Preguntas frecuentes sobre la gestión del estrés con mindfulness

P: ¿Puede ser que esté estresado y no lo sepa?

R: Me han hecho esta pregunta varias veces. Sí, es posible estar estresado sin saberlo. Eso, justamente, es lo que produce el estado rutinario, distraído. Mediante la práctica del mindfulness, se adquiere mayor conciencia del cuerpo, las emociones, los pensamientos y las acciones, y por lo tanto se está en mejor disposición de percibir cuándo suben demasiado los niveles de estrés. Cuando eso ocurra, se pueden emprender las acciones necesarias para gestionar ese estrés; por ejemplo, practicando la pausa atenta.

P: Mi mente está siempre preocupada. ¿Cómo puedo parar?

R: Uno de los efectos más poderosos del mindfulness es que reduce la rumiación. No es algo que ocurra de manera inmediata. Pero poco a poco irás percibiendo los pensamientos circulares más pronto y eso te dará mayor capacidad para distanciarte de ellos. La clave consiste en no luchar contra los pensamientos, sino en adoptar una actitud relajada y no dejar de distanciarse de ellos. Etiquétalos con la palabra «preocupación» y presta atención a aquello en lo que tienes que concentrarte.

P: Me siento muy triste, al borde de las lágrimas, después del yoga. ¿Es normal?

R: Sí, no pasa nada. Es una buena señal; demuestra que lo practicas con toda la atención y que dejas ir emociones que podrían haber estado reprimidas o apartadas de tu conciencia.

P: Prefiero la meditación en posición sentada que el escáner corporal. ¿Puedo cambiar las prácticas?

R: Te recomiendo que te ajustes a los ejercicios que se proponen cada semana para realizar en casa. Así superarás el deseo de realizar los ejercicios que te resultan agradables y prescindir de los que no te gustan. Por ejemplo, he observado que a muchos de mis alumnos no les gusta la meditación del escáner corporal durante la primera o las dos primeras semanas, pero después la disfrutan de verdad.

P: ¡Tengo la sensación de que cuanto más avanzo en el curso menos presente y atento estoy! ¿Qué ocurre?

R: Es una reacción habitual. Como la mayoría de las personas, es posible que no te hayas dado cuenta de lo poco presente y atento que estás normalmente. Al realizar ejercicios y meditaciones mindfulness, percibes lo fácil que resulta perderse en pensamientos, emociones y hábitos. Por lo tanto, no te preocupes si sientes que estás más distraído; lo más probable es que sea todo lo contrario. Se parece un poco a aprender a montar en bicicleta. Parece fácil, pero cuando lo intentas no dejas de caerte. Aunque te parezca que estás empeorando, en realidad estás mejorando.

Ejercicios en casa. Semana 4

Los ejercicios se resumen en la tabla de la página siguiente.

Potenciador de mindfulness: amabilidad

Esta semana intenta hacerle un pequeño favor a alguien cada día. Puedes enviar un correo elogiándole a alguien un buen trabajo, ofrecerle una taza de té o de café a alguien del trabajo con quien no te relacionas habitualmente, o ayudar a alguien en algún proyecto.

Tu acto diario de amabilidad no tiene que ocuparte mucho tiempo. Cinco minutos bastan: no solo te sentirás más presente porque te sales de tu rutina habitual, sino que además experimentarás el acto de dar. Al limitar a cinco minutos el tiempo que le dedicas no acabarás cargándote más de lo necesario.

Estos actos de amabilidad pueden ser muy beneficiosos para ti y para la persona que reciba tu generosidad. Las investigaciones sugieren que los actos de amabilidad nos hacen más felices (porque se libera dopamina en el cerebro) y más sanos (porque desciende la presión sanguínea debido a la liberación de oxitocina); mejoran las relaciones (a la gente le gusta la gente amable) y, lo más interesante, ayudan a propagar la amabilidad. Tus amigos se sentirán empujados de forma natural a realizar algún acto generoso. Todos estos beneficios reducirán tu estrés, así que inténtalo. Invierte cinco minutos al día en un acto de amabilidad hacia alguien. Puedes averiguar más al respecto en <www.randomactsofkindness.org>.

Semana 4

Día	Minicurso	Curso completo
1	Miniescáner corporal Potenciador de mindfulness: amabilidad	Escáner corporal completo 3 pausas atentas Potenciador de mindfulness: amabilidad

Día	Minicurso	Curso completo
2	Minimeditación mindfulness de la respiración y el cuerpo Potenciador de mindfulness: amabilidad	Meditación mindfulness de la respiración y el cuerpo 3 pausas atentas Potenciador de mindfulness: amabilidad
3	Miniescáner corporal Potenciador de mindfulness: amabilidad	Escáner corporal completo 3 pausas atentas Potenciador de mindfulness: amabilidad
4	Minimeditación mindfulness de la respiración y el cuerpo Potenciador de mindfulness: amabilidad	Meditación mindfulness de la respiración y el cuerpo 3 pausas atentas Potenciador de mindfulness: amabilidad
5	Miniescáner corporal Potenciador de mindfulness: amabilidad	Escáner corporal completo 3 pausas atentas Potenciador de mindfulness: amabilidad
6	Minimeditación mindfulness de la respiración y el cuerpo Potenciador de mindfulness: amabilidad	Meditación mindfulness de la respiración y el cuerpo 3 pausas atentas Potenciador de mindfulness: amabilidad

OCHO

Semana 5
Tomar partido, responder al estrés

La mejor arma contra el estrés es nuestra capacidad de elección entre un pensamiento y otro.

WILLIAM JAMES

INTENCIONES

- *Descubrir cuatro maneras fundamentales de afrontar los factores estresantes.*
- *Aprender a relacionarnos con los pensamientos y las emociones que provocan estrés o que surgen a consecuencia de este.*
- *Aprender a respetar las emociones que provoca el estrés a fin de hallar un poco de alivio.*

El mindfulness se ha convertido en una parte increíblemente importante de la vida de Fátima. Al principio no le gustaba sentarse y ponerse a meditar sin más (ese nivel de mindfulness le resultaba muy difícil), pero incorporó el mindfulness a su vida con muchas ganas. Fátima llevaba muchos años luchando contra la ansiedad y conocía bien los pensamientos automáticos negativos que no desaparecen.

Antes buscaba consuelo en la planificación del futuro; de ese modo escapaba de los pensamientos sobre el pasado y ponía todas sus esperanzas y sus sueños en un lugar que no existía. Ese patrón de pensamiento le aportaba una falsa idea de confort, porque cuando el futuro no se cumplía (cuando sus planes no se materializaban), se sentía perdida.

Finalmente, Fátima tuvo que afrontar la realidad de su situación. ¿Qué tenía? ¿Qué podía hacer? Se sintió aterrorizada al darse cuenta de que ya no sabía cómo planificar su futuro. Al principio se sintió desesperada e inútil, pero empezó a aceptar poco a poco que «ahora mismo» no podía planificar el futuro, pero que no pasaba nada, porque lo que tenía era el ahora mismo. Cuando lo entendió y lo aceptó, se sintió en paz, porque supo que el ahora era lo único que necesitaba. Fue un momento muy enriquecedor, ya que ese descubrimiento le permitió salir de un lugar oscuro y vacío y encontrar consuelo en la aceptación del ahora mismo.

Fátima logró gestionar las emociones difíciles viviendo en el momento y aceptando lo que no podía cambiar. Ese punto de vista le ayudó a disipar el estrés y la ansiedad.

Además, Fátima tomó una decisión. Una decisión radical: observar sus problemas de un modo distinto, en lugar de dejarse llevar por los caprichos de la mente. Y aunque lo que habitualmente provoca ese cambio suele ser la meditación, el simple hecho de observar sus problemas con más atención ya le sirvió de ayuda. En este capítulo veremos diferentes modos de afrontar el estrés y aprenderemos cómo ganar resiliencia de cara a futuros factores estresantes.

Reflexión

Estás en la mitad del curso: ¿cómo te va?

Utiliza las siguientes preguntas para reflexionar sobre el punto del curso de mindfulness en el que te encuentras. Anota tus respuestas en el diario si te apetece.

1. ¿Qué aspectos te van bien?
2. ¿Qué prácticas has probado?
3. ¿Por qué estás haciendo este curso? Recuérdate tu motivación.
4. ¿Quién te apoya mientras realizas el curso? Si la respuesta es «nadie», y si te está constando seguirlo, ¿a quién podrías pedir ayuda? Por chat o por teléfono también serviría.
5. ¿Existe un aspecto específico en el que desees mejorar? Si es así, escríbelo. Concéntrate en una sola cosa. ¿Qué pequeños pasos puedes dar para mejorar?

CONSEJO

Lo que te haya ocurrido en las cuatro últimas semanas no es indicador de lo que vaya a ocurrir después. En el mindfulness, los cambios no son lineales. Es posible que hasta ahora no hayas notado ningún cambio significativo, pero eso no significa que en las próximas semanas vaya a suceder lo mismo. Los seres humanos somos demasiado complejos para poder prever qué ocurrirá y cuándo. Por lo tanto, te animo a mantener la mente y el corazón abiertos durante tus prácticas.

Si en el ejercicio de reflexión te ha costado pensar en qué es lo que te va bien, puedes tener en cuenta que estás leyendo este libro, que has probado algunas de las meditaciones y los ejercicios en casa, o cualquiera de las experiencia de vivir en el ahora. En todos esos casos, haberlo hecho es en sí un progreso, por lo que puedes anotarlos como pasos positivos.

El tema que generalmente plantea más problemas es el de los ejercicios diarios en casa. Si no los haces, piensa en los motivos por los que esto ocurre. Vuelve al Capítulo 3 y repasa el apartado sobre la práctica en casa. Es posible que encuentres algunas ideas para recuperar el entusiasmo. Si puedes, evita la autocrítica y limítate a percibir lo que está ocurriendo. Y recuerda que la percepción es un acto de mindfulness en sí misma. Regresa al ahora, al momento presente, y empieza de nuevo como hizo Fátima. Cuida este momento; el futuro ya se cuidará solo.

Esta semana vamos directos al yoga y la meditación. Te ayudarán a estar en un estado presente y consciente, y te concentrarás más en el tema de la sesión.

PRÁCTICA. Yoga atento

10 minutos.

30 minutos.

Pistas de audio 9 y 10.

Como siempre, utiliza el audio o las instrucciones del Capítulo 13 para realizar tu práctica de yoga atento.

Reflexión

1. ¿Qué has descubierto al explorar tus límites con la práctica de yoga de hoy?
2. ¿Qué pensamientos y emociones has percibido cuanto más te acercabas a tus límites?
3. Piensa en tu vida en casa y en el trabajo, y en cuánto tiempo dedicas a las relaciones sociales y al ejercicio. ¿Estás desafiando los límites de tu capacidad? ¿O todo lo contrario? ¿Qué decisiones puedes tomar para recuperar el equilibrio esta semana?

PRÁCTICA. Meditación para expandir la conciencia

10 minutos.

30 minutos.

Pistas de audio 15 y 16.

Esta semana vas a practicar la «meditación para expandir la conciencia». En otros libros de mindfulness se denomina «meditación en postura sentada». Normalmente, la meditación se practica sentado, pero no es absolutamente necesario que se haga así. Puedes tumbarte, quedarte de pie o incluso realizarla caminando (aunque a los principiantes les puede resultar complicado).

Te recomiendo que hagas la meditación sentado, si puedes, porque resulta más fácil concentrarse. Dado que es posible que hayas hecho muchas veces la meditación del escáner corporal en posición tumbada, ahora tienes una buena oportunidad para experimentar haciendo la meditación de pie y percibir cómo influye la nueva postura en tu conciencia presente. ¡Mantén una actitud curiosa!

Si estás haciendo el minicurso, invierte menos de dos minutos en cada parte. Utiliza la guía de audio de diez minutos. Si sigues el programa completo, dedica cinco minutos a cada fase y utiliza la guía de audio de treinta minutos.

Preparación

1. Elimina todas las posibles distracciones.
2. Adopta una actitud de cordialidad y amabilidad hacia ti mismo. Recuerda el motivo por el que estás practicando mindfulness y la importancia de no esforzarse demasiado, de ser delicado con uno mismo.
3. Siéntate en una postura erguida. Cierra los ojos o mira hacia abajo sin forzar la vista.

Fase 1: respiración

4. Respira profundamente varias veces. Con cada inspiración, siente cómo el cuerpo se hunde un poco más y más en la silla. Si en tu cuerpo hay tensiones, identifícalas y, si puedes, libéralas. Si no, no pasa nada. Acéptalas tal como son.
5. Deja que la respiración sea natural. Percibe la sensación física de la respiración en la zona que prefieras. Nota la diferencia entre las sensaciones de la inspiración y la espiración. Experimenta el ritmo natural de la respiración. Toma conciencia de la breve pausa entre cada inspiración y cada espiración. Si tu patrón de respiración cambia, percíbelo también.
6. Como siempre, recuerda que tu mente se dispersará. Cuando notes que ocurre, tanto si es por unos segundos como si son varios minutos, fíjate un momento en cuál es el tema sobre el que trata tu hilo de pensamiento y después, con mucha delicadeza, vuelve a centrar tu atención en la respiración. Recuerda: puedes imaginar que tu atención se dispersa como un cachorro que se desvía del camino. Recupera la atención con el mismo cuidado que pondrías para tirar de la correa a fin de que el cachorro regresara al camino.

Fase 2: sensaciones corporales

7. Presta atención a todas tus sensaciones corporales. Toma conciencia sobre el hecho de que tu atención, concentrada en la respiración, posee la flexibilidad suficiente para abrirse a tu cuerpo en su conjunto.
8. Percibe que la atención abierta es distinta a la atención restringida y concentrada. Si te cuesta abrir la atención a todo tu cuerpo, haz lo que puedas. Con experiencia y práctica irás mejorando.
9. Toma conciencia de las sensaciones de la respiración como parte de tus sensaciones corporales. Mientras inspiras y espiras, percibe los efectos en tu cuerpo. Toma conciencia del efecto de cada inspiración y cada espiración. Posiblemente notarás que la espiración ejerce un mayor efecto de liberación de ten-

sión que la inspiración, porque en la primera participa el sistema nervioso parasimpático (la respuesta de relajación).

10. Mantén el cuerpo y los ojos inmóviles en la medida de lo posible. Si sientes algún picor o alguna incomodidad, trata de conectar con esa sensación en lugar de reaccionar sin más a ella. Adopta una actitud curiosa respecto a la sensación haciéndote preguntas del tipo: «¿Cómo aumenta o se reduce la intensidad de la sensación mientras observo y respiro?» o «¿Puedo percibir esta sensación con un sentimiento de cariño en lugar de reaccionar a ella?». También puedes limitarte a etiquetarla mentalmente como «picor» o «dolor». Si la incomodidad aumenta y sientes que necesitas moverte, no pasa nada. No tienes que torturarte durante la meditación. Simplemente, sé consciente de cómo cambian las sensaciones de tu cuerpo cuando pasas de una postura a otra. Por ejemplo, si te duele la espalda, puedes percibir el dolor, estirarte suavemente, sentir cómo se contraen y se relajan los músculos, y percibir de nuevo las sensaciones en la espalda mientras vuelves a sentarte. La idea consiste en realizar todo el proceso de manera plenamente consciente, no como una reacción automática.

Fase 3: sonidos

11. La siguiente fase consiste en ampliar todavía más la atención. Esta vez concéntrate en los sonidos. Empieza percibiendo los sonidos de la habitación en la que te encuentras y después ábrete a los sonidos del edificio en su conjunto para acabar incluyendo los sonidos del exterior.
12. Normalmente, cuando escuchamos sonidos, les adjudicamos un significado, los clasificamos y los juzgamos como agradables, desagradables o neutros. Esta meditación te brinda la oportunidad de abrir la atención a todos los sonidos y desprenderse de los juicios y las etiquetas. Si, a pesar de todo, tu mente etiqueta el sonido y lo juzga, no pasa nada; simplemente, percíbelo como un proceso de la mente desde tu perspectiva de conciencia plena. Por ejemplo, si escuchas el tráfico y piensas «Es el tráfico;

odio ese ruido», puedes percibirlo como un simple pensamiento y escuchar realmente el sonido del tráfico tal como es.

13. En lugar de sentir que necesitas captar el sonido, deja que los sonidos vengan a ti. Sé como un micrófono; recoge los sonidos, sean los que sean, procedentes de todas direcciones. Esto es abrir la atención de verdad.

Fase 4: pensamientos

14. Ahora deposita tu atención en los pensamientos que tienes en la cabeza. Puedes escucharlos o bien verlos en imágenes si tiendes a ser una persona visual.
15. Toma distancia respecto de los pensamientos. Adopta el punto de vista de un observador y mira cómo se suceden tus pensamientos, como si en realidad no fueses tú quien los piensa y fuese tu cerebro el que piensa por sí solo.
16. Tal vez te resulte de ayuda imaginar unas nubes que pasan. Imagina que el espacio abierto es tu conciencia y que las nubes son tus pensamientos. Puedes situar tus pensamientos en esas nubes y observar cómo llegan y se alejan.
17. Si descubres que no estás pensando en nada, está bien. Percibe el silencio. No tienes que obligarte a tener pensamientos. Si, por el contrario, no dejas de pensar, también está bien. De nuevo, adopta la posición de un observador imparcial.
18. Este proceso no les resulta sencillo a la mayoría de las personas. Practica lo mejor que puedas y comprueba qué ocurre.

Fase 5: emociones

19. Centra tu atención en cómo te sientes, desde el punto de vista emocional, ahora mismo.
20. Si distingues la emoción, etiquétala con delicadeza. Por ejemplo, si sientes temor, di «temeroso» para tus adentros.
21. Adopta una actitud atenta hacia tu emoción. Eso implica que no tienes que juzgar la emoción como negativa ni criticarte por sentirla. Dale la bienvenida, si puedes, y percíbela todo lo que puedas.

22. Nota en qué parte del cuerpo sientes la emoción. Si la encuentras, toma conciencia del tamaño y la forma de la sensación. Observa tu actitud hacia la emoción (por ejemplo, «Me gusta», «Ojalá que desapareciese»). Deja un espacio interior para la emoción en lugar de bloquear el sentimiento.
23. Contempla la emoción desde la distancia y la seguridad de tu conciencia, que sana emociones y te ayuda a tomar distancia con respecto a la emoción convirtiéndote en un observador. De ese modo no te dejas arrastrar por las subidas y bajadas de una montaña rusa emocional.
24. Siente la emoción junto con la respiración para ayudarte a aliviar la sensación y anclarte en el ahora.

Fase 6: conciencia abierta

25. Practica la atención abierta (también se denomina «conciencia sin elección»). En este proceso puedes abrir tu atención y percibir aquello que predomina en tu conciencia. Puede ser cualquier cosa, desde cada uno de tus sentidos hasta la respiración, los pensamientos o las emociones.
26. Si percibes que tu mente se queda atascada en un hilo de pensamiento, concéntrate de nuevo en la respiración durante unos segundos. A continuación intenta recuperar la conciencia abierta. Haz lo que puedas.
27. Cuando se te acabe el tiempo, pon fin a la meditación poco a poco con unas cuantas respiraciones profundas y lentas. Abre los ojos también poco a poco y estira el cuerpo. Pon toda tu atención en lo que tengas que hacer a continuación.

PROFUNDIZAR. Cuando tengas experiencia, no necesitarás la guía del audio. Puedes preparar una alarma para que suene cada cinco minutos y pasar por cada una de las fases en silencio.

Maneras prácticas de responder al estrés

«Me estaba poniendo muy nerviosa con el ruido del tráfico que llegaba hasta la clase. Entonces practicamos el mindfulness de los sonidos e inmediatamente dejó de molestarme. ¡Esto un gran avance para mí! En mi conciencia sin juicios, el tráfico sonaba como el océano.»

La gestión del estrés mediante el mindfulness no se logra únicamente gracias a las meditaciones. El mindfulness supone, de hecho, el primer paso para tener más opciones, una oportunidad para tomar distancia con respecto a la reactividad condicionada hacia el estrés y conseguir el espacio necesario para elegir una respuesta mejor.

La práctica de la meditación mindfulness y el yoga que vienes realizando están operando cambios en tu cerebro; ahora ya no deberías reaccionar al estrés de manera automática. ¿De qué manera afrontas el estrés? ¿Cuáles son tus opciones? Esta semana aprenderás diferentes maneras de gestionar el estrés.

MÉTODOS HABITUALES Y POCO SANOS DE REACCIONAR ANTE EL ESTRÉS

Conviene que seas honesto contigo mismo y que tengas claro cómo te enfrentas ahora al estrés. Este podría ser tu «lado oscuro», y es posible que no te guste lo que ves. Sin embargo, el hecho de mirar de frente las cosas tal como son representa el mejor punto de partida en el enfoque mindfulness del estrés.

Las estrategias más habituales para gestionar el estrés producen un alivio a corto plazo. Por desgracia, a la larga incrementan los niveles de estrés.

El abuso del tabaco, así como el consumo de alcohol y de drogas ilegales, son elecciones habituales entre las personas sometidas a mucho estrés. Si utilizas alguno de estos métodos para relajarte después de un día estresante, empieza por percibir tus sentimientos cuando lo haces. El simple hecho de preguntarte cómo te sientes antes de encender un cigarrillo es un acto de mindfulness. Toma conciencia de pensamientos como «Tengo que tomar un trago» o «Me muero por fumarme un cigarro». La conciencia atenta de tus patrones de pensamiento puede ayudarte a romper el hábito. Observa también los pensamientos autocríticos del tipo «Soy incapaz de controlarme» o «Soy idiota por tomar drogas».

Trata de estar todo lo presente y atento que puedas cuando emplees tu estrategia habitual para enfrentarte al estrés. Por ejemplo, si fumas demasiado cuando estás estresado, prueba esto: siente el peso del paquete de tabaco en la mano. A continuación, abre el paquete poco a poco, saca un cigarrillo y percibe su peso y su color. Obsérvalo con toda tu atención. Huélelo. Después de unos minutos de observación detenida y consciente, enciéndelo. Sujeta el cigarrillo con la mano que no utilizas habitualmente para comportarte de manera menos automática y más atenta. No dejes de percibir tus pensamientos y tus sentimientos. Siente cómo el humo te penetra en los pulmones. Percibe con toda tu atención las sensaciones de placer o de desagrado mientras fumas. Siente cada inspiración y cada espiración. Toma conciencia de tu estado de tensión o de relajación física. Según las investigaciones, dedicar entre quince y treinta minutos a fumarse un cigarrillo de manera consciente y presente incrementa en gran medida la capacidad de reducir el número de cigarrillos en las semanas siguientes al ejercicio.

Es posible que te estés enfrentado al estrés de otra manera, no solo con cigarrillos o alcohol. Quizá comas mucho más o mucho menos de lo habitual. O puede que pospongas constantemente las cosas y dediques demasiado tiempo a navegar por internet o a ver la tele. O que te sobrecargues de tareas y utilices el trabajo como una distracción del estrés. Evitar a los amigos y a la familia es otro patrón de conducta habitual.

Con independencia de lo que acabes haciendo, adopta una actitud plenamente atenta en la medida de lo posible (incluso cuando te dediques a un hábito dañino). Si te das cuenta de que estás evitando a tus amigos porque te sientes realmente estresado, percibe la emoción que te lleva a hacer eso. Permítete abrirte poco a poco al sentimiento de desear evitar a los demás. Respira profundamente varias veces y siente tu respiración junto con la emoción. Percibe la tensión o la rigidez de tu cuerpo.

El mindfulness y la compasión son igual de importantes cuando tomamos una decisión errónea; aprender a ser amable con uno mismo, a perdonarse, aumenta las probabilidades de tomar una decisión mejor en el futuro (véase Capítulo 10). Los trabajos de Chris Germer, de la Escuela de Medicina de Harvard, y de Kristin Neff, de la Universidad de Texas, concluyen que es así en un trabajo que realizaron acerca de la autocompasión: la autocompasión hacia uno mismo reduce los niveles de estrés y nos ayuda a tomar mejores decisiones.

En la medida de lo posible, intenta no autocriticarte y sustituye esos pensamientos con curiosidad y aceptación. Dedícate estas palabras, pronunciadas para tus adentros:

Estoy atravesando un momento difícil. Por eso afronto el estrés de esta manera. Nadie es perfecto cuando se trata de combatir el estrés. Voy a ser amable y comprensivo conmigo mismo.

CONSEJO

Escribe la afirmación anterior en un pequeño trozo de cartulina y llévala contigo, o guárdatela en el móvil, si crees que esto te ayudará. Relee el texto siempre que sientas que tu estrés va en aumento.

Soy un proyecto en desarrollo, como todo el mundo. A veces reacciono al estrés comiendo más, posponiendo cosas, navegando en internet y evitando a mis amigos y a mi familia en lugar de llamarlos. Saber eso puede ayudarme a darme cuenta de cuándo reacciono de alguna de esas maneras, y después de respirar con atención varias veces, estoy en disposición de elegir un opción mejor. No siempre es fácil; en ocasiones, esa elección tarda un poco más en llegar.

Encontrar métodos sanos para responder al estrés

Si las estrategias que empleas actualmente para gestionar el estrés no funcionan, o si consideras que no te estás enfrentando a él de ninguna manera, no te preocupes. A continuación descubrirás diferentes maneras de gestionarlo. Tu tarea consiste en probarlas y ver qué es lo que te funciona a ti. Todos somos distintos y, por lo tanto, cada persona utilizará una combinación diferente de enfoques de gestión del estrés que le funcione.

El mindfulness es el núcleo de todos los métodos para gestionar el estrés. Cuando estás estresado, tienes que tomar conciencia plena de que tus niveles de estrés son demasiado altos, y a continuación buscar un espacio para tomar una decisión inteligente respecto a cuál es la mejor opción para ti. Comienza siempre tu estrategia de gestión del estrés con un breve ejercicio de mindfulness; la pausa atenta es perfecta. Incluso una sola respiración profunda y consciente puede hacer maravillas como punto de partida para tomar una buena decisión.

Las cuatro reglas de oro de la gestión del estrés

Un modelo conocido para recordar las maneras de reducir el estrés es el de las cuatro reglas de oro: evitar, cambiar, aceptar y adaptarse (véase la figura que se ofrece más abajo). Las dos primeras estrategias, evitar y cambiar, consisten en modificar el factor estresante en sí mismo (la causa del estrés). Es lo primero que hay que intentar. Podría ocurrir que acabases con el estrés de un plumazo. Las dos estrategias siguientes, aceptar y adaptarse, consisten en cambiar la respuesta ante el factor estresante. Una cosa más que puedes hacer es intentar llevar una vida sana; consulta el texto destacado que se ofrece al final de la explicación, titulado «Adoptar un estilo de vida sano».

Evitar el factor estresante

Por lo general, no es necesario hacer nada respecto al estrés, pues existen modos de eliminar el factor que lo provoca. Por ejemplo, cuando hacía demasiadas sesiones de *coaching* para mis clientes, mi carga de trabajo acabó siendo demasiado pesada. En consecuencia, determiné el límite de personas que podía ver cada semana a fin de tener más tiempo para escribir y dedicarme a otras tareas. Otro ejemplo: tenía un par de amigos que al principio eran estupendos, pero que acabaron exigiéndome demasiado y provocándome mucho más estrés del que podía asumir. Aunque nunca es agradable poner fin a una relación, después de un tiempo torturándome ante la idea opté por distanciarme de ellos.

A continuación veremos algunas sugerencias, pero antes de decidir cómo vas a reducir tu estrés eliminando factores estresantes, intenta determinar si el cambio te provocará todavía más estrés que la obligación original. Decir no, por ejemplo, podría parecer un gran alivio... hasta que descubres que no puedes dormir pensando quién se encargará de la tarea. El mindfulness puede ayudarte a percibir tus reacciones ante los cambios e, incluso, a anticiparte a ellas.

- **Decir no.** Solo porque alguien te pida que hagas algo, no siempre tienes que aceptarlo. Tal vez, si aceptas, acabarás con demasiado trabajo y muy poco tiempo. El resultado, casi siempre, es un estado de estrés.
- **Gestionar los factores externos.** Si el correo electrónico te estresa, ábrelo con menos frecuencia. Si cocinar te resulta estresante, come fuera de vez en cuando. Si los desplazamientos para ir y venir del trabajo te estresan, averigua si podrías trabajar desde casa.
- **Evita a las personas negativas.** Si determinadas personas te hacen sentir más estresado, pasa menos tiempo con ellas o pon fin a la relación.
- **Reduce tu lista de obligaciones.** Reduce tus tareas diarias a las que sean absolutamente prioritarias.

Cambiar el factor estresante

Si no puedes eliminar la causa del estrés, tal vez sí puedas modificarla para que pierda importancia y te resulte más fácil manejarla. Veamos algunas ideas:

- **Gestiona tu tiempo.** La causa de tu estrés podría ser que tienes muchas cosas que hacer y muy poco tiempo para ello. Recuerda que Da Vinci, Einstein y JFK tenían las mismas veinticuatro horas al día que tú; probablemente, podrás encontrar modos de ganar en eficacia. Yo conseguí gestionar mejor mi tiempo de la siguiente manera: primero tomé plena conciencia de lo que estaba haciendo cada treinta minutos; para ello, escribía qué estaba haciendo y en qué medida estaba siendo eficaz (por ejemplo, escribir correos, 7/10 en eficacia; escribir un capítulo, 5/10 en eficacia). A continuación, determiné los momentos del día en los que era más eficaz y los momentos en los que necesitaba realizar una pausa. Cambié mis tareas más exigentes y prioritarias al momento del día de mayor eficacia (por lo general, las mañanas) y dejé las otras tareas para la tarde. Tú también podrías probar este método.

- **Expresa tus sentimientos para encontrar una solución.** Si permites que los demás sepan cómo te sientes con respecto a tu situación, estos podrían ayudarte a encontrar una solución. Mantén una plena conciencia de tus emociones y exprésalas con delicadeza siempre que puedas. Diversas investigaciones demuestran que escribir un diario también ayuda.
- **Establece límites.** Debes tener perfectamente claro cuánto tiempo y cuánta energía vas a dedicar a cada tarea. De no ser así, otras personas podrían aprovecharse de ti. Informa a los demás, con corrección y firmeza, de dónde está el límite.
- **Llega a acuerdos.** No siempre se pueden hacer las cosas como uno quiere. Por ejemplo, acuerda llevar a tu hijo al fútbol solo si ordena su habitación una vez por semana. Es una cosa menos que tendrás que hacer tú.

Aceptar el factor estresante

Una clave para gestionar el estrés consiste en saber qué puedes controlar y qué no. En caso de que no puedas controlar el factor estresante, tienes que encontrar el modo de aceptar lo que ocurra.

- **Practica meditación mindfulness.** Con la meditación, aumenta tu sabiduría, porque ves que tus pensamientos y tus sentimientos se mueven en un flujo constante. Aprendes a aceptar esos cambios en lugar de esforzarte por controlarlos. Esa capacidad de aceptación se expande a otras parcelas de tu vida.
- **Deja a un lado el rencor.** Perdonar no siempre es fácil, pero puede ahorrarnos años de estrés innecesario. Al perdonar dejas de lado el rencor, que suele hacerte mucho más daño a ti que a la persona a la que debes perdonar. Y recuerda que perdonar no significa que lo que la otra persona hizo fuese correcto o justo. El perdón es por y para ti.

- **Mantén a raya al controlador que llevas dentro.** Para gestionar el estrés debes tener claro qué es lo que puedes controlar y aceptar el resto. Si no aceptas que no puedes controlarlo todo, tienes la receta perfecta para llevar una vida de estrés continuo.
- **Expresa tus sentimientos.** Al verbalizar tus sentimientos delante de otras personas, el cerebro rechaza la respuesta de estrés y te sientes mejor. Compartir tus problemas te ayuda a quitarte un peso de encima y facilita un poco la aceptación.

Adaptarse al factor estresante

La aceptación no es la única manera de enfrentarse a los factores estresantes que no puedes controlar. También puedes cambiar tu actitud hacia ellos. Es lo que se conoce como adaptarse a los factores estresantes. Veamos algunos cambios de mentalidad que utilizo con frecuencia:

- **Considera los problemas como oportunidades.** La vida siempre estará llena de problemas. Si los ves como retos y oportunidades, te sentirás menos estresado y más motivado.
- **Sé agradecido por todo lo que te va bien.** Tu cerebro no está diseñado para recordar los hechos positivos. Por lo tanto, realiza un esfuerzo diario para pensar qué va bien en tu vida. Pequeñas cosas como una comida en la mesa, la vista de unos árboles desde tu casa o tu capacidad de caminar son algunos ejemplos de ello. Si tu jefe te provoca estrés, no te olvides de agradecer aquellos aspectos del trabajo con los que disfrutas (el salario, los beneficios, los colegas, etcétera).
- **Baja el listón.** ¿Te exiges demasiado? ¿Tienes tendencia al perfeccionismo? Busca el modo de suavizar ese estilo de vida para que el día a día te resulte menos estresante y más productivo y agradable.
- **Piensa con perspectiva.** Piensa si el factor estresante seguirá siendo un problema dentro de unos años. ¿En qué medida es

importante si lo comparas con el resto de tu vida? Aprende a tomar distancia para ver las cosas con perspectiva.

Reflexión

Piensa en algo que para ti sea una fuente de estrés en este momento. ¿Con cuál de las cuatro reglas de oro te apetece más enfrentarte a ese estrés? Haz la prueba y escribe el efecto en tus niveles de estrés.

Adoptar un estilo de vida sano

Más allá de las cuatro reglas de oro para gestionar el estrés, conviene adoptar un estilo de vida sano. Aquí tienes algunos consejos:

- **Ejercicio.** Intenta practicar treinta minutos de actividad física cinco días a la semana. Un paseo a paso rápido también cuenta. Pon toda tu atención en el ejercicio y percibe tus sensaciones corporales, tu respiración o tus sentidos.
- **Relaciones sociales.** Intenta compartir tu tiempo con otras personas de manera regular. Eso te ayudará a sentirte más tranquilo y a mantener la perspectiva respecto a las cosas. Practica la escucha atenta, sin juzgar mientras escuchas a los demás.
- **Dieta equilibrada.** Tomarte el tiempo y las molestias necesarias para comer bien te ayudará a sentirte mejor contigo mismo y potenciará tu energía y tu resiliencia frente al estrés. Y si acabas comiéndote un paquete de galletas, trata de ser amable contigo en lugar de reprochártelo. La autocompasión es una importante actitud mindfulness.

- **Sueño.** Intenta dormir entre siete y media y nueve horas cada día para disfrutar de una buena salud. Si durante la semana no puedes, no funciona intentar recuperar el sueño durante el fin de semana. Si te cuesta dormir, prueba con la meditación del escáner corporal.
- **Diviértete todos los días.** Hacer cosas por pura diversión no es un lujo, sino una necesidad para el equilibrio mental. Disfruta de tu serie favorita, da un paseo tranquilo por la naturaleza, practica un deporte o acude a una fiesta; lo que más te guste. Para aprovechar la experiencia al máximo, préstale toda tu atención en lugar de perder el tiempo con el móvil.
- **Relajación.** Un baño caliente, un masaje, una comida deliciosa o una sesión ligera de jardinería son solo algunas de las muchas actividades relajantes posibles. Y casi todas se pueden intensificar si se realizan con atención plena.

Distinguir pensamientos de sentimientos

Ya has descubierto algunos métodos para gestionar el estrés. Sin embargo, es posible que no tengas clara la diferencia entre pensamientos y sentimientos. Por ejemplo, podrías decir:

«Me siento inútil»,
«Me siento patético»,
«Me siento feo».

Esto no son emociones, sino pensamientos. Entre las emociones figuran la felicidad, la tristeza, la ira, el aburrimiento, el miedo, la alegría, el entusiasmo o la desesperación.

Es importante que distingas entre pensamientos y emociones porque puedes cuestionarte los primeros, pero no puedes cuestionar tus sentimientos. Los pensamientos son afirmaciones en tu cabeza.

Puedes distanciarte de ellos, cuestionarlos o verlos como simples sonidos que pasan por tu mente. Las emociones son distintas: son experiencias internas que en muchos casos van acompañadas de alguna sensación corporal. Se trata de experiencias incuestionables.

La fealdad no es un sentimiento: es un pensamiento. Probablemente, te sientes triste y piensas: «Soy feo». Ahora puedes cuestionarte ese pensamiento. Seguro que muchas personas te encuentran guapo o guapa. Es posible que te sientas triste, pero cuando te cuestionas el pensamiento, la intensidad del sentimiento se reduce.

Los pensamientos influyen en las emociones y viceversa. Interactúan entre sí y con las sensaciones corporales. Por ejemplo, cuando te sientes solo, puedes empezar a pensar: «Soy un fracasado». Tu cuerpo podría sentirse un poco más débil, y tú te sentirías triste y entonces pensarías: «¿Qué me pasa?»; y así sucesivamente. La buena noticia es que puedes cambiar las cosas para bien. Al etiquetar la emoción y cambiar la relación con tu pensamiento, empiezas a tener más control sobre las emociones. La manera de cambiar la relación con tus pensamientos se explica a continuación.

Los pensamientos son solo pensamientos

Prueba a decir mentalmente lo siguiente:

«Soy un plátano rosa».

Obviamente, no crees que eso sea cierto. ¿Por qué no? Al fin y al cabo, es un pensamiento en tu cabeza. Como ya sabes, que tengas un pensamiento en tu mente no lo convierte en un hecho.

Y ¿qué ocurre si te dices mentalmente lo siguiente?:

«Soy un inútil».

No es más que otro pensamiento. Sin embargo, es posible que te sientas más inclinado a creértelo, sobre todo después de un día en el que te parece que todo ha salido mal (hablamos sobre la tendencia a la negatividad, que nos lleva a interpretar las cosas bajo un prisma negativo, en la Semana 2). Si ese pensamiento te ha asaltado en otras ocasiones, o lo ha hecho cualquier otra afirmación negativa sobre ti mismo, la respuesta de estrés de tu cuerpo se habrá puesto en marcha. Sin embargo, si ves el pensamiento como lo que es en realidad, un pensamiento más, tendrá mucha menos influencia sobre ti.

Lo que nos aporta la investigación: desestresa tu cerebro poniendo etiquetas

En mindfulness, etiquetar las emociones significa definir mentalmente la experiencia. Por ejemplo, si te sientes enfadado, te dices mentalmente «Estoy enfadado», o simplemente «Enfadado».

En 2007, J. David Creswell y sus colegas de UCLA quisieron comprobar si ese etiquetado ejercía algún efecto en el cerebro. Formaron un grupo de 27 voluntarios y les mostraron imágenes de rostros que expresaban enfado o miedo mientras los sometían a un escáner cerebral. Normalmente, las imágenes de ese tipo desencadenan la respuesta de estrés en el cerebro, lo que incluye un aumento de la actividad en la zona conocida como amígdala.

Cuando los participantes etiquetaron la emoción con las palabras «enfadado» o «temeroso», la activación de la amígdala se redujo y se activó una parte del cerebro llamada córtex prefrontal ventrolateral, que se cree que nos ayuda a gestionar las emociones y la conducta. Si los participantes etiquetaban las imágenes con cualquier otra palabra, el efecto no era el mismo.

El estudio también concluyó que los participantes más atentos y presentes mostraban más actividad en el córtex prefrontal en su conjunto (la parte del cerebro encargada de gestionar las emociones, resolver problemas y tomar decisiones inteligentes).

Por lo tanto, si sientes una emoción difícil, etiquétala mentalmente: eso te ayudará a reducir la respuesta de estrés y la intensidad de la emoción. También puedes describir la emoción en tu diario o hablar con un amigo para verbalizarla.

Sé por experiencia propia que los pensamientos pueden provocar mucho estrés. Cuando di mi primera clase como profesor de ciencias, pensaba que no era bueno en mi trabajo. Me temblaban las manos, y cada frase que decía la había planificado meticulosamente. Estaba tan nervioso, que durante una explicación con un láser lo dejé encendido sin darme cuenta y apuntando hacia los alumnos. Por suerte, no pasó nada. ¿Cuál era la causa de mi estrés? Los pensamientos que había en mi cabeza diciéndome cosas como «No sabes enseñar» o «Vas a perder el control de la clase». Al principio me creía esos pensamientos. Después de practicar mindfulness, aprendí el lema:

Los pensamientos son solo pensamientos, no necesariamente hechos.

Esta percepción cambió mi vida. Sé que parece un cliché, pero fue así. Dejé de creer que los pensamientos que había dentro de mi cabeza tenían que ser ciertos. No son más que eso: pensamientos. Aprendí a observar mis pensamientos y a dejarlos ir, o a cuestionarlos, y acabé siendo un buen profesor durante diez años. De haber creído aquellos pensamientos negativos sobre mí, habría dejado de enseñar después del primer intento.

Podrías preguntarte: «Y ¿si los pensamientos son ciertos?». Para ayudarte a comprobar si un pensamiento es verdad, hazte la siguiente pregunta:

¿Estoy seguro al 100% de que este pensamiento es un hecho?

Si tienes alguna duda sobre la validez del pensamiento, considéralo simplemente como un pensamiento pasajero por el momento, sobre todo si contiene un juicio o una crítica.

Los pensamientos a los que hay que prestar especial atención son aquellos que contienen las palabras *siempre, nunca, debería* o *tengo que*. Estos pensamientos indican que estás pensando en absolutos, cosa que rara vez es cierta. La vida no es blanco o negro. Por ejemplo, cuando tengo mucho trabajo, mi cerebro acostumbra a pensar: «Tengo que acabar esto». La palabra absoluta me provoca una presión añadida innecesaria. Veamos algunos ejemplos más de pensamientos extremos:

«Siempre meto la pata»,
«Debería estar trabajando»,
«Tiene que llegar puntual»,
«Nunca hace nada bueno por mí».

Reflexión

La próxima vez que tengas un pensamiento negativo sobre ti mismo, di a continuación para tus adentros esta frase: «Los pensamientos son solo pensamientos». Después, retrocede mentalmente para tomar distancia del pensamiento. Anota los efectos que te produce este método.

La conciencia como recipiente para la experiencia

Una de las maneras de ver los pensamientos simplemente como tales y no como hechos consiste en incorporar el concepto de la conciencia vista como un enorme recipiente para la experiencia. De ese modo podrás ver tus pensamientos, emociones y demás experiencias con una perspectiva más amplia y espaciosa.

Cuando empecé a aprender meditación, el proceso me pareció tan interesante que dedicaba todo el tiempo que podía a meditar. A veces meditaba durante horas. Estudiaba ingeniería química en la universidad y recuerdo que meditaba en lugar de estudiar para los exámenes. En cualquier caso, en aquellas sesiones maratonianas de meditación a veces tenía una experiencia muy curiosa. La sensación física de mi cuerpo desaparecía por completo. Sabía que estaba allí sentado, por supuesto, pero las limitaciones físicas de mi cuerpo se esfumaban. Era como si mi cuerpo no estuviese allí. Simultáneamente, mi mente se abría por completo, y si tenía un pensamiento, lo percibía con toda claridad en mi conciencia y no le daba vueltas. Era un profundo sentimiento de relajación y paz que duraba unos diez minutos. Cuando acababa la meditación, sentía mi cerebro extremadamente despierto, sereno y revitalizado. Era como si me encontrase en la conciencia pura.

«Durante las meditaciones nunca sentí la paz profunda que otros afirmaban sentir. Pensaba que lo hacía mal. Sin embargo, un día, mientras me estaba duchando, me sentí feliz sin motivo alguno. Feliz de estar vivo. Hacía años que no experimentaba aquella sensación. Y supe que se debía a la meditación.»

La conciencia es como un recipiente para todas las experiencias. Todos mis sentidos, pensamientos y emociones, todas mis esperanzas y deseos, sueños y temores están contenidos dentro de la conciencia. Sin ella no existen.

Mediante la práctica regular de la meditación mindfulness descubrirás todo esto por ti mismo. La conciencia ilumina todas las experiencias durante la meditación y te convierte en observador de la experiencia. No se trata de una experiencia objetiva, sino subjetiva. Podría describirse como «ser», «presencia», «estar vivo». A mí me gusta pensar que se trata de la conciencia pura, que se encuentra en el centro de mi ser, siempre disponible y a mi alcance.

El hecho de familiarizarse con la concepción de la conciencia como el recipiente de la experiencia presenta tres ventajas principales:

- Puedes tomar distancia respecto de las experiencias negativas diarias con mayor facilidad. Como consecuencia, no te estresan tanto.
- Ganas en ecuanimidad, y por lo tanto en paz, porque el vaivén de pensamientos y emociones se ve simplemente como hechos pequeños en el enorme recipiente de la conciencia.
- Te sientes satisfecho contigo mismo tal como eres. No necesitas esforzarte para mejorar, puesto que tu verdadera naturaleza ya es pura y perfecta tal como es.

El concepto del recipiente no es más que una analogía. Algunas personas dirían que ni siquiera se trata de un recipiente, ya que eso supone un límite. Podrías imaginar la conciencia como un espacio abierto, con potencial puro, o como el mar: las olas de la superficie representarían tus pensamientos y emociones, con la calma y la tranquilidad en el fondo.

Casi todo el mundo sabe por intuición que existe un profundo sentimiento de paz en su interior. La meditación ofrece un medio para zambullirse en él y acceder a esos preciosos recursos interiores, y salir renovado.

CONSEJO

No trates de buscar ningún tipo de «experiencia» durante la meditación. Todas las experiencias tienen un principio y un final. El mindfulness consiste en dejar ir toda experimentación y practicar los diferentes ejercicios. Aunque llegues a experimentar la «conciencia pura», identifícala, disfrútala y, a continuación, vuelve a concentrarte en la práctica de la meditación. Vive el momento en lugar de intentar revivir experiencias pasadas.

Mindfulness y resiliencia

La resiliencia es el proceso de afrontar con eficacia las adversidades; consiste en recuperarse de las dificultades. La grandeza de la resiliencia reside en que no es un rasgo de la personalidad, sino que implica un modo de prestar atención, pensar y comportarse que todos podemos aprender.

Richard Davidson, el reconocido neurocientífico, ha encontrado pruebas de que el mindfulness incrementa la resiliencia, y que cuanto más se practica la meditación mindfulness, más resiliente es el cerebro. El caos emocional que sigue a un hecho estresante puede desencadenar relatos negativos sobre uno mismo o sobre otras personas, historias a las que se dan vueltas y que no sirven para nada. Por ejemplo, si discutes con tu pareja antes de irte a trabajar, puedes acabar repitiendo esa conversación todo el día, lo que incrementará tu ansiedad o tu mal humor mucho más de lo necesario. El mindfulness reduce esa rumiación y, si se practica con regularidad, modifica el cerebro hasta el punto de que te conviertes en una persona más resiliente de cara a futuros hechos estresantes.

La resiliencia presenta varios aspectos fundamentales:

- Relaciones positivas (este es el factor más importante)
- Capacidad para hacer planes y emprender acciones para resolver los problemas
- Capacidad para gestionar las emociones difíciles (el mindfulness es un elemento importante en este sentido)
- Capacidad de comunicación

A continuación se ofrecen cinco métodos para fomentar la resiliencia:

1. **Alimenta las relaciones.** Establece conexiones positivas y de apoyo dentro y fuera de tu familia. Si todavía no lo has hecho, empieza a dar los pasos necesarios para mejorar la

situación. Únete a algún club o grupo, o a alguna organización religiosa; hazte voluntario en alguna asociación o apúntate a clases de lo que más te apetezca.

2. **Búscale el significado a las dificultades.** Cuando te enfrentes a la adversidad, trata de recordar algún caso en el que te hayas enfrentado al reto con una actitud positiva. Muchas personas cuentan que ante las grandes dificultades han experimentado mejoras en las relaciones sociales, o una mayor espiritualidad, o bien un mayor aprecio por la vida.
3. **Sé optimista.** Utiliza el mindfulness para desviar tu atención de la rumiación negativa hacia pensamientos más positivos sobre el futuro. La esperanza y el optimismo son opciones que se eligen. Evita ver las crisis como algo insalvable. No puedes cambiar el hecho de que las cosas estresantes ocurran, pero sí puedes aprender a cambiar tu respuesta en esas situaciones. El más ínfimo de los cambios cuenta, y la meditación puede ayudarte a ello.
4. **Actúa con decisión.** Toma decisiones y emprende acciones en vez de esperar a que las cosas mejoren. Si esto es algo que no se te da bien, busca lecturas que te enseñen a mejorar en relación con esa habilidad o pídele ayuda a alguien de confianza. No tomar una decisión es en sí mismo una decisión.
5. **Acepta que los cambios forman parte de la vida.** Debes vivir esperando que las cosas cambien y que ocurran adversidades, en lugar de fingir siempre que todo irá bien. El cambio forma parte de la vida. Tu objetivo consiste en afrontar las pérdidas y el dolor de manera eficaz en vez de evitarlos.

En lo que respecta a la resiliencia, el quid de la cuestión está en la flexibilidad. Aprender a adaptarse a los cambios que vaya deparando la vida brindará más capacidad para afrontarlos.

Reflexión

¿Qué acción sencilla puedes llevar a cabo para empezar a incrementar tu resiliencia? Puede ser algo tan sencillo como realizar una llamada de teléfono significativa todos los días.

Honrar las emociones

Una manera muy eficaz de gestionar las emociones difíciles que surgen ante las adversidades consiste en honrar todas nuestras emociones. Tener emociones es bueno. Sean del tipo que sean. De hecho, resulta esencial tener emociones. El amplio espectro de emociones que experimentamos los humanos existe por una razón. Se sigue investigando para demostrar que las personas que unen emoción y razón toman las decisiones más inteligentes. La razón no funciona de manera eficaz sin la emoción.

Las emociones son como mensajeros. Existen para decirnos algo. Cuando experimentas una emoción agradable, se te informa para que te acerques a algo. Cuando sientes una emoción desagradable, se te aconseja que te alejes. En sus formas extremas, esas emociones sirven para mantener las manos alejadas del fuego (miedo) o para compartir el tiempo con otras personas (amor). Una emoción como la depresión puede indicar que te criticas en exceso. El sentimiento de ira podría decirte que alguien está poniendo a prueba tus límites.

El primer paso para honrar las emociones consiste en percibirlas. Si te sientes triste, nota en qué parte de tu cuerpo sientes la emoción, con la mayor precisión posible. Cuanto más practiques esta habilidad de ubicar el sentimiento, más presente estarás. Etiquetar la emoción mentalmente también ayuda. La meticulosa investigación llevada a cabo por Paul Ekman, reconocido experto en emociones, en diferentes culturas, concluyó que existe seis emociones básicas: felicidad, ira, miedo, tristeza, aversión y sorpresa. Aprender a identificar esas emociones constituye un importante paso para honrarlas.

El segundo paso consiste en dejar de juzgar las emociones. Tal vez consideres que algunas emociones son buenas y otras, malas. O quizá crees que todas las emociones son malas e irracionales. No es cierto. Las emociones han evolucionado con los humanos a lo largo de miles de años por un motivo. Juzgarte por tener determinadas emociones únicamente te lleva a un bucle de opiniones negativas que te encierra más y más en la propia emoción.

«Ojalá me hubiesen enseñado a aceptar las emociones en el colegio. Me he estado resistiendo a las emociones toda la vida, y eso me hizo venirme abajo. Ahora las acepto. He dejado de luchar contra mi realidad. Para mí es la mejor manera de estar con las emociones.»

El tercer paso, y una de las maneras más potentes de honrar tus emociones, consiste en aprender a ser compasivo contigo mismo y con tus emociones. Eso actúa como un antídoto contra la autocrítica, algo que muchos de nosotros hacemos (y en muchos casos, sin darnos cuenta).

Piénsalo: ¿cómo tratas a tus amigos cuando están mal?; ¿los criticas por sentirse tristes o los escuchas?; ¿les ofreces un abrazo o los apartas? Por supuesto, intentas ser amable con ellos. Pues bien, a partir de ahora debes intentar hacer lo mismo con tus sentimientos, sobre todo con los que normalmente juzgas como malos o equivocados. Si te resulta incómodo, solo inténtalo a modo de experimento. Cuando te sientas triste, di para tus adentros algo así: «No pasa nada por sentirse triste. Es natural. Voy a ser amable con la tristeza. Voy a acoger el sentimiento con delicadeza, con respeto». Prueba a colocarte la mano en la zona del cuerpo en la que sientas la emoción, como harías con un amigo: con cuidado y cariño. Siéntela junto con la respiración. Recuerda que este sentimiento es universal, que todos los seres humanos lo sufren.

Relatos sabios. Hasta el dalái lama se sorprendió

El dalái lama estaba en un encuentro con occidentales. Jack Kornfield, profesor de meditación, y otros asistentes explicaron que el autodesprecio, la vergüenza y la autocrítica se encontraban entre los mayores retos a los que debía hacer frente la población. El dalái lama tuvo que consultar con el traductor para entender el término autodesprecio. Cuando entendió su significado, se quedó muy impactado. En la tradición tibetana no existe una palabra equivalente porque es una cultura en la que no existe ese sentimiento. Sea cual sea la razón que lo motiva, el autodesprecio no sirve para nada. La autocompasión es la solución. Es lo que afirmó el dalái lama: «Pero ¡cada ser es precioso!». La autocompasión y el mindfulness pueden ayudarte a verte como un ser tan precioso como todos los demás. Y lo eres.

Reflexión
Descubrimientos sobre la Semana 4

Tienes ahora la oportunidad de reflexionar sobre tus experiencias durante la semana que acaba.

Meditación mindfulness de la respiración y el cuerpo

¿Cómo te ha ido la práctica de esta meditación? ¿Has conseguido adoptar una buena postura para la meditación? Si es así, ¿cómo has gestionado las posibles molestias o dolores en la espalda o en otras partes del cuerpo?

No te preocupes si te ha resultado difícil: es algo muy común, ya que la mayoría de la gente no está acostumbrada a permanecer sentada con la espalda recta, y mucho menos durante largos períodos de tiempo. Con la práctica, tu espalda se fortalecerá y te resultará más sencillo.

POTENCIADOR DE MINDFULNESS: AMABILIDAD

¿Te has acordado de realizar un acto de amabilidad todos los días, o al menos un par de veces durante la semana? En caso afirmativo, ¿qué efectos han ejercido las acciones en tu estado de ánimo? ¿Te gustaría hacerlo más a menudo?

Preguntas frecuentes sobre las respuestas al estrés

P: Estoy perdiendo entusiasmo por la práctica del mindfulness. ¿Es normal? ¿Debería dejar de meditar?

R: En torno a la Semana 3 o 4 del curso, mucha gente experimenta una crisis de motivación. El entusiasmo inicial ante la idea de descubrir una nueva herramienta para gestionar el estrés podría haber disminuido, y las ideas románticas sobre la meditación como método rápido para eliminar el estrés podrían haber explotado como un globo. Pero no lo dejes. Eso es totalmente normal. Ahora empieza el verdadero trabajo. Sigue adelante, hay mucho más por descubrir y disfrutar.

P: ¿Por qué sigo posponiendo la meditación si sé que es buena para mí?

R: Parece que esto es un fenómeno muy común. Dejar lo que estás haciendo para estar presente o para meditar puede ir en contra de tu educación, tus condicionantes y tus normas culturales. Por lo tanto, es muy posible que se produzca cierta resistencia. En lugar de luchar contra ella, siéntela. Percibe los pensamientos que dirigen esa conducta. ¿Qué sentimientos te impiden meditar? En el momento en que los percibas ya estarás practicando mindfulness.

P: Voy alternando entre el minicurso y el curso completo. ¿Hago bien?

R: Sí. Puedes hacer lo que mejor te vaya cada semana. La práctica más breve es mejor que no hacer nada.

Ejercicios en casa. Semana 5

La experimentación en casa más importante de esta semana alterna entre la meditación mindfulness para expandir la conciencia y el escáner corporal o el yoga. Puedes elegir lo que consideres que es mejor para ti. No olvides utilizar la tabla que ofrecemos a continuación para recordar lo que debes practicar esta semana. Continúa anotando tus impresiones en el diario.

Veamos algunos detalles sobre los ejercicios de esta semana.

Potenciador de mindfulness

El potenciador de mindfulness de esta semana consiste en practicar la gratitud. Existen numerosas pruebas que sugieren que agradecer lo que uno tiene no solo reduce el estrés, sino que, además, aumenta la felicidad, mejora las relaciones con los demás e, incluso, ayuda a dormir mejor. Puedes practicar la gratitud cada día y escribirlo en tu diario, pensar en ello antes de dormir o compartir por qué te sientes agradecido con un amigo o con tu pareja. Utiliza el enfoque que prefieras para reflexionar por qué te sientes agradecido todos los días. Piensa en diferentes cosas o personas cada día para no estancarte en el proceso.

Registro de comunicaciones difíciles

La próxima semana explorarás el mindfulness en la comunicación. A modo de preparación, una de las tareas semanales que te recomiendo consiste en registrar tus comunicaciones difíciles.

Responde las siguientes preguntas cada vez que tengas problemas de comunicación con alguien. Puede tratarse de un intercambio en persona, por teléfono o incluso por correo electrónico. La comunicación eficaz es muy importante para gestionar el estrés; merece la pena dedicar a este ejercicio los pocos minutos diarios que ocupa. Aunque el proceso te aporte una sola idea, es una inversión de tiempo y esfuerzo que compensa.

1. ¿Con quién te estabas comunicando?
2. ¿De qué se trataba?
3. ¿Cómo surgió la comunicación?
4. ¿Qué querías conseguir de la comunicación?
5. ¿Qué has conseguido de la comunicación?
6. ¿Qué quería la otra persona?
7. ¿Qué ha conseguido la otra persona?
8. ¿Cuáles eran tus pensamientos, sentimientos y sensaciones corporales en ese momento?
9. ¿Cuáles son tus pensamientos, sentimientos y sensaciones corporales ahora mismo?

Semana 5

Día	Minicurso	Curso completo
1	Minimeditación para expandir la conciencia Potenciador de mindfulness: gratitud	Meditación completa para expandir la conciencia 3 pausas atentas Registro de comunicaciones difíciles Potenciador de mindfulness: gratitud

Día	Minicurso	Curso completo
2	Miniescáner corporal o miniyoga Potenciador de mindfulness: gratitud	Escáner corporal o yoga completos 3 pausas atentas Registro de comunicaciones difíciles Potenciador de mindfulness: gratitud
3	Minimeditación para expandir la conciencia Potenciador de mindfulness: gratitud	Meditación completa para expandir la conciencia 3 pausas atentas Registro de comunicaciones difíciles Potenciador de mindfulness: gratitud
4	Miniescáner corporal o miniyoga Potenciador de mindfulness: gratitud	Escáner corporal o yoga completos 3 pausas atentas Registro de comunicaciones difíciles Potenciador de mindfulness: gratitud
5	Minimeditación para expandir la conciencia Potenciador de mindfulness: gratitud	Meditación completa para expandir la conciencia 3 pausas atentas Registro de comunicaciones difíciles Potenciador de mindfulness: gratitud

Día	Minicurso	Curso completo
6	Miniescáner corporal o miniyoga Potenciador de mindfulness: gratitud	Escáner corporal o yoga completos 3 pausas atentas Registro de comunicaciones difíciles Potenciador de mindfulness: gratitud

NUEVE

Semana 6
La comunicación consciente

El mayor problema de la comunicación es la ilusión de que se ha producido.

GEORGE BERNARD SHAW

INTENCIONES

- *Explorar la comunicación consciente.*
- *Practicar distintas maneras de aplicar el mindfulness para escuchar en profundidad y hablar con eficacia.*
- *Descubrir el papel de las emociones y del estrés en la comunicación, y cómo gestionarlos.*

Esta es la historia de Hiroto, uno de mis lectores y seguidores online.

Hiroto basaba su felicidad en su pareja. Cada vez que se sentía molesto o frustrado por algo, lo pagaba con ella. En muchas ocasiones acababan discutiendo. Si no era feliz, culpaba a su novia de ello. Le parecía algo totalmente razonable. No colaboraba demasiado en las tareas de la casa, y apenas cocinaba.

Uno de sus amigos había terminado no hacía mucho un curso de mindfulness y no dejaba de contar maravillas sobre el tema, de modo que Hiroto decidió probar, en parte por curiosidad. Se puso a ello y se sintió como pez en el agua. Aunque redujo su estrés, fue algo que ocurrió de un modo totalmente inesperado.

La perspectiva de Hiroto sobre la vida y sus relaciones ha mejorado en varios sentidos gracias al mindfulness. Ahora depende mucho menos de su pareja para su felicidad. Está menos centrado en ella y más en cultivar su propio bienestar. Ahora Hiroto se toma los momentos que necesita para mirar en su interior con toda su atención cuando se siente frustrado. Así se siente mejor. ¿Cómo lo hace? Detectando los patrones de pensamiento negativo y la tendencia a evitar las emociones difíciles en cuanto aparecen; a continuación practica un breve ejercicio de mindfulness que le ayuda a deshacer todos esos hábitos negativos. Antes del mindfulness, Hiroto gestionaba sus sentimientos de ansiedad discutiendo con su pareja y culpabilizándola. Entre sus patrones de pensamiento negativo figuraban algunos pensamientos habituales: «¿Por qué no me hace feliz?», o «¿Por qué me estresa? Estar con ella tendría que ser algo relajante». Esos pensamientos iban seguidos de más pensamientos y afirmaciones sobre cómo debería hacer ella las cosas.

Su relación es ahora mucho más relajada y positiva. La nueva manera de ser de Hiroto le ha quitado presión a su pareja. Parece más relajado y ha empezado a hablar de tener hijos; antes se mostraba reacio al compromiso.

El cambio de Hiroto se produjo cuando tomó conciencia de sus propios pensamientos y de su conducta. El siguiente paso consistió en no reaccionar de inmediato a los patrones de pensamiento negativos y a las emociones difíciles. Fue adquiriendo poco a poco la capacidad de tomar distancia respecto de sus pensamientos y sus emociones, y elegir soluciones más sanas en lugar de reaccionar como siempre había hecho.

Reflexión
Analizar tu registro de comunicaciones difíciles

Antes de pasar a la teoría, dedica unos minutos a revisar el registro de comunicaciones difíciles que habrás rellenado durante la semana pasada si has realizado los ejercicios en casa del curso completo.

El objetivo del registro de comunicaciones difíciles consiste en brindarte la oportunidad de detectar patrones de pensamiento, sentimientos y sensaciones corporales durante las conversaciones difíciles que hayas tenido a lo largo de la semana. ¿Has observado esos patrones?

Cuando llevé mi registro por primera vez, observé que las comunicaciones más difíciles las tenía con un amigo. Un familiar suyo acababa de fallecer, y tenía que llamarlo. Percibir mi experiencia me ayudó a ver que tenía algunos sentimientos de ansiedad antes y durante la llamada, y que los sentía en el estómago. Después de la llamada, me di cuenta de que mi mente repetía la conversación varias veces, me imaginaba a mí mismo y a mi amigo al teléfono: cómo estaría él sentado, cómo se sentiría y qué pensaría de mí. En el pasado había detectado patrones de evitación cuando se trataba de ayudar a conocidos en pleno proceso de duelo. Al rellenar el registro se ven las tendencias habituales con toda claridad.

Reflexión

Tendencias habituales en las comunicaciones difíciles

Si realizas el minicurso, anota en el diario las tendencias habituales que hayas descubierto en las comunicaciones más difíciles que mantengas. Nadie es perfecto en la comunicación: somos humanos. Cada uno tiene sus problemas. No pierdas de vista la actitud autocompasiva cuando reflexiones sobre tus problemas de comunicación esta semana.

Analizar la comunicación

La palabra «comunicación» procede del latín *communicare*, que significa «unir», literalmente, «hacer común». Sin embargo, ¿cuántas veces es la comunicación un factor unificador?

Los seres humanos somos animales sociales, y el núcleo de la socialización es la comunicación eficaz. Si te comunicas bien con los demás, puedes resolver diferencias, crear confianza, compartir ideas y hallar soluciones. Aunque la comunicación parece sencilla, la mala comunicación puede llevar a malos entendidos y de ahí a desacuerdos, conflictos y estrés. El mindfulness ofrece un modo de mejorar la comunicación para que puedas conectar mejor con tu familia, tus amigos y tus colegas de trabajo.

Piensa en todos los intercambios comunicativos que has mantenido hoy hasta el momento. Es posible que hayas enviado mensajes de texto, correos o *tweets*. O has mantenido una conversación telefónica, o has dejado un mensaje de voz. Y, por supuesto, es muy probable que hayas mantenido una conversación cara a cara con una o varias personas. No obstante, la comunicación no consiste únicamente en compartir ideas. Y no puedes compartir emociones con las que no estás conectado. El mindfulness te ayuda a ponerte en contacto con tus emociones y con las de la otra persona. Es una parte fundamental de una comunicación eficaz. De ese modo, incluso puedes comunicar cuestiones negativas de una manera que resuelva conflictos en lugar de provocarlos.

Antes de aprender mindfulness, casi nunca les comunicaba mis emociones a los demás. Mi educación y mi cultura no lo fomentaban. Después de aprender mindfulness, y de tomar contacto con mis sentimientos, empecé a compartir mis emociones en grupos de confianza. Ahora soy más capaz de escuchar a los demás compartiendo sus sentimientos y de expresar los míos. Es un aspecto de mi personalidad que estoy desarrollando, y el mindfulness, junto con el diario, constituyen una parte muy importante de ese viaje.

Por ejemplo, en cierta ocasión me asignaron un papel destacado en un colegio. Varios meses más tarde me comunicaron que tenía que dejarlo. No me dieron un motivo ni me avisaron con antelación. Como se puede entender, me enfadé con el director; sentí cómo se me iba acumulando la frustración en el cuerpo. Me enfrenté a la situación con mindfulness, practicando una pausa atenta y escribiendo todos mis sentimientos en el diario aquella noche. Eso me ayudó a ordenar mis pensamientos y a aclarar mis sentimientos. Al día siguiente me sentí lo suficientemente cómodo para compartir mi experiencia con unos buenos colegas. Me contaron que aquel mismo director había tratado igual a otros profesores. Inmediatamente entendí que el director no sabía tratar al personal, y mi estrés se alivió al instante: ¡no era culpa mía!

Una comunicación ineficaz provoca estrés de las siguientes maneras:

- Tus emociones pueden enconarse. Esas emociones reprimidas podrían provocarte estrés.
- No puedes poner el tema en perspectiva. En mi ejemplo, pude dejar ir el estrés cuando descubrí que el director tenía un problema con la gestión del personal. Los problemas pueden parecer enormes hasta que los compartes; entonces te das cuenta de que las cosas no son tan graves.
- Te quedas atascado en un pensamiento rumiativo. ¿Alguna vez has percibido cómo dan vueltas en tu cabeza los problemas, una y otra vez, provocándote un estrés innecesario? Basta con hablarlo con alguien para encontrar una solución eficaz, o al menos para sentirte mejor. Un problema compartido realmente es un problema dividido.

Descubrimiento: la comunicación consciente

La comunicación consciente es un modo más significativo de comunicarnos en nuestra vida personal y profesional. Mediante la comunicación consciente, podemos conectar realmente con el contenido y las emociones de la otra persona. Al mismo tiempo, podemos responder a las propias emociones de manera consciente en lugar de reaccionar automáticamente a ellas.

El problema del piloto automático

Una de las principales dificultades de la comunicación eficaz es el piloto automático. Como se ha explicado en el Capítulo 4, el piloto automático consiste en vivir de manera rutinaria, sin plena conciencia. Y aunque los hábitos sean positivos, pueden restarte opciones y evitar que veas cómo se despliega ante tus ojos el milagro de la vida. Es como una forma de sonambulismo.

Cuando te relacionas con los demás de manera automática, creas las condiciones idóneas para un modo de comunicación reactivo. Si la otra persona dice algo que te molesta, es posible que reacciones con un arranque de ira, sumiéndote en la tristeza o simplemente marchándote. Sin mindfulness, simplemente ocurre así: no tienes elección.

El mindfulness te facilita seguir estos tres pasos, resumidos en la figura que se incluye a continuación.

1. **Percibe** que tu comunicación está siguiendo un patrón automático. Estás sentado en la misma postura, con la misma actitud, llegas a las mismas conclusiones y te sientes igual que muchas otras veces anteriores.
2. **Conecta** con tus sentidos. Mira a la otra persona como si fuese la primera vez que la ves, practica la escucha profunda, percibe tus sensaciones corporales y tus reacciones. Todo esto te sitúa en el momento presente y te da acceso a toda la información que necesitas, tanto en las palabras como en las emociones, para tener la opción de responder de manera más inteligente.
3. Toma una **decisión y actúa.** Decide cómo vas a responder

en esta comunicación. Trata de que sea algo diferente a tu reacción habitual. Si te sientes incómodo, es una buena señal de que has salido del modo habitual

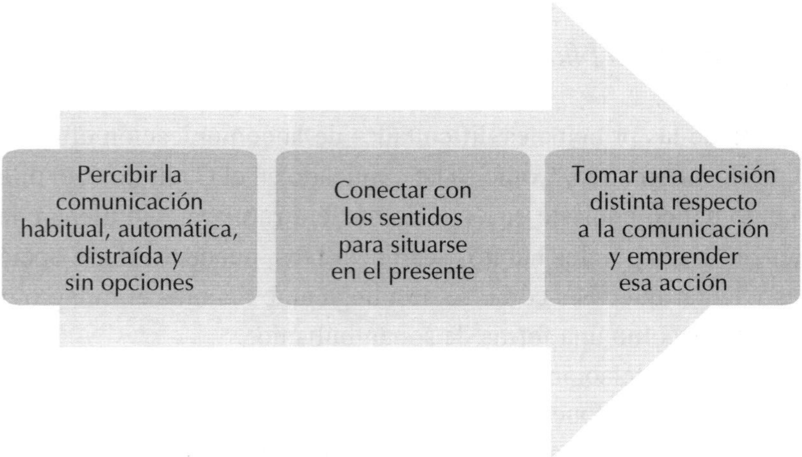

Hiroto tenía otra dificultad: su madre. La madre de Hiroto siempre parecía centrarse en lo negativo, y por eso su hijo la evitaba. En su siguiente conversación telefónica, Hiroto comenzó a discutir con ella, como siempre hacía. Sin embargo, se dio cuenta de que estaba actuando con el piloto automático. Se conectó con su respiración y su cuerpo sentado en la cama, y decidió escuchar con toda su atención en lugar de hacerlo de manera mecánica. No fue fácil. Sentía oleadas de emociones mientras su madre hablaba. No obstante, llegó un punto en que su madre se calló y le preguntó cómo estaba. ¡Aquello era distinto! Nunca le había hecho esa pregunta. En cierto modo, al estar en atención plena, Hiroto sintió que su madre se había ganado el permiso para salir también de su modo habitual. En los meses siguientes, Hiroto esperaba el reto de comportarse de manera atenta con su madre, ya que su relación había empezado a mejorar.

Escucha atenta

> **«Llevo veintiún años casado, pero ahora veo que he estado viviendo de manera automática casi todo el tiempo. Pensar en aquello por lo que me siento agradecido en la relación me ha sacado de mi sonambulismo. Ahora, decir "te quiero" y sentirlo de verdad me hace mucho bien.»**

¿Alguna vez has tenido la experiencia de hablarle a alguien y descubrir que esa persona no te estaba escuchando? Te hace una pregunta que acabas de responder o empieza a discutir en lugar de animarte porque has tenido un día horrible

El acto de escuchar, por sí solo, apenas requiere esfuerzo. El reto consiste en dejar a un lado todos los demás pensamientos, deseos y emociones que podrían obstaculizar la escucha. La escucha atenta trata sobre ese proceso de desprenderse.

La escucha atenta ofrece varios beneficios:

- **Se genera confianza.** Nuestro interlocutor sentirá que está siendo escuchado, ¡que es exactamente lo que quiere si está hablando! Si la persona que se dirige a ti se siente escuchada, la conexión será más profunda.
- **Los conflictos desaparecen.** Cuando tienes más capacidad para entender a la otra persona, se reducen las posibilidades de entrar en conflicto con ella. Así, la persona que habla no se sentirá frustrada.
- **Se pueden suavizar las emociones** de nuestro interlocutor. Si la persona que habla se encuentra en un estado muy emotivo, ofrecerle una escucha atenta hará que sienta que comparte sus emociones y su problema, lo que contribuirá a aminorar la intensidad de estos. En tal caso, al escuchar estás ofreciendo tu amabilidad, lo que te sitúa en posición de crear un espacio mental en el que la persona que se dirige a ti o tú mismo podríais plantear un modo de pensar distinto.

La escucha atenta en una conversación es como una meditación. Cuando practiques la escucha atenta en meditación, la idea consiste en mantener una actitud abierta y escuchar los sonidos. Cada vez que tu mente se disperse hacia otros pensamientos, debes recuperar la atención de manera delicada y amable, una y otra vez. Cuando escuches los sonidos, evita todo tipo de juicios. Practica la escucha con auténtica curiosidad, atención y aceptación, en la medida de lo posible.

EJERCICIO. Escuchar atentamente

Pon en práctica estos pasos en tu siguiente conversación:

1. **Prepárate** para la comunicación. Practica una breve pausa atenta o, como mínimo respira profundamente varias veces o conecta con alguno de tus sentidos.
2. **Deja a un lado los juicios.** Si te aferras a tu opinión mientras la otra persona te habla, no la estarás escuchando: tu atención estará centrada en ese juicio. Si no puedes evitarlo, prueba a etiquetar el pensamiento con la palabra «juicio» e imagina que lo guardas en una caja o lo colocas en una nube y lo dejas ir por el momento. No tienes que estar de acuerdo con todo lo que diga la otra persona, pero tampoco tienes que juzgarla.
3. Presta toda tu **atención** a la persona que te habla. Escucha cada frase que pronuncie. Fíjate en las palabras y en el tono de voz.
4. Probablemente, **asentirás con la cabeza o dirás «sí» o «ah»** mientras la otra persona va hablando. Resulta más natural que limitarse a mirarla sin reconocer nada de lo que dice, y en ambos casos tu interlocutor se sentirá más cómodo y sabrá que lo estás escuchando, que no estás en las nubes.
5. **Mantén una actitud curiosa y demuéstrala.** Manifiesta interés. Adopta un lenguaje corporal abierto e interesado. Mira a la otra persona y utiliza las expresiones faciales adecuadas. Hazle preguntas para aclarar sus palabras y demostrar tu curiosidad.

¿Has notado alguna vez que en ocasiones las personas solo fingen que están escuchando? Puedes adivinarlo por su expresión facial y su lenguaje corporal. Están esperando a saltar y decir la suya. Solo escuchan sus propias ideas. Si escuchasen con atención, la conversación sería mucho más productiva. Asegúrate de no caer en ese hábito y de no actuar solo como si estuvieses escuchando: escucha de verdad.

Las interrupciones representan otro de los problemas de las conversaciones. ¿Interrumpes a tu interlocutor? Si descubres que lo haces con afirmaciones del tipo «Ah, sí, eso mismo me pasó a mí cuando...», eso significa que tu atención está centrada en tus propios pensamientos, no en lo que te está contando la otra persona. Las conversaciones no consisten en buscar oportunidades para hablar; se trata de entender lo que tu interlocutor está compartiendo contigo. Cuando me descubro interrumpiendo a alguien, sé que ha llegado el momento de dar un paso atrás y practicar la escucha atenta con más empeño.

Reflexión

1. Piensa en alguna ocasión en la que te hayas comunicado bien con alguien. ¿Cuándo fue, con quién, cuál era tu estado de ánimo y de qué hablasteis? ¿Cómo te sentiste al comunicarte de manera eficaz? ¿En qué medida estuviste plenamente atento en esa ocasión? Piensa cómo puedes aplicar esa experiencia a tus futuros intercambios comunicativos.
2. Ahora piensa en una comunicación difícil que gestionaste bien. ¿Cómo lo lograste? ¿Cómo fue la calidad de tu escucha? ¿Cómo puedes aplicar esa experiencia a futuras comunicaciones difíciles?

Anota tus ideas en el diario si lo deseas.

Cuando hablas de algo importante para ti, la comunicación no verbal transmite más que las palabras. La comunicación no verbal abarca el lenguaje corporal, la expresión facial, el tono de voz, el contacto ocular y los gestos. Y en un plano más sutil, incluso la respiración y la tensión muscular pueden tener sus efectos. Tus emociones se expresan de manera no verbal mucho más que con lo que dices.

Si entiendes la comunicación no verbal, podrás expresarte y entender mucho mejor a la otra persona. Y eso resulta especialmente positivo para resolver conflictos en las conversaciones difíciles. Me gusta imaginar que eso es como escuchar con los ojos y no solo con los oídos.

Utiliza un lenguaje corporal abierto; no cruces los brazos y mira a la otra persona a los ojos cuando te hable.

Mejorar tu interpretación de la comunicación no verbal

Un gran modo de desarrollar la capacidad para aprender cómo funciona la comunicación no verbal consiste en observar a los demás. Me encanta sentarme en las cafeterías y observar a la gente; intento adivinar su estado emocional y las relaciones que hay entre ellas, y para eso me fijo en la comunicación no verbal. Cuando no puedes escuchar lo que dicen, se aprende más de la comunicación no verbal. Incluso ver la televisión sin sonido puede enseñarte mucho sobre el poder del lenguaje corporal. Es una práctica estupenda.

No obstante, te recuerdo un par de cosas:

1. **Las personas de diferentes culturas, edades y sexos utilizan un lenguaje corporal distinto; no sobreinterpretes las señales.** Por ejemplo, el contacto ocular es casi la norma en Occidente, pero se considera una falta de respeto en otros lugares y en otras culturas, como algunas culturas asiáticas y

africanas. En esos casos, cuanto menos contacto ocular se mantenga, más respeto se demuestra.

2. **Considera las señales de lenguaje corporal como un todo, no a partir de gestos aislados.** Por ejemplo, si alguien cruza los brazos un momento, no significa que tenga miedo o que esté a la defensiva; podría ser, simplemente, que tiene frío. Pero si, además, evita el contacto visual, aparta mucho la mirada y parece un poco nervioso, tal vez sea más acertado pensar que le preocupa algo.

Lo que nos aporta la investigación:
la postura te puede cambiar la vida

Amy Cuddy, psicóloga social, se hizo una pregunta: ¿el hecho de adoptar deliberadamente una postura de seguridad durante dos minutos puede influir en el nivel de estrés?

Formó dos grupos aleatorios de personas. Un grupo tenía que adoptar una postura corporal abierta, que normalmente implica mucha confianza y poder (por ejemplo, sentarse con la espalda apoyada en el respaldo, el pecho abierto y las manos detrás de la cabeza). El otro grupo adoptó una postura corporal cerrada, con los brazos y las piernas cruzados (lo que implica falta de confianza).

Al cabo de dos minutos se tomó una muestra de saliva a cada uno de los participantes. Los resultados de la prueba fueron sorprendentes. El grupo de la postura corporal abierta mostró un descenso del cortisol, la hormona del estrés, ¡de aproximadamente un 25%! Los participantes del grupo con la postura corporal cerrada, en cambio, acabaron con un nivel de cortisol un 10% más elevado.

En otro estudio, realizado por Cuddy, se probó que el hecho de adoptar la postura de confianza durante dos minutos antes de una entrevista incrementaba las posibilidades de ser contratado. Eso de demostró más importante que las palabras o el currículo de la persona entrevistada. La principal razón es que la postura aporta una mayor presencia.

Prueba lo siguiente: la próxima vez que te enfrentes a una situación estresante (por ejemplo, una entrevista de trabajo, una presentación, impartir una clase o ir al médico), tómate dos minutos para abrir tu postura. Pon toda tu atención en ello. Vete al baño o a tu despacho, o enciérrate en el ascensor, y abre tu cuerpo con ganas. Solo dos minutos. De pie, forma una estrella con tu cuerpo (extiende los brazos y separa las piernas). Hazlo poniendo toda tu atención. Siente la respiración, las sensaciones corporales las emociones. Tus niveles de estrés bajarán, y tu sensación de confianza aumentará. Es algo que la ciencia ha comprobado. Si tienes una entrevista o una presentación, esos dos minutos podrían cambiar el rumbo de tu vida.

Desarrollar tu propia comunicación no verbal

La habilidad básica de la comunicación no verbal consiste en hacer coincidir tus palabras con tu lenguaje corporal. Por ejemplo, si estás hablando de algo que te entusiasma, tienes que sonreír, hablar un poco más rápido de lo habitual y con un tono de voz algo más alto, todo ello acompañado de los correspondientes gestos con las manos. Si tus palabras no coinciden con tu lenguaje no verbal, la persona que te esté escuchando no te creerá.

CONSEJO

Una excelente ocasión para utilizar el lenguaje corporal es cuando te sientes nervioso por una reunión o una cita. Si mantienes una posición erguida, sonríes y mantienes el contacto visual, y hablas un poco más lento de lo habitual, aunque estés asustado, lo más probable es que tus emociones se suavicen. Es un modo inteligente de utilizar el cuerpo para relajar las emociones.

El estrés y la comunicación consciente

Como ya hemos contado antes, un poco de presión está bien y forma parte de la vida. Sin embargo, el estrés constante o a niveles muy elevados pueden pasarnos factura en las relaciones personales. Eso se debe a que el buen funcionamiento del cerebro se bloquea por la respuesta de lucha o huida; así, tienes muchas más posibilidades de reaccionar de un modo que más tarde lamentarás (una experiencia que todos hemos tenido). La comunicación consciente puede ayudarte a evitar que el estrés aumente demasiado, así como a descubrir modos de responder rápidamente a ese estrés para que no te cause más dificultades en tus relaciones.

Cuando estás en plena conversación acalorada con tu jefe, no puedes hacer una pausa de diez minutos para meditar. Por lo tanto, ¿cómo puedes aliviar el estrés para que la comunicación no se descontrole? Veamos algunas sugerencias.

PRÁCTICA. Gestionar el estrés durante una conversación

Puedes aplicar estas técnicas siempre que te sientas estresado durante una conversación. Cuanto más las practiques, más fácil te resultará recurrir a ellas cuando las necesites.

1. **Percibe** que tu nivel de estrés está aumentando. Busca las señales: tensión en los hombros, aumento del ritmo cardíaco, necesidad constante de interrumpir al interlocutor o tensión en el pecho, por ejemplo. También puede ocurrir que te cierres y desees salir corriendo, que bajes la vista o que te sientas paralizado.

2. **Respira.** Siente una inspiración y una espiración completas aunque la otra persona esté hablando. Dedica tu atención unos segundos a la sensación física de tu respiración. Inspira y espira por la nariz para que no parezca que suspiras por frustración.
3. **Conecta con uno de tus sentidos.** Elige lo que mejor te funcione. Personalmente me gusta la sensación física de mis pies tocando el suelo o de mi cuerpo sentado en una silla. Si lo prefieres, observa con curiosidad el aspecto de tu interlocutor y escucha todos los sonidos que te rodean además de lo que la otra persona te esté diciendo.
4. **Busca el punto medio.** Si lo que quieres es poder alcanzar un acuerdo, es posible que encuentres un punto que no sea ideal ni para ti ni para la otra persona, pero, al menos, encontréis una solución. No estar dispuesto a llegar a un acuerdo casi siempre añade estrés a la comunicación, y no es el modo más eficaz de interactuar. Ambos tenéis necesidades y deseos.
5. **Mira el lado divertido.** Sé que puede resultar muy difícil en medio de una conversación estresante, pero el humor puede ser un modo estupendo de eliminar la tensión. Si eres capaz de observar las cosas con perspectiva, detectarás los aspectos desenfadados de la situación.

CONSEJO

Si consideras que ciertas relaciones, personales o profesionales, te estresan, y parece que no tienen solución, en lugar de esforzarte más y más por gestionar tu estrés, limítate a observar. Presta toda la atención que puedas a la conversación y al estrés sin intentar aplacar posibles emociones o frustraciones. Percibe tu cuerpo, las frases que salen de tu boca y la tensión que se produce. Y si te olvidas de estar plenamente presente, ¡toma conciencia también de eso! Observar tu propia conducta con mindfulness y compasión prepara el camino para la transformación.

Normalmente la comunicación está motivada por las emociones, y las comunicaciones difíciles suelen estar cargadas de emociones. Por lo tanto, la calidad de la comunicación depende de la conciencia de las propias emociones y de las de la otra persona. Por ejemplo, si te sientes nervioso pero no lo sabes, es posible que acabes gritándole a tu pareja por una tontería en lugar de hablar sobre la causa real de tu estrés.

Si no tienes conciencia de cómo te sientes, no podrás compartir tus emociones y necesidades con los demás. Y si no eres consciente de los sentimientos de la otra persona, no la entenderás y no podrás ayudarla. Esa falta de conciencia provoca frustración por ambas partes, ya que no se satisfacen las necesidades de ninguna de ellas.

El mindfulness de las emociones es una habilidad imprescindible para la comunicación. Es posible que te asusten las emociones intensas, como la tristeza o la ira, pero cuando las ignoras, las reprimes o luchas contra ellas, se agravan. El mindfulness de las emociones te ayuda a tomar conciencia de las emociones con actitud de aceptación, para que puedas responder al sentimiento, bien estando ahí, junto a la emoción, sin más, o bien decidiendo comunicarla de un modo adecuado. Limitarse a descargar la ira es una reacción al sentimiento de enfado, y casi nunca resulta adecuada o útil. Aprender a permanecer junto a la emoción y a expresarla bien resulta mucho más satisfactorio y eficaz.

EJERCICIO. Evaluar tu conciencia emocional

Responde las siguientes preguntas para evaluar tu conciencia emocional general. Anota tus pensamientos en el diario si consideras que eso te ayuda:

- ¿Alguna vez sientes las emociones como sensaciones físicas?
- ¿Alguna vez utilizas las emociones o los presentimientos para guiar tus decisiones?

- ¿Prestas atención a tu paisaje emocional interior, que está siempre en constante cambio, en lugar de percibir una o dos emociones al día?
- ¿Te sientes cómodo con todos tus sentimientos y no te cuesta compartir tus emociones con los demás?
- ¿Eres sensible a las emociones de los demás y te pones en su lugar?

Cuantas más preguntas respondas con una respuesta negativa, menos consciente eres de tus emociones. Puedes potenciar la plena conciencia de las emociones y, por lo tanto, mejorar tu comunicación:

- Practicando el mindfulness de las emociones, que forma parte de la **meditación para expandir la conciencia** del Capítulo 8.
- **Etiquetando tus emociones** mentalmente a medida que las experimentas, tanto si son agradables como si no.
- **Preguntándote** «¿Cómo me siento? ¿En qué parte del cuerpo siento esta emoción?» varias veces al día.
- **Compartiendo tus emociones** con alguien de confianza.
- **Escribiendo en un diario** tus reflexiones y las emociones que has sentido durante el día o después de una comunicación difícil.

EJERCICIO. Hablar y escuchar con mindfulness

Puedes realizar este ejercicio con otra persona (tu pareja, un amigo, quien quieras). Os llevará alrededor de cinco minutos.

1. Empieza **pidiéndole a la otra persona que te hable** del tema que quiera durante cinco minutos. Utiliza un cronómetro.
2. **Escúchala con toda tu atención sin interrumpirla.** Puedes aplicar las técnicas explicadas en la página 272.
3. No olvides **utilizar tus habilidades de comunicación no verbal:** mirar a la otra persona a los ojos, reafirmando que la

estás escuchando y percibiendo los pensamientos y los sentimientos que te asalten, dejándolos a un lado por el momento.

4. Puedes **pensar que se trata de una meditación,** no de tu forma habitual de escuchar. Esta manera de escuchar te ayudará a pasar del piloto automático o modo habitual de escucha a esta forma más atenta.
5. Cuando se acabe el tiempo, podéis **cambiar los papeles.** Esta vez hablarás tú, y la otra persona practicará la escucha atenta.
6. Cuando hables, percibe lo que dices y escucha tu propio tono de voz. Si te sientes demasiado cohibido, prescinde de ese proceso. No obstante, según mi propia experiencia, escuchar mi tono de voz me ayuda a estar más presente y a hablar de manera más lenta y elocuente.

PROFUNDIZAR. Practica una pausa atenta antes y después de hablar, y antes y después de escuchar. Si deseas ponerte un reto un poco más difícil, habla sobre un tema con cierta carga emocional para ti.

Reflexión

Al final del ejercicio, hablad sobre vuestros hallazgos. ¿Qué has descubierto sobre ti mismo y tu amigo? ¿Qué te ha gustado? ¿Qué te ha parecido complicado? ¿Te ha parecido más sencillo escuchar o hablar? ¿Te ocurre lo mismo en tu vida cotidiana? Céntrate específicamente en el proceso de hablar y escuchar con mindfulness.

Asertividad consciente: más allá de la pasividad y la agresividad

Cuando eres asertivo, puedes expresar tus necesidades y deseos sin faltarle al respeto a la otra persona, lo que conduce a comunicaciones y relaciones más auténticas y armoniosas. Muchas personas confunden asertividad con agresividad. Cuando eres asertivo en tu comunicación, no eres ni agresivo ni pasivo.

Lo que nos aporta la investigación: escribir un diario es como una medicina

En este libro se invita en muchas ocasiones a escribir un diario. Repasemos algunas investigaciones sobre los beneficios que conlleva esta actividad en la salud.

James Pennebaker, profesor y catedrático de psicología de la Universidad de Texas, está considerado el padre de la investigación sobre la actividad de escribir un diario. En su estudio ya clásico de 1988, se pidió a 50 estudiantes que escribiesen sobre sus experiencias más traumáticas, o acerca de experiencias cotidianas, durante cuatro días seguidos. Seis semanas más tarde, Pennebaker descubrió que los alumnos que habían escrito sobre experiencias traumáticas mostraban un estado de ánimo más positivo, menos enfermedades, mejor funcionamiento del sistema inmunológico y menos visitas al centro de salud de la universidad en comparación con los que habían escrito sobre experiencias cotidianas. Al parecer, enfrentarse a las experiencias dolorosas resultaba físicamente beneficioso.

En otro estudio, titulado «Efectos de escribir sobre experiencias estresantes en la reducción de síntomas en pacientes con asma o artritis reumatoide», publicado en el *Journal of the American Medical Association* en 1999, participaron 112 pacientes con asma o artritis reumatoide. Un grupo recibió la instrucción de escribir veinte minutos diarios durante tres días consecutivos (por lo tanto, una hora en total) sobre el hecho más traumático de sus vidas. Cuatro meses más tarde, casi el 50% del grupo mostró una mejora significativa en su enfermedad. El estudio afirmaba que si se descubriese un medicamento con los mismos efectos, su uso se extendería por todo el mundo en muy poco tiempo.

Creo que al expresar sus emociones en un papel, los participantes tomaron más conciencia de sus sentimientos reprimidos y con ello redujeron sus niveles de estrés, impulsaron su sistema inmune y ganaron en salud. Se trata de un método sencillo y barato para gestionar el estrés en poco tiempo. ¡Pruébalo!

Una persona asertiva con mindfulness comunica sus necesidades con claridad y sensibilidad. Una persona agresiva exige que se satisfagan sus necesidades sin ningún tacto.

Utilizo el término «asertividad consciente» para hacer hincapié en que no se trata únicamente de reivindicar los propios derechos, sino también de mostrar sensibilidad hacia las necesidades de los demás. Se trata de practicar la asertividad con una actitud mental (por ambas partes) de conciencia plena y compasiva.

Superar la comunicación pasiva

Si eres pasivo en tu comunicación, es más probable que aceptes los deseos de los demás aunque eso te perjudique. Si tienes un profundo deseo de gustar a los demás, es muy posible que tengas tendencia a ser pasivo.

Mi personalidad me inclina a ser pasivo, aunque soy bastante extrovertido. Nunca pensé que la meditación me ayudaría a ser más asertivo, pero lo cierto es que ahora soy mucho más capaz de manejar emociones como la ansiedad. Cuando tengo que quejarme o defenderme, aprovecho la situación como una oportunidad para practicar mindfulness en lugar de evitar lo incómodo de la situación y actuar de manera pasiva. Ahora disfruto con esos retos.

En general, se considera que las personas pasivas son amables y agradables, al igual que las personas que practican la asertividad con mindfulness. Sin embargo, las personas pasivas suelen tener problemas para ser amables y agradables consigo mismas. Se consideran menos importantes que los demás. Si te sientes reflejado en esta descripción, el hecho de combinar el mindfulness con la asertividad podría ayudarte a aliviar el estrés.

Por ejemplo, si tu hermana te pregunta si puedes comprarle pan y llevárselo casa, una respuesta pasiva sería: «Estoy ocupada con los niños, tengo que llevar a Jonny a clase de piano y le prometí a Michael que le haría la cena, pero ya encontraré un hueco». Una respuesta más asertiva sería: «No, hoy no tengo tiempo. Estoy muy ocupada. Siento mucho no poder ayudarte esta vez».

Decirle «sí» a alguien puede implicar decir «no» a alguna otra cosa. Piensa antes de aceptar peticiones ajenas.

La formación en asertividad siempre ha fomentado que se evite pedir disculpas. La asertividad consciente consiste en ser agradable y amable, pero también firme. Se trata de intentar conseguir un resultado en el que las dos partes salgan ganando y queden satisfechas.

PRÁCTICA. Responder a las peticiones con mindfulness

La próxima vez que alguien te pida que hagas algo, toma conciencia de cómo te sientes. Si respondes que sí de manera automática, como siempre, date cuenta de ello. Practica una pausa atenta después de la conversación. A continuación, piensa en tus propias necesidades tanto como en las de la otra persona. Si crees que has sido excesivamente amable con la otra persona pero nada amable contigo, llámala y explícale que no puedes hacer lo que te ha pedido. Cuando practiques unas cuantas veces, te sentirás más cómodo siendo asertivo.

Reducir la comunicación agresiva

Cuando respondes de manera agresiva durante una comunicación, estás transmitiendo que consideras tus deseos, necesidades y derechos más importantes que los de los demás. Responder con agresividad consiste en afirmar en lugar de pedir, meter prisa innecesariamente a la otra persona y no tener en cuenta los sentimientos (ignorarlos también es una forma de agresión), entre otras cosas.

La comunicación agresiva carece de compasión. Una persona agresiva no ve la situación desde el punto de vista del otro, solo desde el suyo. Si te comunicas de manera agresiva, es más probable que provoques una respuesta pasiva o agresiva. Si la otra persona responde con agresividad, tendrás pocas posibilidades de satisfacer tus necesidades o deseos. Y si su respuesta es pasiva, habrás hecho que la otra persona se sienta insignificante o más estresada en lugar de reforzar la relación.

Relatos sabios. La estrella de mar

Érase una vez un hombre que paseaba por la playa. De pronto observó a un niño, a lo lejos, que lanzaba algo al mar apresuradamente. El hombre se acercó al niño y le preguntó:

—Eh, ¿qué haces?

—Estoy lanzando estrellas de mar al agua. La marea está bajando y si no regresan al mar, morirán —respondió el muchacho.

El hombre sonrió.

—Mira la orilla. Hay miles de estrellas de mar. ¡Lo que estás haciendo no servirá de nada!

El niño escuchó pacientemente. A continuación, se agachó, recogió otra estrella y la lanzó con cuidado al mar. Con una sonrisa, miró al hombre y le dijo:

—A esta que acabo de lanzar sí le ha servido.

¿Qué significa esta historia para ti? A mí me recuerda que todos los actos de amabilidad, por pequeños que sean, sirven para algo.

PRÁCTICA. Percibir con mindfulness las reacciones de los demás hacia ti

Observa las reacciones de los demás en tus comunicaciones. Fíjate en su expresión facial, en el lenguaje corporal y en el tono de voz. Si los demás tienden a reaccionar poniéndose a la defensiva o con agresividad, es posible que estés siendo demasiado agresivo. Para empezar, limítate a observar antes de juzgarte o de introducir cambios. Hazlo siempre que te acuerdes durante una conversación para tomar plena conciencia del efecto que podrías provocar en los demás. Evita la tentación de cambiar las cosas de inmediato y observa, solo observa. Los cambios se producirán de manera natural si observas las reacciones de los demás sin juzgar.

Ser asertivo con mindfulness

Ser asertivo con mindfulness significa adoptar una visión equilibrada de tus propias necesidades y de las necesidades de la otra persona. Expresas lo que necesitas, pero también escuchas lo que necesitan los demás y tratas de encontrar una solución amistosa.

Estas son las conductas que forman parte de la asertividad consciente:

- Escuchar con atención plena y dejar ir los juicios mientras la otra persona habla.
- Aceptar tus responsabilidades y estar dispuesto a delegar en los demás.
- Tomar conciencia de las propias emociones y no reaccionar a ellas del modo habitual, sino responder con plena conciencia de que se está tomando una decisión.
- Estar dispuesto a pedir disculpas cuando te equivocas.
- Agradecer lo que los demás hacen por ti y compartir tu aprecio con otras personas.
- Equilibrar la amabilidad hacia ti mismo con la amabilidad hacia los demás.
- Perdonarte en las ocasiones en las que seas demasiado pasivo o agresivo e introducir pequeños cambios para ser un poco más asertivo la próxima vez.

A continuación te planteo dos técnicas de mindfulness para ser más asertivo en tu comunicación.

La comunicación de los semáforos

La autora Susan Chapman está especializada en comunicación consciente. Le gusta utilizar el modelo de los semáforos en sus clases de habilidades de comunicación consciente.

El **semáforo rojo** equivale a estar cerrado y a la defensiva. Tu marido llega una hora tarde al restaurante y ni siquiera se disculpa. Discutís. Pasas a centrarte exclusivamente en tus propias necesidades. No te preocupas por la relación; lo único que te importa es que no tiene consideración y tú te estás muriendo de hambre. Puedes situarte en una zona de comunicación de semáforo rojo durante unos minutos, horas, días, años o incluso durante toda la vida.

El **semáforo ámbar** representa un término medio. Tu marido llega tarde a cenar, pero no te dejas superar por tus emociones. Existe la oportunidad de decidir. Puedes tomar la vía roja y convertirte en pasiva o agresiva, pero tienes una opción. Con un poquito de conciencia plena y la posibilidad de responder de otra manera a la situación, consigues que las cosas mejoren. Aplacas tus emociones conectando con tus sentidos y disfrutando de los aromas del restaurante. Le das un beso cuando llega y pedís la cena. Podéis hablar de la impuntualidad más tarde. Te acercas más al semáforo verde que al rojo.

El **semáforo verde** es la amplitud de miras. Y con esa actitud puedes acceder a la compasión, la curiosidad y la aceptación. Es el estado de mindfulness en sí mismo. Las necesidades de los demás son tan valiosas como las tuyas. Puedes amar, cuidar y sentir el dolor de los demás, así como el deseo de aliviar ese dolor. Reaccionas con preocupación al hecho de que tu marido llegue tarde y te alegras de que lo haga sano y salvo. Al cabo de unos minutos estáis compartiendo risas, charlando y disfrutando de un plato de pasta.

Si tomas conciencia de tu semáforo, mejorarás tu comunicación. Ten mucho cuidado con lo que haces y dices en rojo, ejercita tu capacidad de tomar la elección correcta cuando esté en ámbar, y disfruta profundizando en tu comunicación cuando el semáforo esté verde.

PRÁCTICA. Descubrir la verdad

Esta es una estupenda técnica que puedes practicar cada vez que alguien se muestre agresivo contigo. Tu respuesta no es agresiva ni pasiva. Simplemente, busca un elemento de verdad en lo que diga la otra persona y muestra tu acuerdo con él aunque contenga cierta crítica.

Sigue estos pasos:

1. **Escucha** lo que te dice la otra persona.
2. **Percibe** las posibles emociones intensas en tu cuerpo y siéntelas con la respiración.
3. Con una actitud calmada, expresa tu opinión **haciendo hincapié en la verdad.**
4. **Vuelve a escuchar atentamente,** sin juzgar a la otra persona como «mala» (lo cual provocaría más conflicto y estrés). Escucha y busca el elemento de verdad.
5. De nuevo, utiliza el mindfulness para aceptar tus pensamientos, tomar distancia de ellos y **repetir** el posible elemento de verdad.

Por ejemplo:

EL OTRO: ¡Todavía no está la cena! ¡Qué vaga eres! (Tono agresivo.)

TÚ: Sí, todavía no está la cena. (Respuesta tranquila.)

EL OTRO: Llevo todo el día trabajando. Estoy cansado y tengo hambre. ¿A ti qué te pasa? (Continúa agresivo.)

TÚ: Sí, sé que tienes hambre, que estás cansado y que has trabajado mucho. La verdad es que yo también he estado muy ocupada con los niños. Prepararé la cena enseguida. (Identifica la verdad. Utiliza la respiración para mantener la calma.)

EL OTRO: Vale, ya me encargo yo de los niños. (Respuesta mucho más calmada.)

PRÁCTICA. Afirmación empática

Este es un modo consciente de reconocer cómo se siente la otra persona antes de expresar tus propias necesidades. Así muestras empatía. Simplemente, comienza tu intervención citando la opinión de la otra persona.

En el siguiente ejemplo, alguien empieza valorando al vigilante de un aparcamiento:

—Entiendo que normalmente no hay devoluciones de los tiques de aparcamiento.

A continuación, expresa su necesidad:

—Pero en este caso he pagado el aparcamiento y me gustaría recibir la devolución, por favor.

Aceptar la validez de las palabras de la otra persona puede lograr que no se ponga a la defensiva y que se llegue a una solución. No obstante, para ello se necesita práctica y mindfulness, ya que es habitual que las emociones se disparen. Empieza practicando en interacciones menos tensas.

Representar estilos de comunicación: aprender mediante el movimiento

En mis talleres me gusta animar a los alumnos a que representen diferentes posturas para experimentar los distintos estilos de comunicación: pasivo, agresivo y consciente. Este modo de explorar las emociones resulta especialmente eficaz si aprendes mediante la actividad y el movimiento en lugar de limitarte a la teoría.

A continuación describiré tres escenarios distintos para un juego de rol. Pruébalo con tu pareja o con un amigo cuando puedas.

EJERCICIO. Comunicación pasiva

En este ejercicio representarás una forma de comunicación pasiva con un juego de rol físico en lugar de intercambiar palabras.

1. Colocaos frente a frente, a unos dos metros de distancia. Concéntrate con unas cuantas respiraciones y conéctate con tu estado emocional.
2. Pídele a la otra persona que levante los brazos paralelos al suelo, apuntando hacia ti, y que se acerque a ti.

3. A medida que se acerca para empujarte, túmbate en el suelo y adopta una actitud pasiva, como si te rindieras.
4. La otra persona camina a tu alrededor mientras tú sigues tumbado.

Reflexión

Si lo deseas, escribe tus pensamientos en el diario.

¿Qué has sentido durante este ejercicio? ¿Qué has pensado? ¿Te resulta familiar esa forma de comunicación, o te ha parecido totalmente desconocida? ¿Cómo te habría gustado responder en lugar de tumbarte?

EJERCICIO. Comunicación agresiva

En este caso también vais a representar una forma de comunicación agresiva con un juego de rol físico, no con un intercambio de palabras.

1. Colocaos frente a frente, a unos dos metros de distancia.
2. Pídele a la otra persona que levante los brazos paralelos al suelo, apuntando hacia ti, mientras tú haces lo mismo.
3. Acercaos y empujaos mutuamente (¡sin llegaros a tirar al suelo!).
4. Continuad empujándoos. Cuanto más empuje la otra persona, con más fuerza tendrás que empujar tú.

Reflexión

¿Qué has sentido durante este ejercicio? ¿En qué se diferencia respecto a las emociones del primero? ¿Qué has pensado esta vez? Algunas personas se sienten más fuertes con esta forma de comunicación agresiva en comparación con el ejemplo pasivo. Otras se sienten incómodas, como si les resultase antinatural.

EJERCICIO. Comunicar con asertividad consciente

En este último ejercicio vas a representar una comunicación con asertividad consciente mediante un juego de rol físico. También se lleva a cabo en silencio, pero esta vez, además, debes mantener una leve sonrisa en el rostro para acordarte de mantener una actitud lúdica durante la interacción.

«Siempre he sido muy temperamental. Ese carácter provocó el final de una relación que me importaba de verdad. Me quedé destrozado. El mindfulness me ayudó a ver el miedo que se ocultaba bajo la ira y me dio las habilidades suficientes para suavizar esa ansiedad con la respiración y la amabilidad hacia mí mismo. Ahora no estoy con nadie, pero me siento mucho más en paz conmigo mismo.»

1. Levanta los brazos delante de ti, paralelos al suelo, y pídele a la otra persona que haga lo mismo.
2. Acercaos sin dejar de miraros a los ojos.
3. Agarra a la otra persona por las muñecas y utiliza su fuerza para desviar su energía hacia un lado en lugar de hacia ti.
4. Utiliza la fuerza de los brazos de la otra persona para moveros casi como si estuvieseis bailando. Adopta una postura firme y no corras ni ejerzas todo el control. Juega con las fuerzas que la otra persona ejerza y haz un poco más de fuerza para redirigir la energía.
5. Permanece consciente de cada uno de tus movimientos. Reconoce el punto de vista

de la otra persona a través de su movimiento físico y expresa el tuyo guiando sus brazos como desees. No sabes cuál será el próximo movimiento y estás abierto a eso, confiando en ti para decidir en cada momento en qué dirección te vas a mover.

Thich Nhat Hanh habla sobre la comunicación

El nominado a premio Nobel de la paz y segundo monje budista más popular después del dalái lama, Thich Nhat Hanh, es también un budista zen que enseña mindfulness. A continuación ofrecemos un resumen de sus principales consejos sobre lo que denomina comunicación consciente o compasiva.

La esencia de la comunicación se encuentra en la escucha profunda y en el habla amorosa.

Escucha profunda. Consiste en escuchar con compasión para aliviar el sufrimiento de la otra persona. Aunque el interlocutor esté equivocado en su interpretación de una situación, limítate a escuchar con toda tu atención. Corrige su interpretación únicamente cuando consideres que está listo para escuchar, pero hasta entonces no lo interrumpas ni discutas con él; solo escucha con el corazón. Una sesión de escucha profunda de una hora puede ser sanadora y transformadora para la otra persona.

Habla amorosa. Existe un dicho en vietnamita según el cual «hablar con amor no cuesta nada». Cuando te enfrentes a una conversación difícil, hazlo con un habla amorosa. Y pide ayuda. Por ejemplo: «Cariño, estoy sufriendo y quiero que lo sepas. Hago todo lo que puedo; estoy intentando no culpar a nadie, tampoco a ti. Como estamos tan cerca y tenemos un compromiso, siento que necesito tu apoyo y tu ayuda para salir de este estado de sufrimiento y de ira».

La práctica de la meditación mindfulness y el hecho de poner toda tu atención consciente en todo lo que hagas te ayudarán en la escucha profunda y el habla amorosa.

Me gusta mucho este ejercicio. Se experimenta físicamente la fuerza que alguien ejerce en ti sin demasiado esfuerzo. Me recuerda un poco a un baile improvisado en el que cada uno imita los movimientos del otro. Cuando bailas, no sientes que sea un esfuerzo. Lo haces por diversión. No sabes qué ocurrirá a continuación. En un momento dado te mueves formando un círculo, y al segundo siguiente tu pareja se pone a dar vueltas y los dos os echáis a reír. Es una gran metáfora sobre lo que significa enfrentarse a las conversaciones difíciles de una manera distinta, en lugar de esconderse, huir o contraatacar.

PROFUNDIZAR. Si te han gustado los juegos de rol, ¡prueba algunos más! Te doy un par de ideas: enróscate como una pelota cuando la otra persona se acerque a ti, o huye cuando tu interlocutor se acerque. Pruébalos si tienes tiempo e inventa también alguno. Existen muchas maneras distintas de reaccionar cuando nos comunicamos, tanto en conversaciones entre dos como en grupo. Además, puedes probar a aplicar los consejos de Thich Nhat Hanh (resumidos en la página anterior) siempre que puedas.

Reflexión

¿Qué has sentido durante este ejercicio? ¿Qué has pensado? ¿Has disfrutado o te ha resultado difícil? ¿El movimiento se ha convertido en una especie de baile, o has percibido algún tipo de lucha o resistencia con tu pareja?

PRÁCTICA. Yoga atento

10 minutos.

30 minutos.

Pistas de audio 9 y 10.
Practica la secuencia mini o completa de yoga atento del Capítulo 13.

PRÁCTICA. Meditación mindfulness para expandir la conciencia

10 minutos.

30 minutos.

Pistas de audio 15 y 16.

Esta semana, la meditación para expandir la conciencia es igual que la de la semana pasada. No olvides elegir entre la versión mini o la completa. En esta ocasión, intenta encontrar una postura cómoda, pero erguida, y utiliza el audio.

PROFUNDIZAR. Meditación de respuesta al estrés. Al final de la meditación prueba el siguiente ejercicio.

5-10 minutos.

Pista de audio 17.

1. Piensa en un **problema que tengas actualmente** que te provoque cierto estrés, una situación que quieras trabajar en este

momento. No tiene que ser tu mayor reto, pero tampoco uno con tan poca importancia que no te provoque ningún estrés. Un 3 en una escala del 1 al 10 sería adecuado.

2. **Ocupa tu mente con la situación.** Imagina que estás inmerso en ella; siente todas las dificultades que implica.
3. Percibe si **notas el estrés en el cuerpo;** por ejemplo, tensión física, ritmo cardíaco más rápido, una ligera sudoración, mariposas en el estómago, rigidez en la espalda o en los hombros, o, incluso, en la mandíbula. Busca las señales de estrés.
4. **Conecta con tus emociones.** Percibe cómo te sientes. Etiqueta la emoción, si puedes, y toma conciencia del punto exacto de tu cuerpo donde la sientes. Intenta localizarla con la mayor precisión posible: cuanto más percibas la sensación y con mayor precisión, mejor. Con el tiempo y la experiencia, te resultará más fácil.
5. **Acompaña la emoción con actitudes de mindfulness:** curiosidad, amabilidad y aceptación, por ejemplo.
6. **Coloca una mano** sobre el lugar donde percibes la sensación, una mano amiga que ofrece amabilidad. Hazlo como pondrías la mano en la rodilla de un niño que se acaba de hacer daño, con cuidado y cariño.
7. **Experimenta la sensación junto con la respiración.** Tendrás mayor conciencia del momento presente, así como también actitudes atentas hacia tu experiencia.
8. Cuando estés listo, pon fin a la meditación.

Reflexión

¿Qué efecto te ha producido la meditación de respuesta al estrés? Escribe tu experiencia y tus reflexiones.

Esta es una meditación importante, a la vez que un desafío, que te enseña la capacidad de estar con tu estrés y las emociones difíciles que provoca sin reaccionar.

Preparación para un día de mindfulness

Esta semana, el programa de MBSR incluye un día completo de práctica de mindfulness. El programa de este día se detalla en el capítulo siguiente. Si realizas el miniprograma, no tienes que hacerlo. Si, en cambio, estás siguiendo el programa completo y deseas obtener los máximos beneficios del mindfulness, consulta la agenda y trata de reservarte un día de mindfulness. En este punto, lo único que tienes que hacer es encontrar ese día, un día en el que no tengas ninguna otra obligación.

Un día de mindfulness supone muchos beneficios, puesto que es:

- Una oportunidad para **profundizar** en tu experiencia de la conciencia mindfulness mientras pasas de una práctica a otra.
- Una posibilidad para **descubrir** cómo responden tu cuerpo y tu mente a un período más largo de práctica mindfulness.
- Un **tiempo** para entrenar tu mente en el mindfulness durante un período más largo sin regresar a tus hábitos normales.

Recuerdo que el último día de un curso de formación de profesores de mindfulness, una mujer, al final de la sesión, se echó a llorar. Muy animada, explicó que la experiencia de pasar un día entero en conciencia plena y descansando era exactamente lo que necesitaba. Su padre había muerto un par de años atrás y ella había bloqueado el dolor. Pensó que no sería capaz de enfrentarse a él. El día le brindó el espacio para dejar de evitar los sentimientos y el valor de permitirse experimentarlos poco a poco. Fue algo totalmente inesperado. Unos meses más tarde me explicó que aquel día supuso un enorme avance en su vida y que se sentía más feliz y más segura de sí misma.

Reflexión
¿Cómo van los ejercicios en casa?

1. ¿Cómo te han ido la meditación para expandir la conciencia, el escáner corporal y el yoga atento? ¿Qué ha ido bien y qué te ha costado un esfuerzo?
2. Si algunos días no has practicado, ¿qué has pensado? ¿Qué te lo ha impedido?

Preguntas frecuentes sobre la meditación y los estiramientos conscientes

P: El yoga ha empezado a gustarme, pero el escáner corporal y la meditación para expandir la conciencia no me van bien. ¿Puedo dejarlos?

R: Todas estas meditaciones funcionan de un modo sutil en su momento justo. El hecho de que no sientas inmediatamente sus beneficios no significa que no estén funcionando. Por lo tanto, mantén el compromiso de realizar el curso de ocho semanas. ¡Solo son tres semanas más! Entonces podrás tomar la decisión que mejor te vaya.

P: Esperaba que mi monólogo interior se calmase después de practicar las meditaciones, pero no ha sido así. ¿Estoy haciendo algo mal?

R: Me temo que el monólogo interior está aquí para quedarse. A veces se apacigua y a veces aumenta, como cuando estás estresado. Lo bueno del mindfulness es que puedes continuar plenamente presente a pesar del monólogo interior. Puedes identificarlo y volver a concentrarte en tu respiración, en los problemas que te está explicando tu pareja o en el árbol que hay junto a la carretera. Imagina que tu monólogo interior es como el clima: siempre cambiante. Abandona toda esperanza de silenciar la mente y presta atención a intentar estar presente; este es el enfoque menos estresante. No tienes que convertir el monólogo interior en un problema más para resolver. Utiliza el monólogo interior como un trampolín hacia la conciencia plena.

P: Creo que he estirado demasiado en alguna práctica de yoga. Qué estupidez. Cojeo un poco al caminar. ¿Qué debo hacer?

R: No es ninguna estupidez. ¿Qué tipo de pensamiento es ese? Es una autocrítica. Percibe tus patrones mentales. Te has juzgado por cometer un error como principiante en yoga. Interesante, ¿verdad? Comprueba si identificas ese patrón en otros momentos de tu vida cotidiana. ¡De eso trata el mindfulness!

Resulta muy habitual que los principiantes intenten ir demasiado lejos. ¡Yo también cometí ese error! Estás descubriendo y desafiando los límites de tu cuerpo; forma parte del proceso de descubrimiento del yoga. Haz una pausa; cuando te sientas mejor, retoma la práctica y tómate con calma los estiramientos. El yoga atento es más un ejercicio de mindfulness que físico.

P: Prefiero hacer las meditaciones sin el audio. ¿Está bien?

R: Sí, está bien. Puedes elegir las pistas 20 a 23, que consisten en silencio con campanillas que te avisan cuándo debes parar.

P: ¿Por qué hacemos mindfulness de pensamientos? La razón por la que hago esto es para dejar de prestar atención a los pensamientos negativos. Si hago caso a esos pensamientos, sé dónde acabaré, y no es un buen sitio.

R: En primer lugar, tú decides qué ejercicios haces y cuáles no. Si consideras que alguno no es adecuado para ti, recuerda que puedes dejarlo. La razón para practicar mindfulness de los pensamientos es no dejarte llevar por tus patrones habituales, sino observarlos a cierta distancia, como miras las nubes en el cielo. No puedes impedir que haya nubes y tampoco puedes impedir que los pensamientos asalten tu mente: eso es exactamente lo que hacen.

EJERCICIO. Nubes de papel con pensamientos

Si te cuesta tomar distancia con respecto a tus pensamientos, prueba este divertido ejercicio. Corta nubes de papel de varias formas. Escribe en ellas algunos de tus pensamientos habituales. A continuación, pásalas una vez por delante de tus ojos de manera que aparezcan en tu campo de visión por la izquierda y desaparezcan por la derecha. No es necesario insistir más que eso con cada nube de pensamiento. Intenta ver tus pensamientos del mismo modo: como si fuesen nubes. Hazlo varias veces hasta que te parezca que los pensamientos han perdido prácticamente toda su carga emocional. Tira las nubes a la basura o quémalas: así se intensifica la sensación de dejar ir los pensamientos. Si lo deseas, escribe en tu diario tu experiencia durante este ejercicio.

Ejercicios en casa. Semana 6

El principal ejercicio para hacer en casa esta semana alterna entre la meditación para expandir la conciencia y, bien el escáner corporal, bien una secuencia de yoga atento. Entre las dos últimas opciones, puedes elegir la que más te apetezca cada día. Utiliza la tabla a modo de recordatorio de las prácticas de esta semana y no dejes de escribir tus descubrimientos en tu diario.

Potenciador de mindfulness

El potenciador de mindfulness de esta semana consiste en mantener una comunicación consciente al día. Puede ser con alguien próximo a ti, unos minutos con un compañero del trabajo o, incluso, en alguna de las tiendas que frecuentas. No olvides parar, mirar, escuchar y no interrumpir. Mantén un lenguaje corporal abierto y una actitud curiosa. Percibe el tono de voz y el lenguaje corporal de la otra persona. Tus descubrimientos podrían ser de gran importancia para entenderte a ti mismo y entender tus relaciones; escribe todo lo que observes y tómate un momento para reflexionar sobre lo que hayas descubierto acerca de ti mismo.

Pausa atenta

Si sigues el curso completo, practica una pausa atenta después de cada experiencia estresante. Utilízala como una oportunidad para responder a tu experiencia estresante en lugar de reaccionar a ella. Si, a pesar de todo, te descubres reaccionando automáticamente al estrés, percíbelo sin juzgarte. Escribe tus impresiones.

Semana 6

Día	Minicurso	Curso completo
1	Minimeditación para expandir la conciencia Potenciador de mindfulness: comunicación atenta	Meditación completa para expandir la conciencia 3 pausas atentas Potenciador de mindfulness: comunicación atenta
2	Miniescáner corporal o miniyoga Potenciador de mindfulness: autocompasión	Escáner corporal o yoga completos 3 pausas atentas Potenciador de mindfulness: comunicación atenta
3	Minimeditación para expandir la conciencia Potenciador de mindfulness: comunicación atenta	Meditación completa para expandir la conciencia 3 pausas atentas Potenciador de mindfulness: comunicación atenta

Día	Minicurso	Curso completo
4	Miniescáner corporal o miniyoga Potenciador de mindfulness: autocompasión	Escáner corporal o yoga completos 3 pausas atentas Potenciador de mindfulness: comunicación atenta
5	Minimeditación para expandir la conciencia Potenciador de mindfulness: comunicación atenta	Meditación completa para expandir la conciencia 3 pausas atentas Potenciador de mindfulness: comunicación atenta
6	Miniescáner corporal o miniyoga Potenciador de mindfulness: autocompasión	Escáner corporal o yoga completos 3 pausas atentas Potenciador de mindfulness: comunicación atenta

DIEZ

Un día de mindfulness: ampliar la conciencia

Ahí afuera, más allá de las ideas del bien o del mal, hay un lugar. Nos vemos ahí. Cuando el alma yace sobre la hierba, el mundo está demasiado lleno para hablar de él.

RUMI

INTENCIONES

- *Entender las razones para dedicar un día a la práctica silenciosa del mindfulness.*
- *Explorar los mejores modos de prepararte para el día.*
- *Decidir qué vas a hacer en tu día de mindfulness.*
- *Superar los desafíos que surgen inevitablemente durante un día de mindfulness.*

«Mi vida cambió por una percepción que tuve durante un día de mindfulness», afirmó Jayden. Su rostro resplandecía. Su sonrisa era contagiosa. Compartió su historia con nosotros mientras tomábamos un té después de una sesión de meditación.

Jayden sufrió de ansiedad por primera vez durante los exámenes en el instituto. Le dolía tanto el estómago que tomaba antiácidos varias veces al día para aliviar el dolor. Se sentía avergonzado de sus sentimientos. ¿Por qué le ocurría solo a él? ¿Por qué sus compañeros parecían tan tranquilos? No era justo. La ansiedad continuó en la universidad y cuando más tarde empezó a trabajar para una agencia de marketing.

Un día, mientras volvía a casa cansado del trabajo, Jayden fue víctima de un atraco. No sufrió daños físicos, pero no podía dejar de pensar en lo que le había ocurrido y empezó a tener ataques de pánico. Para empeorar todavía más las cosas, una semana más tarde volvieron a atracarlo. La vida no le iba bien. Concentrarse en el trabajo le resultaba casi imposible. Había entrado en una espiral de caída en picado. Dejó de comer bien, no podía dormir y se sentía acelerado y nervioso.

Jayden compartió sus problemas con uno de sus colegas. Una charla de diez minutos se convirtió en una conversación de una hora con lágrimas incluidas. El jefe de Jayden, que resultó ser un entusiasta del mindfulness, lo envió a un terapeuta. Tras unos meses de terapia empezó a controlar la ansiedad, y los ejercicios de mindfulness que había aprendido parecían dar sus frutos.

Jayden se apuntó a clases de mindfulness. Le recomendaron un día completo de práctica en silencio. «¡En silencio!», pensó. Nunca había permanecido en silencio un día entero; le parecía una auténtica locura. Unos diez minutos de meditación estaba bien, pero ¿un día entero? Su terapeuta lo animó a intentarlo. Jayden aceptó el reto a regañadientes, pero empezó a sentir aquel malestar en la boca del estómago. La noche anterior, se metió en la cama y se colocó en posición fetal, pero no podía dormir. ¿Dónde se había metido? ¿Por qué estaba tan asustado?

Cuando llegó para el día de mindfulness, los demás estaban tomando algo y charlando al sol. Jayden no quería hablar con nadie; estaba demasiado nervioso. Buscó un lugar para sentarse a meditar, en una sala, y practicó la pausa atenta para intentar calmarse. Sus pensamientos eran negativos y sentía emociones encontradas. Tenía el cuello y los hombros tan tensos que ni siquiera los sentía.

La primera meditación duró media hora, y al acabar Jayden se sentía aún peor. A continuación venía el yoga atento. Eso era más fácil. Empezó a concentrarse. Al principio pensó que tal vez no podría estirar bien, pero no tuvo problemas. El profesor insistió en que mantuviesen los ojos cerrados para que nadie se sintiese tentado de juzgarse y compararse con los demás y su respectiva capacidad para estirar. No estaban allí para eso. Mantener los ojos cerrados le ayudó a concentrarse en sus propias sensaciones corporales y su respiración.

El descubrimiento de Jayden tuvo lugar mientras meditaba sobre un cojín. Las sesiones prolongadas de meditación y el hecho de estar alejado de las distracciones habituales le permitieron calmar la mente. En ese estado más concentrado, Jayden vio claramente cómo le ayudaba el hecho de aceptar la ansiedad con plena conciencia. Se trata de la aceptación consciente de la que hablamos en el Capítulo 8. Sintió la ya conocida ansiedad en la boca del estómago, pero decidió aceptar su presencia. En lugar de intentar apartar mentalmente esa sensación, optó por sentir la emoción conscientemente sin demasiados pensamientos que lo distrajesen. Como una suave ola que se forma en el mar, la ansiedad apareció y empezó a desaparecer. Jayden continuó observando y percibió cómo se esfumada.

La ansiedad disminuyó porque Jayden fue capaz de sentir la emoción sin temerla. El entorno seguro del día del mindfulness le brindó el tiempo y el espacio necesarios para observar sin juzgar (la esencia del mindfulness).

Por fin lo veía claro. Antes, Jayden aceptaba el sentimiento para que desapareciese. Ahora, en cambio, lo aceptaba *de verdad.* Tenía la actitud auténtica de «lo que tenga que ser, será». No importaba si la ansiedad aparecía o no. De hecho, empezó a buscar la ansiedad en vez de intentar librarse de ella. Era como hacer frente a algo que daba mucho miedo, como un matón, y resultaba estimulante.

El día de mindfulness acabó bien para Jayden. Y repitió. La meditación regular le ayuda a mantener sus preocupaciones bajo control y a dejar espacio para que las emociones pasen por su conciencia en lugar de quedarse estancadas. La ansiedad todavía le ronda si aparece el estrés, pero la recibe con una actitud mucho más sana.

El descubrimiento de Jayden tuvo lugar en un día de práctica mindfulness. No obstante, no es necesario que pases el día de mindfulness con un grupo si no tienes posibilidad de ello. Este capítulo te explicará qué tienes que hacer un día de mindfulness sin profesor. Puedes ajustar el horario y el contenido al tiempo de que dispongas y a tu estilo de vida. Incluso puedes practicar con amigos o familiares, o probar medio día si no tienes tiempo para más.

¿Qué es un día de mindfulness?

El objetivo del día de mindfulness consiste en entrenar tu mente para que esté más presente.

Un día de mindfulness consiste en practicar meditación mindfulness y realizar las actividades cotidianas de un modo plenamente consciente y en completo silencio. El día comienza cuando te despiertas y se prolonga hasta que te acuestas.

Al permanecer en silencio, tu mente pensante empieza a calmarse y tus sentidos se agudizan. Tus sensaciones corporales son más intensas. Y puede ocurrir lo mismo con las emociones (las difíciles y las agradables). Por supuesto, todo esto son generalizaciones, y cada persona vive la experiencia a su manera. En lo que sí coincide todo el mundo es en la agradable sorpresa que recibe al comprobar lo transformador que puede ser un día de mindfulness.

En la vida diaria existen muchas distracciones (televisión, internet y teléfonos móviles, por citar solo algunas). Sumemos todas las responsabilidades que tienes que cumplir y los diversos problemas inesperados a los que tienes que enfrentarte. Son muchas cosas. Cuando te sientas a meditar, no es de extrañar que tu mente siga repleta de pensamientos y que te cueste concentrarte.

Un día de mindfulness es un día sin responsabilidades. Tienes tiempo para ser, simplemente, en lugar de hacer sin parar. En estas condiciones, existen tres beneficios fundamentales:

1. Tu cuerpo y tu mente tienen tiempo para desestresarse. Tienes menos presión y empiezas a relajarte; sería un poco como unas vacaciones sin el estrés del viaje.
2. Descubres cosas nuevas sobre el funcionamiento de tu mente. Percibes patrones, como que siempre estás pensando en el futuro o que te sientes culpable cuando no haces algo productivo. Ese autoconocimiento te ayuda a ver por qué te sientes estresado, y eso reduce la ansiedad.
3. Tu mente tiene tiempo para calmarse. La estimulación cotidiana

mantiene tu mente excesivamente activa. En este estado más calmado empiezas a sentirte más tranquilo y a verlo todo más claro.

Estos beneficios son difíciles de conseguir en medio de las actividades cotidianas, porque estamos demasiado ocupados para percibirlos.

Personalmente me gusta practicar un día de mindfulness cada mes. Pocas veces lo consigo, debido a mis compromisos, pero esa es mi intención. Si el día te resulta beneficioso, puedes practicarlo (o hacer medio día) una vez al mes o cada tres meses.

El silencio que se practica en un día de mindfulness se conoce como «silencio noble», un concepto procedente del budismo. Es noble en el sentido de que se trata de una práctica admirable. El silencio noble consiste en dar descanso a todos los sentidos, no solo a los oídos. Por lo tanto, no pongas la tele ni la radio y desconecta el teléfono. Puedes dejar de leer, de escribir y de navegar por internet. Debes dejar a un lado todas las distracciones, las obvias y las sutiles. En vez de eso, debes abrir los ojos, los oídos y el corazón al mundo que te rodea y a tu mundo interior. De ese modo, tu mente empieza a calmarse de manera natural, igual que el barro se asienta en un vaso de agua sucia cuando dejas de agitarlo. Esta es la práctica del silencio profundo y el espíritu de un día de mindfulness. En profundo silencio, dejas espacio para que tu cuerpo, tu mente y tu corazón sanen y se nutran por sí solos.

Cuando hablo de silencio, me refiero a que debes abstenerte de hablar con nadie. Puedes encontrarte en un lugar que no esté en silencio. También puedes escuchar las meditaciones guiadas para ayudarte a estructurar tu práctica.

Preparación para la práctica de un día de mindfulness en silencio

Si vives con alguien, elige un día en el que vayas a estar solo. Si no es posible, tendrás que pedir a los demás que no te molesten porque vas a practicar un «experimento de mindfulness» de un día. Recompensar con unas deliciosas galletas a los que no te molesten siempre será bien recibido.

El día anterior decide qué vas a comer. Asegúrate de tener en casa todo lo que vayas a necesitar. Si tienes que cocinar, no hay problema, ya que preparar la comida y comer constituyen estupendas prácticas de mindfulness.

Mi día de mindfulness me aseguro de que voy a poder permitirme no trabajar. No abro el portátil y desconecto los teléfonos.

Ciertas tareas que implican el uso de los sentidos sí se pueden practicar durante el día de mindfulness. Veamos algunas que ofrecen muchas oportunidades de desarrollar una conciencia atenta y presente:

- Cocinar
- Limpiar
- Cuidar el jardín
- Barrer
- Planchar

No importa si cocinas o limpias un poco, ni tampoco si no lo haces. Si piensas que entrarás en modo hacer durante las actividades citadas, no hagas nada.

Necesitarás una alarma o algo similar que te indique el final de cada práctica de meditación. No utilices el móvil con este fin, porque podrías sentir la tentación de mirar si tienes mensajes.

No es recomendable leer nada más que algún poema o historia basados en el mindfulness. La lectura nos hace volver a entrar en el mundo de los pensamientos, las palabras y las ideas. Da un descanso a tu mente y a tu corazón y cultiva una perspectiva de observación más directa de cada momento del día.

Puedes practicar el día de mindfulness en solitario, con un amigo, un grupo de amigos o varios miembros de tu familia. El poder de la práctica del mindfulness en silencio, todos juntos, puede llegar a ser muy intenso. Y después podréis intercambiar vuestras impresiones sobre la experiencia.

Una advertencia sobre las expectativas

Intenta no tener expectativas sobre el día. Si esperas que sea una jornada relajante y tranquila, podrías acabar sufriendo una decepción. Y si esperas un día duro, problemático y de mucho esfuerzo, es posible que nunca lo empieces. Por lo tanto, despréndete de las expectativas, abre la mente y a ver qué ocurre.

Considera el día de mindfulness como un experimento contigo mismo, para ver qué ocurre cuando te tomas un tiempo simplemente para ser. Lo hacías todos los días cuando eras un bebé o un niño pequeño. No tenías agenda, ni equipaje ni objetivos. Vivías en el momento presente. Por lo tanto, vivir un día con plena conciencia no es algo que te resulte ajeno. Es una oportunidad para dejar ir todo aquello que la sociedad moderna considera normal y ver qué pasa. Imagina que es como probar una afición nueva o un deporte que no has practicado nunca.

«Pensaba que comer en silencio sería aburrido. Y resultó ser una experiencia relajante y agradable. Nunca había saboreado realmente la comida. Es sorprendente la cantidad de ideas equivocadas que alberga nuestra mente acerca de un día de silencio.»

Cuando fui a mi primer día de mindfulness, esperaba que fuese una experiencia tranquila y relajante. Después de unas cuantas meditaciones, me dolía la espalda, empecé a sentirme irritado por el nerviosismo de la persona que tenía al lado y me pareció que oscilaba entre momentos de máxima energía y ratos en los que temía quedarme dormido. ¡Fue una lucha! Sentí alivio por aguantar hasta el final y pensé que nunca repetiría. Sin embargo, la semana siguiente fue fascinante. Estaba más tranquilo y más concentrado. Y las cosas que normalmente me estresaban (el exceso de trabajo y las exigencias de mis alumnos), pasaron a no tener casi ninguna importancia. No estaba haciendo nada radicalmente distinto, pero mi mente era capaz de concentrarse con facilidad en las tareas, de una en una, y sentí que tenía el control. Desde entonces dejo ir todas las expectativas antes de mi día de mindfulness.

Cómo se utiliza este capítulo

Lo mejor es leer el capítulo de un tirón y después practicar el día de mindfulness. Si no tienes tiempo esta semana, hazlo cuando puedas. Incluso podrías dejar el día de mindfulness para cuando acabes el curso, si así lo prefieres.

Un modo de planificar el día consistiría en escribir el programa en una hoja a medida que vas leyendo las recomendaciones de este capítulo. Podrás utilizar ese horario durante el día de mindfulness, a modo de guía, y no necesitarás tener el libro delante.

Si sigues el minicurso, no tienes que hacer un día de mindfulness (a menos que desees hacerlo).

VARIACIÓN. Si te sientes con ganas, ¿por qué no te dejas llevar? Realiza la práctica o el ejercicio de mindfulness que prefieras y deja que el día transcurra sin planificar nada. Podría ser más divertido así. Si eres del tipo de persona a la que le gusta controlarlo todo, será un experimento estupendo para ti. No planifiques el día y a ver qué ocurre.

Ejemplo de horario

A continuación se ofrece un horario que puedes seguir durante el día. Las horas son aproximadas; elige las que a ti te vayan bien para levantarte, dormir y practicar las meditaciones.[1]

1. Este es el horario que propone Shamash Alidina como ejemplo en su libro. Tal vez

08.00: Despertarse

Lo ideal sería que te hubieses acostado temprano la noche anterior. Personalmente, no utilizo alarma, y mucho menos el día de mindfulness, pero tú haz lo que te vaya mejor. Si te despiertas de forma natural, te sentirás más descansado, porque habrás llegado al final de tu ciclo natural de sueño.

Empieza el día con una pausa atenta. Una meditación breve contribuye a establecer el tono del resto de la jornada. Invertir unos minutos en reflexionar sobre aquello por lo que te sientes agradecido también es un comienzo positivo para un día de mindfulness.

08.15: Ducha

Me gusta darme una ducha por la mañana, pero si prefieres un baño, adelante. ¿No tienes claro cómo practicar mindfulness en la ducha? Simplemente, conecta con tus sentidos, con el que prefieras. Puedes escuchar el sonido del agua saliendo de la ducha, sentir el tacto suave del jabón sobre tu piel caliente o el aroma del gel. Ve cambiando de sentido como más te apetezca.

08.30: Vestirse

Vestirse es algo que la mayoría de nosotros hacemos de manera automática. Hoy, fíjate en cómo eliges la ropa que te vas a poner, en cómo la llevas y en si normalmente te tomas tu tiempo para vestirte o siempre vas con prisas. Rétate a percibir algo distinto en tu rutina con la ropa. Y no te olvides de realizar una pausa antes y después de vestirte.

---

algunos aspectos no coincidan con tus hábitos diarios. Puedes adaptar el horario a tus costumbres y a tus posibilidades. *(N. del e.)*

09.00: Yoga atento

El yoga resulta ideal para empezar el día de mindfulness. Los estiramientos te ayudarán a despejarte por completo, y relajarás los músculos para las meditaciones posteriores en posturas sentadas.

Puedes elegir entre la práctica de yoga mini o completa del Capítulo 13. Si no recuerdas todas las posturas, utiliza el audio guiado.

09.30: Desayunar con mindfulness

Tómate tu tiempo para preparar el desayuno. Percibe la transición entre el yoga anterior y la preparación del desayuno. Siente los pies en el suelo cuando camines y los picaportes o los pomos de todas las puertas que abras.

Prepara el desayuno con atención en cada momento. Si te preparas una macedonia de fruta, observa los colores. Mientras troceas una manzana, por ejemplo, siente cómo penetra la hoja del cuchillo en la pulpa y el sonido que produce al cortarla. Dedica unos segundos a oler la manzana recién cortada. Si preparas avena, observa cómo cambia la consistencia a medida que se calienta la mezcla en el cazo. Escucha los sonidos cuando empiece a hervir. Observa las volutas de vapor que salen del cazo.

Cuando tengas listo el desayuno, tómate tu tiempo para poner la mesa. El ritual de preparar una mesa bonita puede enriquecer tu experiència de mindfulness. Cualquier cosa que sea distinta a tu manera habitual de preparar el desayuno incrementará tu nivel de conciencia plena.

Cuando te sientes a desayunar, haz una pausa atenta. Al final de la pausa agradece la comida que tienes en la mesa. Recuerda que hay muchas personas que no son tan privilegiadas como tú y que darían cualquier cosa por esa comida. Párate un momento a observar tu desayuno antes de tomar el primer bocado. Percibe cuánta hambre tienes. Deja la cuchara o el tenedor en la mesa y disfruta de los sabores.

Cuando hayas masticado y saboreado bien ese primer bocado, toma el segundo, y así sucesivamente. Vuelve a concentrarte en la comida cada vez que tu mente se disperse, como en cualquier otra meditación. Percibe cómo se va llenando tu estómago poco a poco. Cuando acabes, tómate otro momento para practicar una pausa atenta.

Come hasta que estés un 80 % lleno; prueba el *hara hachi bu*.

Prueba a comer hasta que te sientas lleno en un 80 %. Este principio, llamado *hara hachi bu*, lo siguen los habitantes de Okinawa (Japón). Se trata de una de las zonas con más personas centenarias del mundo, lo que en parte es debido a que ingieren menos calorías que la media.

Dado que el estómago tarda entre diez y veinte minutos en detectar que está lleno, cuando crees que estás lleno en un 80 %, lo más probable es que en realidad estés 100 % lleno.

Prueba lo siguiente:

1. Empieza el desayuno con una pausa atenta; también valen unas cuantas respiraciones.
2. Utiliza un plato pequeño y sírvete la cantidad de comida que crees que te dejará un 80 % lleno. Haz un cálculo aproximado. Normalmente yo me sirvo demasiado, de manera que es cuestión de comer alrededor del 80 % de lo que contiene el plato.
3. Come con toda la atención que puedas. Conecta con las sutilezas de los sabores. Cuenta al menos diez masticaciones antes de tragar cada bocado. Come con la mano que no utilizas habitualmente; eso te ayudará a salir del piloto automático. Saborea la comida y come con gratitud.
4. Cuando acabes el plato, pregúntate hasta qué punto estás lleno.
5. Si crees que la respuesta es menos del 80 %, come un poco más. No obstante, intenta resistirte a comer hasta que te sientas totalmente lleno (ese punto en el que te sientes hinchado).

Yo diría que el *hara hachi bu* es una forma atenta de comer, ya que te concentras en lo lleno que está tu estómago en lugar de comer con el piloto automático y limitarte a acabar la comida que tienes en el plato. Además, es una práctica que ayuda a mantener un peso saludable. Llevo unos meses practicando el *hara hachi bu* y he perdido algunos kilos; inténtalo tú. No soy perfecto y, por supuesto, en algunas comidas me dejo llevar. No olvides ser paciente contigo mismo. Si comes en exceso de manera automática, perdónate con estas palabras: «No pasa nada. Todo el mundo come de más de vez en cuando». De ese modo reduces las probabilidades de darte un atracón emocional.

10.15: Lavar los platos

Nunca me había gustado lavar los platos. Sin embargo, con mindfulness resulta incluso agradable. Después de un largo día trabajando con el ordenador o de ir de reunión en reunión, lavar los platos es una actividad agradable y sencilla que me ayuda a situarme en el momento presente.

A los niños les encanta lavar los platos. Les gusta sentir el agua caliente y las burbujas, el arcoíris mágico que se forma cuando la luz incide en el jabón y la sensación de hacer algo bien. Cuando laves los platos, hazlo con esa sensación de ver las cosas con ojos de niño.

Observa el color de cada plato antes y después de lavarlo. Escucha el sonido del agua que sale del grifo. Siente el calor del agua en la piel. De vez en cuando, respira profundamente varias veces. Maravíllate ante la destreza de tus manos, cómo tomas y lavas los platos sin romperlos, algo que ni siquiera los robots más avanzados pueden hacer todavía.

10.30: Meditación mindfulness de la respiración

En tu primera práctica de meditación, empieza con el sencillo mindfulness de la respiración. Pon la alarma para que te avise en 30 minutos.

Puedes sentarte en una silla, en un taburete o en un cojín de meditación, lo que te resulte más cómodo. Si necesitas repasar cómo se hace esta meditación, ve al Capítulo 5.

11.00: Caminar con mindfulness

Caminar a paso lento es estupendo para la digestión y reduce la somnolencia en las prácticas de meditación. En el Capítulo 6 encontrarás la información al respecto.

Puedes caminar con mindfulness en tu jardín, si lo tienes. Si vas a hacerlo en la calle, intenta caminar a un paso más parecido a tu ritmo normal y pon toda tu atención en cada momento. Si te encuentras muy cerca de un parque o de algún entorno natural, trata de realizar allí la práctica para enriquecer tu experiencia.

11.30: Meditación para expandir la conciencia

Cuando regreses del paseo, puedes pasar directamente a esta meditación. Practica únicamente con las campanillas (pistas de audio 21-24), que te indican cuándo tienes que pasar de una fase (por ejemplo, mindfulness de la respiración) a otra (por ejemplo, mindfulness del cuerpo).

A medida que avanza el día, utilizar menos guías de audio y rodearte de más silencio te ayudará a profundizar en la meditación. Aunque la guía resulta útil para marcar el ritmo y recuperar la concentración, a algunas personas les distrae de la plena atención a su experiencia en el momento presente.

12.00: Meditación de la montaña o el lago

Estas son meditaciones guiadas de visualización, que no son habituales en la práctica de mindfulness. No obstante, con el tiempo he descubierto que a algunas personas les gusta mucho este tipo de meditación, lo cual hace que el mindfulness les resulte más asequible.

El propósito de estas meditaciones consiste en ayudarte a entender la práctica del mindfulness en un plano más profundo. Actúan como metáforas que te indican maneras de acceder a niveles más profundos de estabilidad, solidez, fuerza interior y aceptación, y a reflexionar sobre tu sentido interior de integridad a pesar de la transitoriedad de la vida.

Elige la meditación que prefieras o practica las dos si tienes tiempo.

Relatos sabios. No es posible robar la Luna

Érase una vez un ladrón que entró por una ventana en la casa de un maestro de meditación. Rebuscó frenéticamente por toda la casa, pero no encontró nada de valor para robar. Estaba a punto de marcharse, frustrado, cuando el maestro de meditación oyó un ruido y bajó para ver qué era. Cuando se encontró con el ladrón, le preguntó:

—¿Se marcha con las manos vacías?

El ladrón se quedó desconcertado y, finalmente, respondió:

—Sí... ¿Por qué?

—¡Permíteme que te dé algo de ropa! —añadió el maestro. Y le entregó unas cuantas prendas. El ladrón pensó que aquel tipo estaba loco. Tomó la ropa y salió corriendo. El maestro salió de su casa, caminó hasta un lago cercano y sonrió mientras observaba la Luna pálida por encima del horizonte. «Ojalá pudiese darle la Luna», pensó.

PRÁCTICA. Meditación de la montaña

Pista de audio 18: aproximadamente 20 minutos.

Aquí tienes los pasos para la meditación de la montaña:

1. Siéntate en posición erguida, equilibrada y sin someter a tensión la espalda. Cierra los ojos sin hacer fuerza con los párpados o bien dirige la vista hacia abajo.
2. Inspira y espira tres veces, profundamente, sintiendo cada aliento. A continuación, deja que tu respiración adopte su ritmo normal.
3. Dedica unos minutos a sentir la respiración. Percibe que estás observando cómo tu cuerpo respira solo. Realmente tú no tienes que hacer nada.
4. Cuando estés listo, intenta ver en tu mente la imagen de una montaña hermosa y majestuosa. Puede ser una montaña que hayas visto antes o bien una totalmente imaginaria; también es válida una combinación de ambas.
5. Tómate tu tiempo para visualizar la imagen, que vaya cobrando forma poco a poco. No te preocupes si no te consideras una persona visual. Haz lo que puedas, es más que suficiente.
6. Mantén la imagen de la montaña. ¿De qué color es? ¿Tiene la cumbre nevada? Observa su forma, con el pico tocando el cielo, quizás oculto por las nubes. Observa cómo la base se encuentra firmemente asentada en la superficie de la Tierra. ¿Hay árboles en las laderas? ¿Qué tipo de vegetación observas?
7. Mientras visualizas la montaña, toma conciencia de su estabilidad, de lo anclada que está en la Tierra. Siente la presencia de la montaña, como si la tuvieses delante.
8. A continuación, fusiónate con la montaña. En cierto sentido, tú eres la montaña. Tu cabeza es la cumbre. Los lados de tu cuerpo son las laderas de esta hermosa montaña. Y el asiento en el que te encuentras es el punto donde la montaña se une al resto de la Tierra. Compartes la inmensidad, la quietud y la

majestuosidad de la montaña. Y tú, como la montaña, percibes la vista panorámica que te rodea.

9. Tu trasero y tus piernas representan la montaña arraigada a la Tierra. Siente cómo tu postura se yergue ligeramente empezando en el interior de la pelvis y la columna, erguida como la montaña.
10. Estás sentado como si fueses una montaña con vida. Inmóvil, sereno, centrado y majestuoso. Tu presencia posee cualidades que van más allá de los pensamientos y de las palabras.
11. Observa el sol, cómo se desplaza a través del cielo y los cambios que provoca en los colores, la luz y las sombras hasta que el día se convierte en noche. Sobre tu cabeza se forma un techo de estrellas y algunas nubecillas; la Luna, brillante y clara, proyecta su propia luz plateada y delicada. La noche da paso al amanecer, y nace un nuevo día lleno de posibilidades y experiencias por descubrir.
12. Cada día va acompañado de su propio clima. Algunos días está nublado, otros son soleados. En ocasiones llueve, y ves un hermoso arcoíris. Otros días luce el sol. Y entre todos esos cambios que te rodean, tú permaneces siempre igual: digno, sólido y completamente centrado en el presente.
13. A medida que van pasando los días, las estaciones cambian. En verano, el sol funde casi toda la nieve. Los árboles de las laderas, si los hay, se llenan de hojas, y la naturaleza es un frenesí de actividad. En otoño, la temperatura baja, y las hojas adquieren un intenso tono naranja. Con el invierno llegan la nieve, los vientos fríos y más nubes. Es un tiempo de descanso e hibernación para gran parte de la naturaleza. A medida que el invierno va dando paso a la primavera, la actividad de la naturaleza comienza una vez más.
14. Todos estos cambios no afectan a tu esencia de montaña. Estás familiarizado con los cambios y los aceptas porque así es como debe ser. También sabes que tu yo interior está tranquilo, calmado, sólido, más allá de los pensamientos y en comunión

con la Tierra. Simplemente, permaneces sentado, aunque te azote el viento y la lluvia de la más violenta de las tormentas.

15. Del mismo modo que la montaña experimenta cambios cada día y en cada estación, tú vives experiencias distintas cada día y en cada estación. En ocasiones te enfrentas a tormentas violentas en tu cuerpo y tu mente. Conectar con la esencia de la montaña te recuerda que en tu interior existe un lugar que se mantiene centrado y tranquilo a pesar de los cambios aparentemente enormes que te rodean.
16. El camino entre los cambios y los desafíos de la vida se abre con conciencia. No existe experiencia que la conciencia no pueda albergar. En tu voluntad y tu valor de sentir el viento frío y las tormentas violentas, abres tu conciencia a la posibilidad de que la tormenta pase, de que se producirá un cambio y llegará otra primavera después del invierno.
17. Tu clima interior puede incluir pensamientos que te restan energía, emociones difíciles y sensaciones dolorosas. Sin embargo, la montaña no se toma el clima como algo personal. No siente resentimiento. El clima, simplemente, hace lo que le corresponde. Puede que tu clima interior también sea impersonal, una parte fundamental de la naturaleza de las cosas. Oponer resistencia a esas experiencias no haría más que aumentar el sufrimiento, algo que no siempre resulta fácil de ver.
18. No debes ignorar el clima de tu vida, pues eso te permitirá descubrir el valor de honrarlo y respetarlo. Además, de este modo comprobarás que la conciencia que lo mantiene también se encuentra, de un modo misterioso, en un estado tranquilo y libre.
19. Si consideras que reflexionar sobre las cualidades de la montaña te ha aportado calma interior, vitalidad y estabilidad, puedes recrear la imagen en tu mente durante tus meditaciones y en tu día a día.
20. Continúa practicando, manteniéndote presente con la respiración y las sensaciones corporales, hasta que llegue el momento de poner fin a esta meditación.

PRÁCTICA. Meditación del lago

Pista de audio 19: aproximadamente 20 minutos.

Aquí tienes las instrucciones para la meditación del lago:

1. Busca un lugar para tumbarte. Puedes utilizar una estera en el suelo o tumbarte en la cama. Cierra los ojos. Respira de manera lenta y profunda varias veces. A continuación, siente tu respiración mientras recupera su ritmo natural.
2. Cuando estés listo, crea en tu mente y en tu corazón la imagen de un lago precioso. Puede ser un lago que hayas visto y que se quedó grabado en tu memoria o uno totalmente inventado por tu imaginación (por ejemplo, basado en una postal o una pintura que hayas visto). Percibe el color del lago. ¿El agua es cristalina o está un poco turbia? ¿De qué tamaño y forma es el lago? ¿La superficie refleja el paisaje que hay detrás, que podría estar compuesto por montañas, árboles o nubes que se deslizan con elegancia en el cielo azul? Si hace viento, percibe cómo se mueve la superficie del agua y crea destellos de luz cuando se refleja el sol. Abajo, no obstante, el agua está quieta, calmada, y soporta el movimiento que tiene lugar en la superficie. A medida que el día avanza hacia la quietud de la noche y el viento se calma, percibes un manto de estrellas resplandecientes y la majestuosidad de la Luna iluminando la Tierra. A medida que las estaciones cambian, algo que ocurre inevitablemente y sin ningún esfuerzo, el lago se congela, queda rodeado por un manto de nieve, como si se tratara de una generosa capa de azúcar glas sobre un pastel.
3. Continúa tumbado, respirando, y cuando estés preparado, permite que tu mente, tu corazón y tu ser se fundan con el lago. Así, en cierto modo, tú eres ese magnífico lago. Como lago

que vive y respira, reflejas la belleza de tu entorno natural y el cielo, arriba, en constante cambio.

4. Continúa respirando y percibe cómo la Tierra forma una cuenca sólida que mantiene el lago en su quietud. El lago parece aceptar los días, las noches, las estaciones y los años que van pasando. En esa ausencia de resistencia, en ese dejar ir, radica la belleza del lago. ¿Qué pensamientos, sentimientos y sensaciones estás dispuesto a aceptar y dejar ir, cuáles son la realidad de este momento de la que te desprendes? ¿Puedes reflejarlos tal como son, como hace el lago?
5. Percibe cómo el lago siempre es el mismo, pero también se encuentra en constante cambio. Nota también cómo cada momento presente es distinto y, sin embargo, la conciencia que subyace en todas tus experiencias crea una sensación de familiaridad segura.
6. La superficie del lago cambia en función del viento. Y cuando se produce alguna tormenta, el lago tranquilo como una balsa se transforma por completo. Sin embargo, en las profundidades todo continúa igual. Es un punto de vista distinto. El lago no es únicamente su superficie. Cerca de la base del lago, las aguas son tranquilas. Cuando tu mente se dispersa y da vueltas, y tus emociones provocan olas gigantes en tu vida, ¿puedes recordar este lago? ¿Eres capaz de ver más allá de la superficie? Tu base, tu ser, el núcleo de la conciencia en sí misma, permanecen inalterados, sólidos y tranquilos, y continúan prestándote apoyo.
7. Puedes recordar la metáfora del lago siempre que te enfrentes a alguna tormenta en tu vida, con la intensidad de pensamientos y emociones que conlleva. En las meditaciones, eso también te ayudará a enriquecer y profundizar en la práctica.
8. Continúas tumbado, sintiendo la respiración y abriéndote a sentir el cuerpo como un todo. Descansa como lo hace el lago. Abre tu mente y tu corazón a la riqueza de su entorno, aceptando cada momento tal como es. Deja que se reflejen el sol y las nubes, los árboles y las montañas, los pájaros y las mariposas, la bruma, la

niebla, las nubes y el polvo. Cuando tus aguas acarician la orilla, en el frío de la noche, conecta con esa quietud, con esa maravilla y ese misterio de los millones de estrellas, todas reflejadas sin ningún esfuerzo y con reverencia en ese lago que habita en tu interior.

9. Continúa conectando con el lago, momento a momento, hasta que consideres que ha llegado el instante de poner fin a esta meditación. Al final no olvides honrar tus esfuerzos por practicar hoy, cultivar la conciencia y la compasión hacia ti mismo y, por lo tanto, crear olas positivas en todos los que te vayas encontrando.

12.30: Yoga

Puedes practicar cualquiera de las secuencias de yoga del Capítulo 13. Si necesitas una guía para seguir bien el ritmo o para recordar cómo se hacen las posturas, utiliza el audio del yoga completo. Si ya recuerdas las posturas, puedes practicar sin audio; haz las posturas que consideres que tu cuerpo necesita en este momento, igual que los estiramientos.

Conecta con tus sensaciones y los mensajes de tu cuerpo más sutiles cuando practiques yoga. Recuerda que sentir la respiración es una parte fundamental del yoga atento. Y sé compasivo con tu propio cuerpo; no lo sometas a esfuerzos que rebasen tus límites físicos.

«Parecerá una locura, pero tuve la sensación de estar en completa comunión con todo durante una de las meditaciones. Me sentí totalmente relajado; un solo minuto en aquel estado fue como una noche entera de sueño profundo. El sentimiento definitivo de dejar ir. ¡Fue un maravilloso efecto secundario del día de mindfulness!»

13.00: Comida

Prepara la comida con la misma actitud atenta que se describe para el desayuno. Tómate tu tiempo para cocinar, comer y lavar los platos. Realiza una pausa entre cada actividad para recuperar la atención y concentrarte en el aquí y el ahora.

14.00: Caminar con mindfulness o siesta

Si puedes, experimenta con el siguiente ejercicio de caminar con mindfulness.

PRÁCTICA. Caminar (deprisa o despacio) con mindfulness

1. Comienza caminando a un ritmo normal. Percibe las sensaciones de tus pies en el suelo o el tacto del aire en la piel. También puedes conectar con la sensación de la respiración mientras caminas.
2. Toma conciencia de tus pensamientos y tus sentimientos mientras caminas. Percíbelos y, en la medida de lo posible, obsérvalos desde cierta distancia en lugar de estancarte en ellos.
3. A continuación incrementa el ritmo, cierra los puños y aprieta la mandíbula. Siente esa tensión añadida. Percibe qué pensamientos y sentimientos te asaltan en este momento.
4. Libera la tensión de tu cuerpo, pero continúa caminando a paso rápido. Mantén la cabeza erguida y el pecho abierto, y percibe qué sientes. ¿Qué pensamientos surgen esta vez?
5. Poco a poco, regresa a tu ritmo normal. Conecta con tus sensaciones corporales mientras caminas.
6. Párate. Observa tus sensaciones corporales. Percibe tu ritmo cardíaco, la temperatura del cuerpo y el ritmo de la respiración. Desplaza tu atención a tu mundo interior de pensamientos y emociones. Si te sirve de ayuda, sitúa los pensamientos en unas nubes imaginarias.
7. Empieza a caminar más lentamente. Presta toda tu atención a cada uno de los pasos. Regresa a paso lento al punto de partida.
8. Acaba en la postura de la montaña (véase Capítulo 13). Conecta con tus experiencias interiores y reflexiona sobre lo que has observado durante este ejercicio sin juzgar nada.

El cambio de ritmo y de tensión te aporta energía después de comer y te permite ver el efecto del cuerpo en la mente y las emociones, y viceversa.

Si te sientes cansado después de comer, también puedes echarte una siesta de veinte o treinta minutos. Eso te ayudará a reiniciar tu ciclo circadiano, que está diseñado para una cabezada breve a primera hora de la tarde; después te sentirás más despejado en lugar de tener que luchar contra el cansancio. Si duermes demasiado, es probable que te sientas atontado; tenlo en cuenta.

14.45: Meditación para expandir la conciencia

Practica la meditación para expandir la conciencia del Capítulo 8, ya sea por tu cuenta o con el audio si lo necesitas. Ya llevas unas cuantas horas practicando mindfulness, y resultaría especialmente beneficioso que fueses alargando los tiempos en silencio. El silencio te ayuda a conectar con tus experiencias más sutiles en cada momento.

Pista de audio 22: silencio con campanillas cada 5 minutos.

Este audio se compone de silencio interrumpido únicamente por las campanillas.

15.15: Cultivar la compasión: meditación de la bondad

La compasión cultiva el deseo de aliviar el sufrimiento de los demás. Se trata de ser consciente de que todos pasamos por dificultades en la vida, y de albergar el deseo de poner fin a ese sufrimiento.

Esta meditación es un poderoso ejercicio para practicar hacia el final de tu día de mindfulness: cuando tu mente está más calmada, resulta más sencillo cultivar sentimientos de bondad hacia uno mismo y hacia los demás.

Un modo de cultivar la compasión consiste en practicar la «meditación de la bondad» (que se describe a continuación). La meditación de la bondad puede ayudarte a pasar del aislamiento a la conexión, del juicio al afecto y del rechazo a la comprensión. No tienes que forzar ninguna emoción; se trata de un error habitual. Simplemente pon tu atención y tus buenos deseos en cada frase que te digas a ti mismo y observa qué ocurre. Imagina que eres un campo abierto en el que estás plantando semillas de compasión. Como en todas las meditaciones, no te preocupes si tu mente se dispersa más o menos tiempo. Recupera la atención con toda la delicadeza que puedas, cuando puedas.

Puedes utilizar el audio como guía durante el ejercicio y después, cuando acabes el curso.

PRÁCTICA. Meditación de la bondad

Pista de audio 20: 30 minutos.

1. Para esta meditación es importante que estés especialmente cómodo. La sensación física de seguridad y calidez te ayudará a cultivar la cualidad emocional de la compasión. Puedes sentarte o tumbarte.
2. Respira profunda y lentamente y de manera atenta varias veces. A continuación, deja que tu cuerpo encuentre su respiración natural. Siente la respiración en la zona que te rodea el corazón. Observa si tu pecho sube y baja. Toma conciencia del calor de tu cuerpo. Prueba a colocar la mano suavemente sobre el corazón (un gesto de bondad y cariño contigo mismo) y percibe el efecto que eso te produce. Siente el calor de tu mano sobre el corazón. Si prefieres colocar la mano sobre el estómago o el regazo, también está bien.
3. Cuando estés listo, piensa en alguien, o incluso en una mascota, que te haga sonreír. Alguien con quien tengas una relación

fácil y positiva. No tiene que ser tu pareja, ya que las relaciones de pareja tienden a ser complejas y resulta fácil divagar. Puede ser una tía o un tío, tu hijo o tu hija pequeños, una figura espiritual u otra persona (viva o no) por la que sientas mucho respeto. Deséale lo mejor a esa persona (o mascota) con estas palabras:

Que seas feliz, que tengas salud y que vivas libre de sufrimiento.

Si puedes, haz que las palabras suenen en la zona de tu corazón, no en la cabeza. Conecta con las palabras y con su significado. Y si se te ocurren otras frases, utilízalas. Emplea palabras que te sugieran amabilidad y compasión. Repítelas durante unos minutos. Recuerda que no tienes que forzar ningún sentimiento; se trata, simplemente, de desear el bien y de dar cabida a los sentimientos que surjan.

Lo que nos aporta la investigación:
¿Por qué practicar la compasión?

La ciencia ha descubierto que cuando se siente compasión, el ritmo cardíaco se reduce, se libera una hormona llamada oxitocina (que favorece la vinculación afectiva) y se activa la parte del cerebro implicada en el cariño y el placer. El resultado es que se siente una mayor motivación para cuidar y ayudar a los demás. La compasión, además, incrementa la resiliencia al estrés y refuerza el sistema inmunológico, acelerando así la sanación.

Puedes entrenarte para ser cada vez más compasivo; no se trata de un rasgo inmutable, sino que es más bien algo parecido a un músculo. Unos investigadores de la Universidad de Emory descubrieron que las personas que realizaban un curso de formación en compasión no solo mostraban mayores niveles de compasión, sino también menos hormonas del estrés en la sangre y la saliva.

La autocompasión, en concreto, es más importante que la autoestima. Una investigación llevada a cabo por Kristin Neff concluyó que las personas con una autoestima alta pueden acabar cayendo en la trampa del narcisismo, la ira farisaica, los prejuicios y el egocentrismo. Piensa en ese tipo de personas que tienen una gran autoestima y se ven a sí mismas como triunfadoras. Esa autoimagen puede llevarlas a creer que están por encima de los demás, y su arrogancia tiene un precio: cuando algo les sale mal, su autoestima cae en picado porque su propia imagen de seres superiores se desmorona. Es una manera de vivir muy estresante.

La autocompasión, por el contrario, consiste en ser amable con uno mismo y ver las propias imperfecciones como humanas. Con la autocompasión evitarás criticarte y no serás vulnerable a pensar que vales menos cuando las cosas vayan mal. Tendrás más resiliencia frente a los desafíos de la vida y, por lo tanto, menos estrés.

Yo tuve problemas de autoestima en el pasado. Por ejemplo, cuando estaba en el instituto, era de los primeros de la clase. Tenía una autoestima alta basada en mis resultados académicos. En la universidad, sin embargo, nunca conseguí la mejor nota de la clase. Cuanto más me esforzaba, más me frustraba. Me sentía mal y quería dejarlo. Por suerte, descubrí el mindfulness a mitad de la carrera. Aprendí el valor de la autocompasión y acabé mis estudios con éxito sin exigirme más de lo necesario.

Otros recientes y fascinantes estudios han descubierto que la compasión cura, mientras que la empatía daña. La empatía es un modo de sentir el sufrimiento de los demás, pero puede acabar provocando agotamiento emocional. Por ejemplo, los profesionales de la salud y los cuidadores pueden llegar a altos niveles de ansiedad y sufrimiento. La empatía activa zonas del cerebro relacionadas con sentimientos negativos, como la tristeza y el dolor. La compasión es muy distinta: activa las partes del cerebro relacionadas con el afecto, como una madre cariñosa con su bebé que llora.

El conocido monje budista Matthieu Ricard ha colaborado con varios científicos, entre ellos Tania Singer (neurocientífica y directora del Departamento de Neurociencia Social del Instituto Max Planck). Su investigación, publicada en 2014 en la revista *Social Cognitive and Affective Neuroscience*, sugiere que las personas que trabajan en puestos de asistencia deberían formarse en compasión para protegerse del agotamiento que provoca la empatía. ¡Algo que se debería tener muy en cuenta!

4. A continuación, con ese mismo espíritu, piensa en ti. Deséate lo mejor. Vales tanto como cualquier otro ser de este planeta. Mereces la misma amabilidad y el mismo cariño.

Que sea feliz. Que tenga salud. Que me llene de compasión y amabilidad hacia mí mismo. Que viva libre de sufrimiento.

Esta es la fase más difícil para algunos. Es posible que te sientas culpable por desearte bondad a ti mismo, o que pienses que te estás mimando en exceso. Si es el caso, esta fase de la meditación de la bondad será un ejercicio útil para ayudarte a aliviar el estrés. En ocasiones, el estrés se intensifica si uno se trata con excesiva dureza. Esta meditación constituye un gran antídoto. Si sientes alguna resistencia a dedicarte bondad a ti mismo, no pasa nada. Con el tiempo será una meditación muy beneficiosa y reparadora para ti. Intenta tener mucha paciencia. Persevera sin castigarte y percibe qué ocurre con todo tu interés.

5. A continuación, piensa en alguien que te resulte neutro, que no te caiga ni bien ni mal y a quien apenas conozcas. Puede ser el vigilante del aparcamiento, la cajera del supermercado o el cartero. Recuerda que ellos, como tú, tienen una vida al margen de su trabajo. Piensa en sus amigos y en su familia, en sus esperanzas y sus temores, sus deseos y sus sueños. Deséales lo mejor. Utiliza tus propias palabras, o bien estas otras:

Que seas feliz y que tengas salud. Que estés lleno de amor y paz. Que vivas libre de todo dolor y sufrimiento.

6. Le toca el turno a alguien que no te caiga bien, a una persona difícil (viva o muerta). Como principiante, elige a alguien bastante difícil, pero no a la persona más difícil que conozcas. Puede ser alguien que te dio problemas y te hizo sufrir en el pasado. Piensa en él o ella como una persona completa, y no solo en el daño que te hizo. Como ser humano, esa persona también experimenta dolor, ansiedad, estrés y dificultades de todo tipo. Intenta perdonar sus acciones, que podrían no haber sido intencionadas. Si el dolor que te provocó fue deliberado, tal vez existiese alguna razón para ello (el estado emocional de la otra persona, su propia vulnerabilidad y su dolor, sus necesidades no satisfechas, etcétera). Si puedes, pídele perdón por el daño que pudieses haberle causado. No estás dando a entender que lo que hizo estuvo bien, solo estás dejando ir el dolor provocado por sus actos. El perdón entibiará tu corazón en lugar de endurecerlo.

Que estés bien, que seas feliz y que tengas salud. Que vivas libre de estrés, ansiedad y dolor. Que tu corazón se llene de bondad hacia ti y de compasión.

7. Piensa ahora en los cuatro: en ti, en la persona que te cae bien, en la neutra y en la difícil. Mientras imaginas que estáis juntos, trata de ofrecerles buenos deseos y compasión a todos por igual.
8. Puedes acabar esta meditación ofreciendo bondad a todos los seres del planeta, teniendo en cuenta las dificultades y el sufrimiento a los que, como todos, se enfrentan y deseándoles que se vean libres de ese sufrimiento.
9. Ahora vuelve a concentrarte en ti. Centra toda tu atención en la respiración; siente su ritmo y su profundidad naturales. Di-

rige sentimientos de calidez, cariño y gratitud hacia tu propia respiración.

10. Antes de acabar la meditación, aprecia tu esfuerzo por cultivar una de las cualidades más enriquecedoras de la vida: la compasión.

VARIACIÓN. Puedes practicar esta meditación de la bondad en cualquier momento una vez finalizado el curso. Y no es necesario que pases por todas las fases si no tienes tiempo. Puedes hacer una o dos, o la que consideres que necesitas en cada momento.

16.00: Actividad diaria con mindfulness

Come o bebe algo si lo necesitas. Dedica este rato a hacer alguna actividad cotidiana: cuidar el jardín, limpiar, barrer el porche o salir a pasear. También puedes dormir si te sientes muy cansado. Consúltalo con tu cuerpo y haz lo que necesites.

18.00: Preparar la cena y comer con mindfulness

Sigue los mismos principios que se han explicado para el desayuno y la comida.

19.30: Baño o actividades con mindfulness

Escuchar música puede ser un agradable modo de poner fin a un día de mindfulness. Pon música y túmbate; deja que los sonidos penetren en tus oídos y lleguen hasta el fondo de tu ser. Te recomiendo música clásica o relajante. Otras opciones son pintar, dar un paseo sin prisas, cuidar de las plantas o practicar algo de yoga.

Si te apetece, regálate un baño relajante. Puedes acompañarlo con unas velas. Aprovecha la ocasión para conectar con tus sentidos en lugar de limitarte a dejar que tu mente divague. Siente el aroma de las sales de baño, observa la llama de las velas, percibe las sensaciones en tu cuerpo mientras tus músculos empiezan a relajarse en el agua caliente. Escuchar el sonido del agua mientras se llena la bañera es otro ejercicio de atención plena muy relajante.

20.30: Última meditación del día

Acaba el día con la meditación que prefieras (una en posición sentada o el escáner corporal).

21.30: Rutina antes de acostarse y dormir

Prepárate para irte a la cama. Presta atención a tu rutina habitual. Túmbate, cierra los ojos y siente todo el cuerpo tendido en la cama. Dedica unos minutos a escanear todo tu cuerpo, de la cabeza a los pies. Percibe si sientes el cuerpo de manera distinta a la habitual al final del día. Siente la respiración en su ritmo natural. Continúa con este estado de conciencia plena hasta que finalmente te duermas.

Reflexión

El día después a tu día de mindfulness, escribe tus impresiones. ¿Qué te resultó complicado? ¿Con qué disfrutaste más? Si repitieses otro día de mindfulness, ¿qué cambios introducirías para enriquecer la experiencia?

Beber de ese pozo

Hoy empiezo con ilusión
para saborear un camino distinto,
pero me encuentro aislado,
las emociones me atrapan y me sumen en el caos.

Pero hay en mi interior un grito más profundo
que pide paz, silencio, calma y alegría.
Y aunque el reloj me dice que las horas pasan,
sonrío y recuerdo que este aliento lo es todo.

Bajo la superficie, oleadas en busca de atención
que llamamos pensamientos, estados de ánimo, sensaciones,
días difíciles.
Ansío sentir, estar, amar,
recuperar la dulce claridad de una paloma blanca y pura.

Estoy listo para empezar de nuevo.
Para ser yo, yo mismo, sentarme, descansar.
No descansar dormido, en duermevela, ni obsesionarme,
sino descansar en conciencia plena
y beber de ese pozo.

Shamash Alidina

Reflexión
Descubrimientos sobre los ejercicios en casa de la Semana 6

Tómate un momento para reflexionar sobre tu comunicación atenta diaria, tu potenciador de mindfulness de esta semana.

¿Cómo te ha ido? ¿Te has acordado de comunicarte con atención al menos una vez al día? Muchas personas se olvidan, ya que el piloto automático funciona como modo por defecto del cerebro humano. Si te has olvidado, toma conciencia de ello; no tienes que reprenderte. Considéralo una oportunidad para aprender hasta qué punto podemos ser automáticos los humanos. Si te has acordado, ¿cómo ha sido la experiencia? ¿Te has descubierto intentando finalizar alguna conversación a toda prisa, o te has sentido impaciente? ¿Has sentido la tentación de hacer otras cosas mientras hablabas?

Recuerda el relato de las tres preguntas (Capítulo 6): la persona más importante es la que tienes delante. No importa si es una princesa o un indigente; piensa que la persona que tengas delante es la persona más importante del mundo para ti en ese momento y merece toda tu atención. Escuchar a esa persona con toda tu atención es una de las meditaciones más poderosas.

Anota en el diario tus reflexiones sobre la comunicación atenta.

Preguntas frecuentes sobre el día de mindfulness

P: Tenía las emociones a flor de piel y he llegado a llorar. ¿Es normal?

R: Estar muy sensible y llorar es absolutamente normal durante un día de mindfulness. Probablemente, nunca habías pasado tanto tiempo en silencio, en vez de andar distraído todo el día. Esta amplitud le da permiso a tu cuerpo para que libere emociones acumuladas o reprimidas. Es algo bueno, no tienes que preocuparte. He escuchado muchos relatos de gente que se ha curado de alguna enfermedad física después de una liberación emocional en un retiro de meditación. Por ejemplo, una de mis clientes superó los dolores de cabeza crónicos después de un retiro. Otro sufría de dolor de espalda desde hacía un par de años; después de un retiro no volvió a dolerle más.

P: El día me ha dejado agotado emocional y físicamente. Lo cierto es que ahora estoy más cansado. ¿Qué he hecho mal?

R: Nada. Como ya he explicado, un día de mindfulness despierta una intensa emotividad en muchas personas. Las emociones están para sentirlas, no para apartarlas o ignorarlas. El día de mindfulness te brinda una oportunidad segura para estar con tus emociones. Si sientes que las emociones te superan, quizá necesites la ayuda de un profesional de la salud a fin de considerar otros modos de gestionarlas. El día de mindfulness también puede ser físicamente agotador. Varias prácticas, como la meditación para expandir la conciencia, sumadas al yoga y a los paseos, pueden ayudar a reducir el cansancio físico. No obstante, parte del agotamiento físico puede guardar relación con las emociones que se liberan. Sé todo lo amable que puedas contigo mismo y trata de evitar actividades muy intensas el día siguiente al día de mindfulness. Los efectos positivos de un día de mindfulness pueden pasar desapercibidos y tener lugar, de manera inconsciente, en tu mente y tu corazón. Estos procesos llevan su tiempo, no son una solución inmediata. Uno de mis clientes parecía no haber obtenido ningún beneficio del día de mindfulness. Solo sentía oleadas de ira que iban y venían. Estuvo a punto de abandonar por pura frustración. Sin embargo, en los días siguientes empezó a darse cuenta de momentos en los que se autocriticaba en el trabajo; estaba más atento a sus patrones de pensamiento. Entonces fue capaz de dedicarse palabras más amables en lugar de castigarse tanto. Y así redujo su estrés considerablemente.

P: ¿Con qué frecuencia debería practicar un día de mindfulness?

R: Tú decides. Dos o tres días de mindfulness al año están bien para empezar. No obstante, si tienes tiempo para practicar más, ¡perfecto! Existen pruebas de que cuanto más practiques, más beneficios obtendrás. También puedes dedicar una mañana o una tarde al mindfulness siempre que tengas tiempo.

P: He oído que hay personas que practican un fin de semana de mindfulness o incluso retiros de una semana. ¿Lo recomiendas?

R: Sí, recomiendo períodos más largos de práctica de mindfulness si estás dispuesto a ello. No obstante, empieza con algunas sesiones de un solo día, y pasa después al fin de semana antes de dedicar una semana completa al mindfulness en silencio. De ese modo reducirás las posibilidades de posponer un posible retiro de mindfulness en el futuro.

P: ¡Me siento incapaz de un día entero de mindfulness en silencio! ¿Por qué debería obligarme a hacerlo?

R: No tienes que obligarte a nada. Si te basta con los ejercicios y las meditaciones breves, está bien. Si en algún momento sientes que te gustaría descubrir más cosas sobre tu mente y tu corazón, experimenta con un par de horas de mindfulness: por ejemplo, el escáner corporal, la meditación para expandir la conciencia y un paseo con mindfulness. Si te apetece, ve aumentando la duración hasta practicar un día de mindfulness. Debes tomarte tu tiempo y dedicar un día al mindfulness cuando estés preparado y decidas hacerlo.

ONCE

Semana 7
Cuídate

Si alguien viene y te dispara una flecha al corazón, resulta inútil quedarse ahí gritándole a esa persona. Sería mucho mejor centrar la atención en el hecho de que tienes una flecha en el corazón.

PEMA CHÖDRÖN

INTENCIONES

- *Adaptar el estilo de vida para reducir el estrés.*
- *Identificar las actividades que te estimulan y las que te agotan.*
- *Desarrollar un plan de acción para gestionar el estrés con mindfulness.*
- *Descubrir qué es un «paso de acción consciente».*

No hace mucho tiempo, una mujer joven llamada Valentina solicitó participar en uno de mis programas de formación online. En una conversación telefónica me explicó muchas cosas de su vida. Me dijo que después de experimentar una cadena de hechos traumáticos se sentía tan agotada por el pánico y el sufrimiento que había recurrido a las drogas para intentar anular sus emociones. Finalmente tocó fondo; se quedó sin amigos y sin familiares dispuestos a continuar la relación con ella.

Milagrosamente, un día se encontró con un cheque sin cobrar a su nombre, de una suma considerable, y vio una posibilidad. Valentina me aseguró que su decisión surgió de un breve momento de lucidez: invertir el dinero en rehabilitación en lugar de continuar con sus adicciones. En el centro de rehabilitación descubrió un banco de piedra junto a un río y se sintió inexplicablemente atraída hacia él. Sin saber que lo que estaba haciendo era en realidad una forma de meditación, se sentó en el banco con las piernas cruzadas y escuchó el sonido del agua con los ojos cerrados en medio de un silencio sosegado que le resultó sanador al instante.

Para Valentina fue el primer paso en su camino hacia el mindfulness, la autocompasión y una nueva conciencia de sí misma perfeccionada mediante la práctica de la meditación y la redacción de un diario. Mientras describía su transformación de hedonista bebedora y consumidora de drogas a sobria yogui vegana, se reía escandalosamente. También manifestó su sorpresa ante el hecho de que la gente (incluyendo a aquella que antes no la quería cerca) señalase lo alegre y abierta que era. Valentina, ya discretamente, me dijo que pensaba que su personalidad amable combinada con su historia difícil la convertían en una buena candidata para ser una profesora de mindfulness entregada y empática.

Por supuesto, acepté a Valentina en el curso.

En un momento transformador, Valentina eligió la vida en vez de la autodestrucción; eligió cuidar de sí misma. A partir de aquel importante cruce en el camino, estoy seguro de que se produjeron muchos momentos en los que Valentina pudo haber regresado a sus anteriores hábitos. Pero continuó adelante con el mindfulness. Aquella elección inicial la ha llevado a comer sano, a practicar ejercicio, meditación y yoga, y a disfrutar de buenos momentos en buena compañía. Este tipo de vida revitalizador ha dado frutos tan valiosos que Valentina tiene la energía, el entusiasmo y el amor necesarios para compartir sus descubrimientos con los demás. Su opción de cuidarse y tratarse con autocompasión llega ahora a muchas personas con problemas similares a los que ella vivió. Si Valentina no se cuidase, eso sería imposible.

Cuídate

Probablemente, tu tiempo y tu energía se enfrentan a muchas exigencias, y cuidarte puede acabar ocupando los últimos puestos de tu lista de obligaciones. Tal vez eres una mamá muy ocupada, o un ejecutivo con mucha presión o te encuentras en pleno proceso de duelo. Cuando nos enfrentamos a muchas exigencias, resulta fácil olvidar que debemos cuidarnos. Cuando te cuidas, tus sentimientos de distrés empiezan a convertirse en eustrés, que es positivo (véase Capítulo 7), y te sientes más preparado para enfrentarte a las complicaciones de la vida con una sonrisa.

Párate un momento a pensar cómo cuidan a sus perros los propietarios cariñosos. Los bañan, los peinan, les dan comida suficiente, se aseguran de que tengan el peso correcto y los sacan a pasear todos los días. Dedican tiempo y atenciones a sus queridas mascotas, y juegan con ellas. Les proporcionan un lugar cálido y cómodo para dormir. Gracias a ello, los perros reciben comida, ejercicio, diversión, amor y descanso. A cambio, les entregan un amor incondicional a sus propietarios. Los humanos necesitamos el mismo tipo de amor y de cuidados para enfrentarnos a los retos de la vida con entusiasmo y esperanza.

Antes de empezar a pensar en lo poco que te cuidas, tómate un momento para reflexionar acerca de cuánto te cuida tu cuerpo. Día y noche, tu cuerpo respira por ti. Tu corazón late más de cien mil veces en un día para bombear sangre, que contiene oxígeno, nutrientes y células inmunológicas. Tu sistema digestivo procesa casi 500 kilos de comida al año. Tu cuerpo te insta a comer, dormir y moverte para mantenerte vivo y en buen estado. Por lo tanto, tu cuerpo te cuida.

No obstante, tú también tienes un papel que desempeñar. Cuidarte implica seguir una dieta equilibrada, dormir lo suficiente y ejercitar el cuerpo. Y algo igual de importante: tienes que reservarte un tiempo para mantener relaciones sociales, divertirte y hacer cosas que te gusten. Lo que tú tienes que hacer exactamente para cuidarte es exclusivo de ti, y solo tú sabes cuáles son las opciones adecuadas.

Al tener más conciencia de tu cuerpo y tu mente, aprenderás a cuidarte mejor.

Por ejemplo, a un cliente mío le empezaron a salir manchas dolorosas en las piernas. Intentó ignorarlas y continuar con su trabajo, muy exigente. Al final le dolían tanto que no podía caminar; tuvo que tomar antibióticos y estar de baja unos días. Ahora tiene más conciencia de su cuerpo, y cuando reaparecen las manchas tiene que realizar un esfuerzo consciente para practicar mindfulness y tomarse un descanso. Desde entonces no ha vuelto a sufrir un ataque severo.

En tu caso, las señales de alarma podrían ser un dolor de cabeza, una gripe, un dolor en los hombros o el hecho de no dejar de dar vueltas obsesivamente a todo lo que te va mal. Utiliza esas señales para acordarte de ser amable contigo mismo en lugar de exigirte más o de reprenderte por no ser perfecto.

Esta semana tendrás ocasión de analizar tus actividades cotidianas. Podrás identificar qué debes ajustar (si es que necesitas ajustar algo) para alimentar tu cuerpo y tu mente en vez de solo agotarte. También encontrarás un apartado con cinco aspectos en los que debes concentrarte para fomentar tu bienestar y ganar en resiliencia frente a los factores estresantes.

El reto de cuidarse

Si cuidarnos fuese fácil, todos lo estaríamos haciendo bien. Lo cierto es que existen dificultades que nos impiden cuidarnos como deberíamos. Algunas de esas dificultades son factores externos, mientras que otras pueden ser simplemente actitudes mentales. Presentamos a continuación algunas dificultades típicas, así como algunos consejos para superarlas.

Según la American Psychological Association, la falta de voluntad está considerada el motivo principal por el que no nos cuidamos como deberíamos. Si sabes que necesitas irte a la cama a una hora prudencial o tienes que salir a correr, pero al final acabas perdiendo el tiempo, podrías necesitar un poco de ayuda para reforzar tu autocontrol. Aquí tienes algunos consejos para desarrollar tu fuerza de voluntad:

- **La meditación mindfulness incrementa la fuerza de voluntad.** Unos minutos al día bastan para empezar a desarrollar materia gris en las zonas del cerebro que controlan la toma de decisiones.
- **Ejercicio.** Las personas que hacen ejercicio tienen más probabilidades de dejar de fumar, reducir el consumo de alcohol, comer más sano e incluso ser más comedidas con sus gastos.
- **Sueño.** Cuanto más te acerques a las siete horas y media de sueño nocturno, más potente será tu fuerza de voluntad.
- **Adquirir buenos hábitos.** Cuando estás bajo presión, regresas a tus hábitos, buenos o malos. Por lo tanto, si tienes buenos hábitos, te resultará más fácil gestionar la presión o, incluso, disfrutar de ella.
- **Ser agradable contigo mismo funciona de verdad.** Cuando cometes un error, la autocrítica merma tu fuerza de voluntad. Uno de los campos más probados en la investigación sobre la fuerza de voluntad es que la autocompasión representa el modo más eficaz de desarrollar nuevos hábitos positivos. Recuerda que eres humano y que no puedes ser perfecto.

«Con el mindfulness me di cuenta de que siempre estaba corriendo de un lado para otro cuidando de mis hijos, mi marido y mis padres. Nunca tenía tiempo para mí. Nunca. Decidí de inmediato que las cosas tenían que cambiar. Fue un gran alivio.»

La falta de tiempo es una razón que muchas personas esgrimen para no cuidarse haciendo ejercicio o comiendo bien. Si es tu caso, te recomiendo que registres todo lo que haces, hora a hora, durante una semana. Cuando yo lo hice, el simple acto de poner una alarma cada hora y escribir qué estaba haciendo en cada momento me sirvió para ganar en eficacia. Conseguí irme a dormir a una hora razonable en lugar de quedarme navegando por internet, y hacer ejercicio en lugar de trabajar sin rendir. Muchos expertos en gestión del tiempo recomiendan ese ejercicio inicial como primer paso para utilizar el tiempo de manera eficaz.

Si te sientes abrumado por las responsabilidades, es posible que tengas demasiada presión como para cuidar bien de ti mismo. Sin embargo, un simple paseo diario de cinco minutos a paso rápido puede empezar a introducir pequeños cambios positivos en tu cerebro y tu cuerpo para ayudarte a afrontar el ajetreo de la vida.

Por último, es posible que pienses que cuidarte es algo egoísta. Recuerda los consejos de seguridad en los aviones: póngase siempre la máscara de oxígeno antes de ayudar a alguien. Cuando te cuidas bien, te sientes mejor, tienes más energía y puedes ayudar a los demás.

Yo mismo tenía problemas en ese sentido. Cuando empecé a dar clases en un colegio, era joven, estaba lleno de energía y quería cambiar el mundo. Ponía toda mi energía en cuidar de mis alumnos y yo no me cuidaba nada. Trabajaba cada vez más, hasta que empecé a ponerme enfermo. Me parecía egoísta no invertir mi tiempo libre en trabajar planificando las clases, subrayando libros o formándome. No obstante, empecé a observar un patrón. Cuanto más trabajaba, menos energía tenía para los chicos y menos eficaz era como profesor. Cuando había descansado bien, tenía mucha más paciencia y las clases iban bien. Cuidarme, aunque al principio me hizo sentir culpable, fue mejor para mis alumnos y para mí. Y ¡ahora me encanta cuidarme!

Cuándo debes cuidarte

Ocuparte de tus propias necesidades no es algo que debas hacer solo cuando te sientes agotado, estresado o cansado. Si te cuidas siempre, de forma habitual, tendrás resiliencia la próxima vez que aparezca un factor estresante. No obstante, resulta especialmente importante que prestes atención a tus necesidades cuanto te encuentres sometido a un estrés excesivo.

Tomemos las plantas como ejemplo. En invierno, cuando hace más frío, mis plantas no necesitan tanta agua. Con una vez a la semana es suficiente. En verano, con el calor implacable, se impone la necesidad de regar a diario. De lo contrario, las plantas se marchitarían. Cuando hace calor, necesitan más cuidados.

Del mismo modo, cuando el calor del estrés aprieta, necesitas cuidados añadidos. Después de un día estresante, tómate un momento para practicar tu meditación mindfulness favorita. Intenta ver la práctica como un pequeño capricho después de un día difícil. Eso podría ayudarte a acostarte un poco antes, a comer un poco más sano o a darte la motivación necesaria para hacer ejercicio. Una simple llamada de cinco minutos a tu mejor amigo puede suponer una enorme diferencia. Un poco de mindfulness después de un día complicado será una inversión que te compensará con creces.

Un vistazo a tu estilo de vida actual

Antes de empezar a pensar en lo bien o lo mal que te cuidas, vamos a observar de cerca tu estilo de vida actual. Las actividades que realizas habitualmente te darán una idea sobre lo que va bien y en qué esferas debes introducir cambios. Si no haces un alto y lo escribes, es posible que no seas consciente de cómo utilizas el tiempo.

A continuación valorarás cada una de las actividades que haces como vigorizante (te llena) o agotadora (te vacía). Eso te ayudará a ver qué proporción de tu día resulta estimulante y qué proporción no lo es. El siguiente paso consistirá en buscar formas creativas de reajustar tu horario o tu actitud y tu percepción para que las actividades agotadoras no lo sean tanto.

Veamos un ejemplo:

07.00: levantarse
07.15: ducharse y vestirse
07.45: preparar a los niños para el colegio
08.30: ir (a toda prisa) al colegio
09.00: ir al trabajo

09.30: llegar al trabajo
09.45: trabajar en un nuevo plan de marketing
Y así todo el día...

EJERCICIO. Mis actividades estimulantes y agotadoras

1. **Redacta una lista** de las actividades que realizas en un día normal.
2. **Puntúa con un +** las actividades que te estimulan, te animan o te dan energía. Son las actividades que te hacen sentir bien.
3. **Puntúa con un –** las actividades que te agotan o te hacen sentir cansado. Son las actividades que te hacen sentir mal.
4. **¿Qué actividades positivas puedes practicar con más frecuencia?** Repasa la lista y decide. Por ejemplo, salir a pasear, leerles un cuento a los niños o levantarte unos minutos antes para poder disfrutar de una buena taza de café.
5. **¿Qué actividades negativas puedes reducir?** Por ejemplo, reducir las entradas en las redes sociales a una vez al día, delegar algunas tareas (puedes enseñar a los niños a lavar los platos) o restar estrés a algunas actividades (por ejemplo, escuchar tu música favorita durante el trayecto al trabajo).

VARIACIÓN. Compara tus pensamientos con la realidad. Registra cómo te has sentido en cuanto puedas después de realizar la actividad, y con qué intensidad; utiliza una escala del 1 al 10 (1 es muy leve y 10 muy intenso): por ejemplo, feliz 7/10 o molesto 8/10. Piensa si la actividad ha sido realmente enriquecedora o agotadora. Por ejemplo, muchas personas creen que disfrutan viendo la televisión durante horas, pero cuando hacen este ejercicio puntúan esa actividad como igual de interesante que ir al lavabo.

PROFUNDIZAR. Si disfrutas con este proceso y quieres más detalles, prueba a registrar tus actividades diarias durante una semana, incluyendo el fin de semana, para hacerte una idea más clara de en qué inviertes tu tiempo. Además, describe tu estado de ánimo aproximadamente cada hora para intentar detectar posibles patrones.

CONSEJOS

Algunas actividades pueden parecer estimulantes en el momento, pero después te das cuenta de que te han dejado sin energía. Por ejemplo, tomar varias copas de vino puede hacer que te sientas bien, pero cuando pasen unas horas podrías lamentarlo. En ese caso, deberías etiquetar esa actividad como agotadora.

Otras actividades pueden parecer agotadoras, pero en realidad te dan energía. Por ejemplo, puedes percibir que el ejercicio te deja sin energías en el momento, pero después, o tal vez al día siguiente, te sientes con más energía.

Te recomiendo que registres tus sentimientos en cuanto puedas después de la experiencia. Busca patrones como el del vino y el ejercicio.

Reflexión

¿Has descubierto algo nuevo con este ejercicio? ¿Qué cambios en tu horario, o tal vez en tu actitud, puedes introducir? Los pequeños cambios pueden ejercer un impacto considerable.

Por ejemplo, a una de mis clientas le resultaba agotador hablar por teléfono con su madre. Empezó a practicar respiración consciente mientras la escuchaba. Las llamadas se convirtieron en momentos de meditación en lugar de espacios para las críticas y las discusiones, lo cual redujo su estrés considerablemente.

Relatos sabios. Cómo se camina sobre el agua

Tres monjes meditaban sentados junto a un lago. De pronto, el primer monje se levantó y exclamó:

—¡Me he olvidado de poner a secar la ropa interior!

Milagrosamente, echó a andar sobre el agua, cruzó el lago, entró en su cabaña y regresó en un momento.

Poco después, el segundo monje se levantó de un salto y dijo:

—¡Me he olvidado de tirar de la cadena!

Y se puso a caminar sobre el agua, llegó a su cabaña y regresó, del mismo modo sorprendente que el primer monje.

El tercer monje pensó: «Estos monjes creen que conocen una especie de técnica de meditación superior y se están exhibiendo. Yo también puedo hacer eso sin ningún problema. Soy mucho mejor que ellos en meditación». El monje se levantó, entró en el agua seguro de que podría caminar sobre ella, e inmediatamente se hundió. Salió del agua, se mentalizó y volvió a intentarlo. Con el mismo resultado. Acabó completamente empapado.

Los otros dos monjes observaron la escena tranquilamente, y entonces uno le dijo al otro:

—¿Le decimos dónde están las piedras?

¿Cuál es la moraleja de la historia?

Cuando el estrés te supera

La siguiente práctica es un ejercicio en tres pasos que puedes probar cuando te sientas superado por el estrés.

PRÁCTICA. El ABC del mindfulness

El ejercicio se compone de tres pasos, que enumeramos como A, B y C. La A corresponde a la conciencia; el paso B lo constituyen la respiración y las creencias, y el C consiste en decidir una acción consciente. La práctica se explica en las páginas que siguen y se resume en la siguiente figura.

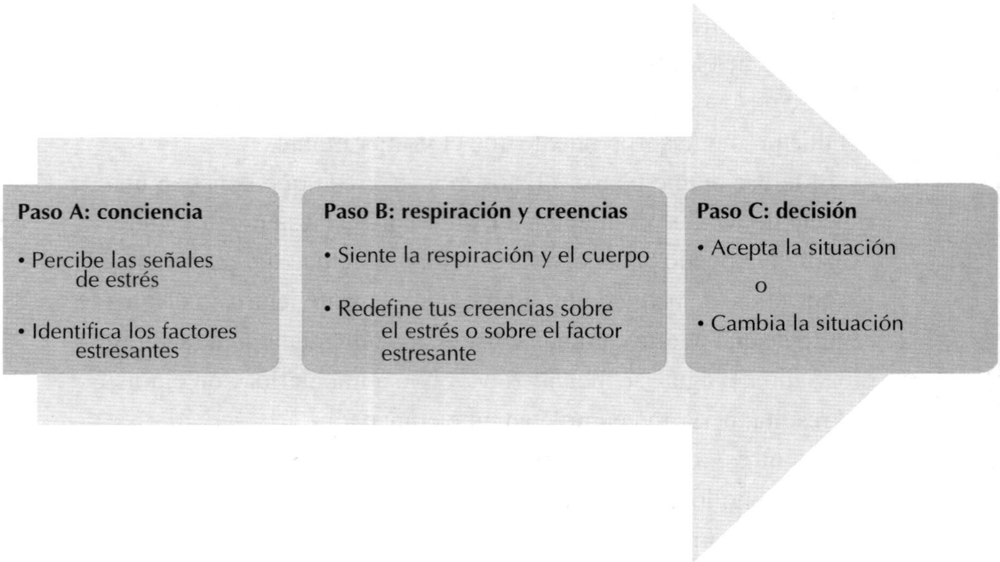

Paso A. Conciencia

Toma conciencia de las señales de estrés. Son señales de estrés los pensamientos, los sentimientos y las sensaciones del cuerpo, así como la conducta que percibes cuando estás demasiado estresado.

Las señales varían en cada persona. En mi caso, tengo un tic en un párpado, no me apetece hablar con mis amigos, siento tensión en los hombros y me irrito ante el más mínimo contratiempo. Me vuelvo reacio a hablar con los demás. ¿Cuáles son tus señales? Repasa el Capítulo 5 para refrescarte la memoria.

Paso B. Respiración y creencias

Respiración

Respira varias veces de manera lenta y profunda. A continuación, deja que tu respiración recupere su ritmo normal y percibe esa sensación. Expande la conciencia a tu cuerpo y siente todas las sensaciones; acéptalas tal como son. Reconoce las posibles sensaciones de tensión como parte fundamental de la respuesta de estrés, si es que se dan. No hay necesidad de intentar cambiar la sensación: simplemente, obsérvala y, si puedes, acéptala.

Creencias

Hazte esta pregunta: «¿Qué me estresa exactamente?». Tu respuesta podría ser: «Me preocupa no acabar el informe a tiempo» o «Me preocupa que voy a quedarme sin dinero este mes». A continuación piensa en un modo de reformular tus creencias sobre el estrés. No siempre es fácil, pero inténtalo. Piensa «Este estrés me está dando energía para prepararme para acabar el informe», en lugar de quedarte con un simple «Tengo que reducir mi estrés» o «El estrés es malo». Recuerda que el estrés puede ser saludable en períodos breves, puesto que agudiza los sentidos, te fortalece para actuar, libera oxitocina para empujarte a buscar compañía y potencia (inicialmente) tu función inmune. También puedes reformular el factor estresante. Por ejemplo: «Sí, me asusta quedarme sin dinero para el alquiler, pero siempre puedo pedirle algo a papá si las cosas empeoran todavía más».

Paso C. Decide una acción consciente

Este paso consiste en decidir lo que vas a hacer a continuación.

Con independencia de cuál sea el factor estresante, tienes que cambiar la situación, o bien aceptar lo que no puedes cambiar.

Si decides que debes cambiar la situación, podrías acudir a la oficina de empleo, acabar el informe o llevarte a tu hijo a casa si está en plena rabieta.

Si decides que tienes que aceptar la situación, al menos por ahora, puedes:

- **Decidir hacer algo que te aporte energía.** Considera la posibilidad de salir a dar un paseo, correr, subir o bajar escaleras... La actividad te ayudará a quemar hormonas del estrés, pues para eso es para lo que se está preparando tu cuerpo: para actuar. Integra tu actividad con plena conciencia en lugar de limitarte a dejar que tu mente se preocupe.
- **Decidir hacer algo relajante.** Puede ser cualquier actividad para la que tengas tiempo y que te guste. Algunos ejemplos: darte un baño, escuchar música, cuidar las plantas, salir a dar una vuelta en coche, hacer meditación o yoga. Realiza la actividad con plena conciencia.
- **Decidir estar plenamente presente en el momento.** Puedes optar por prestar toda tu atención consciente a lo que vayas a hacer a continuación. Podría ser la única opción si estás viajando, en el trabajo o en medio de una conversación. Elige uno de tus sentidos y conecta con él por completo. Pon toda tu atención en la experiencia. Lo ideal es que estés plenamente presente y seas amable contigo mismo hagas lo que hagas.

Reflexión

Si te apetece, redacta un resumen del ejercicio «El ABC del mindfulness». Escribe los efectos que te ha producido en el estado de ánimo y en las emociones, y si has gestionado el factor estresante de manera distinta a como lo haces normalmente.

Fomentar el bienestar para reducir el estrés

Si te sientes angustiado por las presiones de la vida, aunque sea ligeramente, lo más probable es que no seas feliz. Es posible, incluso, que creas que la felicidad no está a tu alcance dadas las circunstancias. Sin embargo, dar los pasos necesarios para aumentar tu bienestar, a largo plazo puede ayudarte a incrementar tu resiliencia al estrés.

Investigadores de la Escuela de Salud Pública de Harvard analizaron 200 estudios sobre bienestar y salud cardiovascular. Descubrieron que las emociones positivas y el optimismo ralentizan la progresión de las enfermedades cardíacas y reducen a la mitad el riesgo de sufrir algún problema de corazón grave, como un infarto. Por lo tanto, ser feliz abre tu corazón emocional y sana tu corazón físico.

Un modelo fantástico que llevo utilizando unos años para fomentar el bienestar es el llamado «Cinco caminos hacia el bienestar». Se trata de un plan cuya eficacia ha sido demostrada, que ha fue diseñado por la New Economics Foundation (Reino Unido) y está basado en las últimas investigaciones sobre bienestar mental. El camino hacia una vida de felicidad es distinto para cada persona, pero las actividades que se citan a continuación resultan especialmente beneficiosas para incrementar el bienestar de la gente y reducir su ansiedad.

Los cinco caminos hacia el bienestar, representados en la figura de la página siguiente son:

1. **Conectar:** se trata de incrementar la calidad de las relaciones con los amigos, la familia, los compañeros de trabajo e, incluso, los vecinos.
2. **Moverse:** a este respecto, se hace hincapié en la importancia de mover el cuerpo frente al sedentarismo.
3. **Percibir:** este punto está en estrecha relación con el mindfulness y con el modo en que la conciencia de los pensamientos y las emociones ayuda a definir los valores y la dirección en la

propia vida. También se percibe y se aprecia el mundo que nos rodea.

4. **Descubrir:** trata sobre el aprendizaje. Y no necesariamente con libros, cursos o acumulando certificados; se trata simplemente de aprender algo nuevo.
5. **Dar:** consiste en aprender a dar un poco de uno mismo cada día y disfrutar de la sensación de ayudar a los demás. Además, reforzará las conexiones sociales y la calidad y la profundidad de la red social.

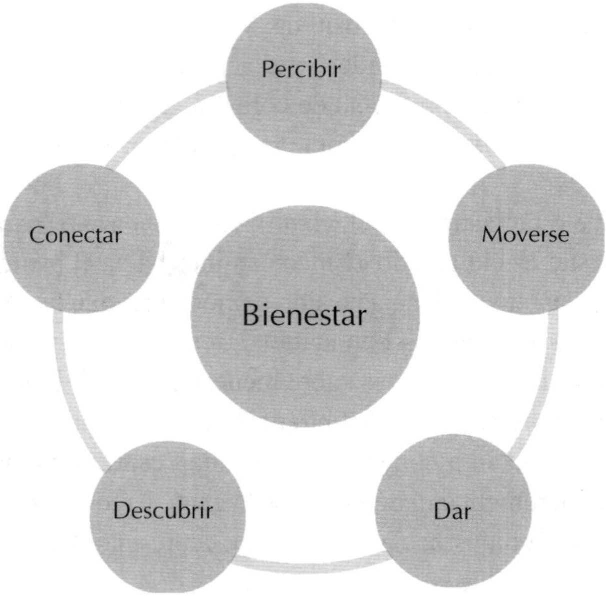

Una pequeña acción en cada uno de esos campos desencadena un efecto duradero, como si fuera una piedrecilla que forma ondas cuando se lanza a un lago. Al mejorar en uno de los campos, empezarás a mejorar en todos. Como se desprende de las descripciones que siguen, el mindfulness está presente en cada uno de ellos.

Un poderoso medio para incrementar la resiliencia frente al estrés y disfrutar de un mayor bienestar lo constituyen las relaciones sociales. Unas relaciones estrechas con la familia y los amigos aportan amor y apoyo. Las conexiones más extensas crean un sentimiento de pertenencia. Asegúrate de estar muy cerca de unas cuantas personas para poder recurrir a una u otra en momentos difíciles.

«No he notado ningún cambio desde que practico mindfulness, pero ¡mi mujer sí! Dice que tengo muchas menos reacciones imprevisibles y que ahora soy una persona más agradable. Y cuando ella dice algo así, ¡lo dice de verdad! Noto que está mejorando nuestra relación.»

Una de las grandes ventajas de una conversación con alguien de confianza en momentos de angustia es que puedes poner las cosas en perspectiva. Como recordarás, uno de los factores fundamentales del estrés es cómo interpretamos la situación. Si estás en un estado de ansiedad, la interpretación no se producirá a través de la parte inteligente y tranquila del cerebro, el córtex prefrontal. Será una reacción surgida de la activación de la amígdala, la parte que quiere que te centres en el peligro y veas las consecuencias negativas de los acontecimientos.

Veamos algunas ideas para desarrollar la red de relaciones sociales:

Ideas para hacer nuevos amigos:

- **Compartir el coche para ir al trabajo.** Es algo que puede organizar tu jefe, o bien se lo puedes preguntar a los compañeros. Es una idea estupenda para conocer gente.
- **Utilizar las redes sociales en internet** para ponerse en contacto con viejos amigos. Hace poco me puse en contacto con unos amigos de primaria, y cuando nos encontramos fue como si nunca nos hubiésemos separado.
- **Pasear al perro.** Muchos propietarios de perros acaban charlando entre sí. Incluso puedes hacerte voluntario para pasear

perros de algún refugio. Además, es una buena oportunidad para caminar con mindfulness.

Ideas para reforzar las relaciones personales actuales:

- **Recuerda la regla de oro:** trata a los demás como te gustaría que te tratasen a ti.
- **Dedica tiempo y energía a las relaciones más próximas.** Es la mejor inversión que puedes hacer.
- **Dales espacio a las relaciones.** Encuentra el equilibrio entre el tiempo que pasáis juntos y el tiempo que dedicas a tus propios intereses.
- **Sé flexible.** Todos cometemos errores, somos humanos.

Reflexión

Escribe quiénes son las personas más próximas a ti. Pueden ser familiares, amigos, compañeros del trabajo, vecinos u otros.

No es necesario que tengas unas relaciones personales muy numerosas. Es suficiente con unas cuantas relaciones estrechas con personas a las que poder recurrir en momentos difíciles. Si se trata de una sola persona, piensa cómo podrás desarrollar más relaciones estrechas con familiares o amigos.

Mantente físicamente activo

¿Quieres reducir el estrés y aumentar tu productividad? Y ¿reducir el riesgo de enfermedades cardíacas, infartos y cáncer en un 50 %? ¡Haz ejercicio!

Cualquier actividad que no implique permanecer sentado o tumbado pasivamente representa un paso en la dirección correcta. El gimnasio no es el único medio para mantenerse activo físicamente. Busca actividades que te gusten y que sean adecuadas para tus capacidades. Y si las puedes compartir con más gente, mucho mejor.

Entre los ejemplos de ejercicio físico figuran:

- Caminar a paso rápido
- Jugar al tenis
- Cuidar las plantas
- Pasar el aspirador

Si la actividad te hace sudar, eso significa que estás haciendo trabajar el corazón y logrando beneficios para tu cuerpo y tu mente. Sé creativo y piensa en actividades que te hagan sudar.

Cuando estas actividades se acompañan con mindfulness, los beneficios no consisten únicamente en una liberación de tensión física, sino que además es un ejercicio para el cerebro: estar en el momento presente sin juzgar nada mientras tu cuerpo se mueve. Si haces todo lo posible por permanecer plenamente atento mientras realizas el ejercicio físico, estarás meditando (con todos los beneficios añadidos que eso comporta).

¿Cuánta actividad deberías hacer? Esta es una pregunta frecuente, y la mejor respuesta según mi criterio es: ¿cuánta actividad estás dispuesto a hacer? Incluso un paseo de cinco minutos aporta beneficios. Y cada vez existen más pruebas de que los episodios breves de ejercicio, como un paseo a paso rápido, mejoran la forma física y ayudan a afrontar el estrés.

Si ahora mismo no practicas ninguna actividad física, prueba estos consejos para empezar a moverte.

- **Pregúntate:** ¿estás dispuesto a intentar hacer alguna actividad física que te parezca divertida? La actividad física te ayudará a sentirte más feliz y más sano, y a vivir más años. Mejorará la función cerebral, te sentirás más seguro de ti mismo, te ayudará a dejar de fumar o a reducir la cantidad de cigarrillos, e incluso reducirás tus gastos porque probablemente invertirás menos dinero en intentar sentirte bien.

- **Fortalece tu fuerza de voluntad.** Prueba con alguna de las siguientes opciones: irte a la cama a una hora prudente, practicar meditación y tomar alimentos con un índice glucémico bajo. En general, esos alimentos son más recomendables porque incrementan los niveles de azúcar en sangre poco a poco. Con más fuerza de voluntad te costará menos convertir el ejercicio en un hábito.
- **Rodéate de personas que hagan ejercicio habitualmente.** Será más probable que pienses en la actividad física como algo positivo si tienes amigos que hacen lo mismo. Te serán fuente de inspiración para moverte.
- **Traza un plan y anota los resultados.** Si preparas un plan básico de actividad y anotas tus logros, tendrás más posibilidades de mantenerlo. Puedes utilizar una aplicación de tu móvil o anotarlo en tu diario o en otro cuaderno. Imponte un objetivo sencillo y realista para empezar: por ejemplo, un paseo diario de cinco minutos.
- **Sé amable contigo mismo cuando falles.** Los días que no consigas seguir tu plan, practica la bondad hacia ti mismo. A muchas personas les cuesta creerlo, pero si eres demasiado estricto contigo cuando no cumples con lo previsto, se incrementan las posibilidades de volver a fallar. Perdonarte te sitúa en una actitud más positiva y reduce la posibilidad de un nuevo contratiempo.
- **Haz ejercicio en compañía.** Si puedes, busca a alguien para realizar las actividades físicas en compañía. Así os motivaréis mutuamente, y los días en que sientas la tentación de dejarlo, tu acompañante te animará a seguir.
- **Reduce el tiempo que pasas sentado.** Una investigación reciente ha demostrado que, aunque realices media hora de ejercicio al día, si te pasas muchas horas sentado en el trabajo, la diferencia en el beneficio para la salud es limitada. Intenta per-

manecer de pie cuando hables por teléfono, haz alguna reunión caminando (si es posible) o sal a dar una vuelta a la hora de comer. Muévete todo lo que puedas durante la jornada.

Percibe

Percibir las cosas (es decir, el mindfulness) te ayuda a estimular la curiosidad y a apreciar el mundo que te rodea. En vez de ver la vida del modo habitual, despierta y disfruta de lo que te va bien. Conecta con lo que ves: con los sonidos, los olores, los sabores, el tacto. Percibir tus propios pensamientos y sentimientos también te ayuda a definir la dirección hacia la que quieres orientar tu vida. Tomas decisiones conscientes, no te quedas anclado en tus viejos hábitos.

Además de practicar meditación, yoga o taichi, aquí tienes algunos métodos menos habituales para mejorar tu capacidad de percepción:

- **Detecta todos los objetos de un determinado color** durante unos minutos. Por ejemplo, si elijo el verde, durante un rato me fijo en los árboles, la hierba, un rotulador fluorescente, el logo de una tarjeta de visita, un dibujo de mi taza y el estampado de la cortina.
- **Realiza una tarea a la mitad del ritmo normal durante un minuto.** ¿Qué percibes que antes no veías? Si pruebo este ejercicio mientras escribo en mi teclado, de pronto me doy cuenta de lo bien que funcionan las teclas y de que estoy sentado en una postura «retorcida».
- **Intenta no hacer nada durante cinco minutos al día.** Sí, nada. Simplemente, siéntate o túmbate y a ver qué ocurre. Si te resulta muy difícil debido a la presión del tiempo, es posible que tengas que plantearte un cambio en la gestión del tiempo.
- **Cuenta el número de sonidos distintos que escuchas mien-**

tras haces cola. Cuando me paro a hacer este ejercicio, percibo los coches a lo lejos, una tetera con agua hirviendo, un avión y el ruido de los platos. Antes no era consciente de ninguno de estos sonidos.

- **Hazte estas tres preguntas:** ¿Cómo me siento ahora mismo? ¿En qué estoy pensando ahora mismo? ¿Qué percibo a través de mis sentidos ahora mismo?

Descubre

Aprender algo nuevo incrementa la confianza en uno mismo. Y dado que cualquier cosa que estés aprendiendo es nueva, en el proceso adoptas una actitud mucho más atenta y presente. Imagina que aprendes a pintar o a conducir: tu atención estará completamente centrada en el presente mientras desarrollas los nuevos conocimientos.

La mayoría de las personas relacionan aprendizaje con escuela. Sin embargo, el cerebro está diseñado para aprender cosas nuevas y es así como se alimenta. Es posible aprender a cualquier edad. Cuando aprendes realizando actividades, con la práctica, el aprendizaje mejora.

Aquí tienes algunas ideas para seguir aprendiendo, lo que mejorará tu resiliencia y tu bienestar mental:

- Hazles más preguntas a las personas que te rodean.
- Intenta aprender algo nuevo cada día.
- Apúntate a un curso de pintura, aprende a tocar un instrumento, a reparar coches...
- Adopta un nuevo papel en el trabajo.
- Prueba a practicar un deporte nuevo, a escuchar un audiolibro o a cocinar algo distinto.
- Visita un museo para aprender sobre una época histórica que te resulte interesante, o sobre arte o ciencia.

- Prueba esa afición en la que llevas tiempo pensando, ya sea volar helicópteros en miniatura, hacer punto o escribir ficción.

Hace poco empecé a pintar. Debo decir que la primera vez pensé que sería incapaz. Sin embargo, el hecho de verter los colores en un lienzo y de cometer errores me resultó muy terapéutico y divertido. El resultado, yo lo califico como arte moderno. He estado experimentando con la meditación antes de pintar para ver qué efectos tiene, y mis pinturas son más serenas, más tranquilas a la vista. Otras cosas que hago para fomentar el aprendizaje: escuchar un nuevo audiolibro cada dos semanas, ver conferencias en <www.ted.com>, visitar museos cuando puedo, leer blogs de ciencia y psicología, leer en general y asistir a conferencias y charlas sobre temas diversos de vez en cuando.

Da

Tal vez te sorprenda encontrar el acto de dar como recomendación en un capítulo sobre el cuidado de un mismo. Sin embargo, los actos de bondad, pequeños y grandes, intensifican la sensación de bienestar, mejoran las relaciones y ayudan a gestionar el estrés de forma positiva. Ser amable con los demás es un acto de amabilidad hacia uno mismo. Las personas buenas disfrutan de vidas más largas y más felices. Las personas mayores de cincuenta y cinco años que participan como voluntarias en dos o más organizaciones tienen un 44 % menos de probabilidades de morir. ¡Es más eficaz que practicar ejercicio cuatro veces por semana!

Descubrí un poderoso ejemplo de ello la semana pasada. Un viejo amigo vino a verme. Después de desperdiciar varios años en la universidad, cada vez más estresado y frustrado, fue a ver a su médico. Le diagnosticó síndrome de fatiga crónica. El médico le aconsejó que buscase tiempo para ayudar a los demás en lugar de limitarse a descansar. Parece un consejo un tanto extraño para alguien que apenas tiene energía para realizar sus propios quehaceres cotidianos. No obstante, siguió el consejo y se apuntó a una organización sin ánimo de lucro dedicada a la fatiga crónica. Empezó a sentirse agradecido por lo que podía hacer, y ayudar a los demás dotó a su vida de sentido. Actualmente también medita, y se muestra mucho más positivo y animado respecto a su futuro. Disfruta de los retos que le plantea la vida en lugar de sentirse machacado por el estrés. Al parecer, darse a los demás le ha ayudado a reducir el estrés y a aumentar su felicidad.

«Me encanta la sensación de hacer algo bueno por alguien. Esa fue una de las partes que más me gustó del curso con Shamash. Me dio permiso para ser agradable porque sí. ¡Me ponía de muy buen humor cada vez que lo hacía! Me sorprende que antes no dedicase ni un minuto de mi tiempo a esto.»

Veamos algunas sugerencias para dar:

- Elogiar a un colega de trabajo con un correo breve.
- Sujetar una puerta para que entre o salga alguien.
- Prepararle un té a un compañero de trabajo.
- Sonreír más.
- Considerar la posibilidad de hacerte voluntario de alguna asociación.
- Ofrecerte a llevarle la bolsa a una persona mayor.
- Invitar a un amigo o una amiga a cenar.
- Ofrecerle ayuda a un colega con un proyecto de trabajo.

EJERCICIO. Mejorar un aspecto de tu vida

Si te sientes abrumado solo con pensar todo lo que podrías mejorar en tu vida, ¡no te estreses! Prueba a seguir estos pasos para definir una acción que puedas llevar a cabo. Una sola para empezar es suficiente.

1. Consulta la figura de los cinco caminos hacia el bienestar de la página 350. Puntúa cómo lo estás haciendo en cada área en

una escala del 1 al 5: el 1 significa un gran potencial de mejora en ese campo y el 5 implica que esa faceta de tu vida está perfectamente en este momento (en tu opinión).

2. Decide qué aspecto deseas desarrollar. Puedes elegir el de menor puntuación o el que más te apetezca potenciar. Es mejor que elijas el campo con más posibilidades de éxito y con el que vayas a disfrutar más.
3. Durante la próxima semana, emprende alguna acción en la faceta elegida. Por ejemplo, si es la de «Descubre», piensa qué cosas nuevas puedes aprender cada día: jugar a algo nuevo con tu hijo, recuperar una antigua afición o apuntarte a ese curso en el que llevas tiempo pensando.
4. Realiza la actividad elegida con toda tu atención. Saborea la experiencia. Y observa si empiezas a afrontar mejor el estrés. Para acabar, anota tus descubrimientos en el diario. Y si te sientes inspirado, ¡emprende otra acción el mes que viene!

Medidas para motivarte

Medir las actividades diarias es una estupenda manera de fomentar la motivación. Puedes medir no solo cuánto ejercicio haces, sino también tu ritmo cardíaco, la calidad de tu sueño, tu peso, tu estado de ánimo, cómo utilizas el tiempo, la cantidad de meditación que has practicado, los pasos que caminas en un día, y mucho más. No hace mucho, mi madre empezó a utilizar un podómetro para medir cuántos pasos camina cada día, y le ha ayudado a motivarse para caminar más.

Actualmente existe todo un movimiento basado en medirse a uno mismo como ayuda para conseguir objetivos. Se denomina «yo cuantificado»; puedes empezar a investigar en <www.quantifiedself.com>.

Me gusta la tecnología, y llevo unos meses utilizando diversas aplicaciones en el móvil para estar al día. Me motiva y me ayuda a desarrollar hábitos sanos. Con diferentes aplicaciones registro el tiempo que invierto en meditar (Insight Meditation Timer); mi peso y mis hábitos alimenticios (My Fitness Pal); el número de paseos o de carreras que hago a la semana, y la velocidad a la que voy (Runkeeper); cómo empleo mi tiempo (simplemente con Excel) y la calidad de mi sueño (Sleep Cycle). Además, escribo mis pensamientos en mi diario privado online (<www.penzu.com>). Si no te entusiasma la tecnología, puedes anotar tus mediciones en un papel; resulta igualmente válido y, en tu caso, menos estresante.

PRÁCTICA. Yoga atento y meditación de por vida

10 minutos.

30 minutos.

A estas alturas ya estarás familiarizado con las secuencias de yoga que te ofrezco en este libro. Hoy te invito a practicar en silencio y a comenzar la práctica con un escáner corporal de pie, de cinco minutos de duración. Puedes utilizar este escáner para percibir qué zonas de tu cuerpo están tensas y requieren un poco de atención, y cuáles están relajadas. A continuación, practica las posturas de yoga que consideres que tu cuerpo necesita. En lugar de pensar en la práctica de yoga como algo inusual, trata de percibir los estiramientos como un proceso natural. Igual que estiras tu cuerpo por la mañana, cuando te despiertas, hazlo ahora con toda la atención para satisfacer las necesidades de tu cuerpo en este momento.

Después de practicar durante diez minutos (minicurso) o treinta minutos (curso completo), pasa a la meditación mindfulness que prefieras. De nuevo, trata de no utilizar el audio esta vez.

VARIACIÓN. Puedes practicar la meditación primero y el yoga después. Observa los efectos de este cambio. Tu nivel de conciencia atenta en el yoga podría aumentar.

Los narcisos

Erraba en soledad por valle y cumbre,
como flota la nube por los cielos,
cuando vi de repente en muchedumbre
un tropel de dorados narcisos,
bajo la espesura, junto al agua lisa
del lago azul, bailando entre la brisa.

Continuos cual los astros que en la vía
láctea titilan y arden hondamente,
su indefinida línea se extendía
por la margen de un desfiladero transparente;
mi mirada diez mil de un golpe alcanza,
cabeceando en jubilosa danza.

Cerca el lago danzaba; mas al gozo
del agua el de las flores excedía.
¿Cómo no recibir con alborozo
un poeta tan alegre compañía?
Miré y miré; mas sin tener conciencia
del gozo atesorado en su presencia.

Pues a menudo, si en mi lecho pierdo
el tiempo en ocio y vida imaginaria,
en íntima visión se abre al recuerdo
la dicha del alma solitaria,
y de júbilo llenan y de vuelos
de danza, al corazón, los narcisos.

William Wordsworth

[Traducción de Leopoldo Panero, en *Poemas románticos ingleses* (*Homenaje a Walter Starkie*), Instituto Británico, Madrid, 1946.]

Reflexión
¿Cómo ha ido tu día de mindfulness?

Si has dedicado un día (o medio) al mindfulness, ¿cómo te ha ido la experiencia? ¿Qué te ha gustado y qué no? ¿Qué has descubierto sobre tus pensamientos, emociones, sensaciones corporales, necesidades y deseos? Si piensas repetir, ¿vas a apuntarte la fecha del próximo día en la agenda, o lo dejas para cuando te apetezca?

Anota las reflexiones en tu diario.

Preguntas frecuentes sobre los cuidados personales

P: Ya cuido de otros todos los días. ¿De verdad sugieres que dé más de mí?

R: Si ya dedicas un tiempo a ayudar a otras personas, no tienes que ampliarlo. En tu caso, tal vez tendrías que dar menos diciendo «no» con más frecuencia. No obstante, muchas personas solo piensan en sí mismas y en sus propias vidas para sentirse mejor, cuando lo cierto es que ayudando a los demás se ayudarían también a sí mismas. Eso se debe a que el cerebro está concebido para recompensarnos cuando somos generosos con nuestro tiempo o nuestra energía. Como afirma el dalái lama, «Si quieres que los demás sean felices, practica la compasión. Si quieres ser feliz, practica la compasión».

P: Literalmente, no tengo tiempo para el mindfulness; tengo un bebé y trabajo. No paro desde la mañana hasta que me voy a dormir, agotada. ¿Qué puedo hacer?

R: Si no dispones de ningún hueco para hacer un alto y practicar un ejercicio de mindfulness como la pausa atenta, ¡no te preocupes! Puedes practicar mindfulness mientras realizas tus actividades cotidianas. Cuando mires a tu bebé, presta atención a sus ojos y su cuerpo, y sonríele dulcemente en lugar de dejar que tu mente se pierda entre planes y preocupaciones. Cuando le des el pecho, hazlo estando plenamente presente. Cuando vayas conduciendo, siente la respiración y percibe el mundo que te rodea; desconecta el teléfono y elimina otras posibles distracciones. Los pequeños momentos de mindfulness también cuentan (una respiración profunda aquí, un abrazo presente allá); cuentan, y mucho.

P: Estoy nervioso porque este curso llega a su fin. ¿Cómo puedo prepararme para cuando esto ocurra?

R: En realidad, este curso no es el final. En todo caso, es el principio de un viaje hacia una vida con más mindfulness. Intenta apuntarte a un grupo de mindfulness o de meditación; si no existe ninguno cerca de tu domicilio, considera la posibilidad de participar en un grupo online (el mío o el que prefieras). En un futuro no muy lejano, incluso, podrías poner en marcha tu propio grupo de mindfulness para apoyar a otras personas a practicar, al tiempo que tú continúas profundizando.

P: ¡Me encanta la meditación de la bondad! ¿Puedo practicar únicamente esta?

R: ¡Claro que sí! Puedes practicar la meditación que quieras. Cada persona tiene sus preferencias. Todas las meditaciones son beneficiosas; utiliza la que te funcione mejor o la que más agradable te resulte.

P: Por desgracia, no he llegado a practicar mindfulness a pesar de leer el libro. No se me da bien este tipo de cosas. ¿Qué puedo hacer?

R: No pasa nada, ¡no eres el único! Te propongo dos enfoques. Puedes observar tus pensamientos con mucha atención y averiguar qué ideas te impiden practicar los ejercicios de mindfulness. A continuación, empieza por comprometerte seriamente a realizar un minuto de meditación todos los días. La otra alternativa consiste en pensar qué aficiones o actividad física practicas habitualmente y realizar dicha actividad con plena conciencia. Incluso si se trata de hacer punto tres o cuatro veces a la semana, pero incorporando el mindfulness, te irá estupendamente.

Ejercicios en casa. Semana 7

Esta semana, el experimento consiste en prescindir de la guía de audio durante tus meditaciones. Utiliza una alarma con el tiempo que piensas dedicar a meditar. Puedes elegir la meditación que prefieras o la que te vaya mejor en cada momento. Si practicar sin el audio te resulta muy complicado, prueba a utilizarlo en días alternos.

Potenciador de mindfulness

El potenciador de mindfulness de esta semana consiste en utilizar el ABC que se explica en este capítulo. Resumiendo, son tres pasos:

- A: conciencia
- B: respiración y creencias
- C: decidir una acción

Por lo tanto, en primer lugar debes tomar conciencia de las señales de estrés (incluidos los pensamientos, los sentimientos, el cuerpo y la conducta). A continuación, debes tomar conciencia de la respiración, así como de las propias creencias sobre el estrés, y cambiar los pensamientos hacia una actitud más positiva hacia el estrés.

Percibe tu ritmo cardíaco como un elemento que te da fuerza. Siente que una respiración más rápida oxigena tu cerebro y tu cuerpo. Por último, debes decidir una actividad relajante para reducir el estrés a niveles más manejables, o bien una actividad energizante para canalizar tu vitalidad. También puedes afrontar el factor estresante e intentar arreglar las cosas para gestionar el estrés de manera eficaz. Trabaja con tu estrés en lugar de intentar eliminarlo o huir de él.

Semana 7

Día	Minicurso	Curso completo
1	La minimeditación que prefieras, sin audio Potenciador de mindfulness: prueba el método ABC para el estrés	La meditación completa que prefieras, sin audio 3 pausas atentas Potenciador de mindfulness: prueba el método ABC para el estrés
2	La minimeditación que prefieras, sin audio Potenciador de mindfulness: prueba el método ABC para el estrés	La meditación completa que prefieras, sin audio 3 pausas atentas Potenciador de mindfulness: prueba el método ABC para el estrés
3	La minimeditación que prefieras, sin audio Potenciador de mindfulness: prueba el método ABC para el estrés	La meditación completa que prefieras, sin audio 3 pausas atentas Potenciador de mindfulness: prueba el método ABC para el estrés
4	La minimeditación que prefieras, sin audio Potenciador de mindfulness: prueba el método ABC para el estrés	La meditación completa que prefieras, sin audio 3 pausas atentas Potenciador de mindfulness: prueba el método ABC para el estrés

Día	Minicurso	Curso completo
5	La minimeditación que prefieras, sin audio Potenciador de mindfulness: prueba el método ABC para el estrés	La meditación completa que prefieras, sin audio 3 pausas atentas Potenciador de mindfulness: prueba el método ABC para el estrés
6	La minimeditación que prefieras, sin audio Potenciador de mindfulness: prueba el método ABC para el estrés	La meditación completa que prefieras, sin audio 3 pausas atentas Potenciador de mindfulness: prueba el método ABC para el estrés

DOCE

Semana 8
El resto de tu vida

Tienes un cerebro en la cabeza. Tienes unos pies en los zapatos.
Puedes ir en la dirección que elijas. Depende de ti.
Y sabes lo que sabes.
Y TÚ eres el único que decide a dónde ir.

DR. SEUSS

INTENCIONES

- *Reflexionar sobre lo que has descubierto con este curso.*
- *Analizar cómo gestionas el estrés agudo ahora que estás a punto de acabar el curso.*
- *Explorar vías para continuar practicando mindfulness.*
- *Plantearte una vida más atenta y presente con intenciones claras a corto y largo plazo.*

Raj tenía treinta y muchos años y estaba solo. Trabajaba como dentista en una clínica con mucha actividad. Hacía un año que se había divorciado; su matrimonio duró aproximadamente un año. Huelga decir que su ex fue maravillosa durante el noviazgo. La chica perfecta. Después de casarse, las alarmas comenzaron a sonar de inmediato. Las expectativas de ella con respecto a él aumentaron de forma inesperada. Discutían todas las noches. Por más que Raj se esforzase por mejorar la relación, ella le exigía más y más. Tras doce meses de agonía, estrés y tristeza, pusieron fin a la relación.

Después del estrés del divorcio, la vida comenzó a retomar el rumbo. Los niveles de estrés de Raj comenzaron a volver a la normalidad poco a poco. Con una excepción. Durante el proceso de divorcio, Raj empezó a gastar dinero para sentirse mejor, y ese hábito no había desaparecido. No podía dejar de gastar. Ropa de diseño que «tenía» que comprar. Vacaciones en hoteles de lujo. Lo último en tecnología. Se compró un coche nuevo con la justificación de que «se lo merecía». Finalmente, incluso, firmó una hipoteca para una casa que no se podía permitir. La mayoría de las noches las pasaba navegando y comprando en la red. Llegó hasta el punto de dejar de abrir las facturas que le llegaban al buzón. Sin darse cuenta, agotó sus tarjetas de crédito.

Cuando un colega le dijo que iba a una de mis clases de mindfulness, decidió probar (había leído un artículo sobre el tema en una revista). Raj descubrió que su cuerpo estaba completamente tenso. Con la meditación del escáner corporal empezó a liberar esa tensión de forma natural. Meditaba todos los días, y sesión tras sesión pasó por toda una gama de emociones que había ignorado en los dos últimos años.

Las meditaciones empezaron a aclararle las ideas. Comenzó a sentirse lo suficientemente seguro para abrir las facturas y realizar las llamadas de teléfono necesarias. También empezó a cuidarse más; salía a correr algunas mañanas y se preparaba comida sana en casa varios días por semana.

Lo más beneficioso para él fue que dejó de gastar sin pensar. Tomó conciencia de que seguía comprando online por la euforia de tener un nuevo aparato, una camisa o un portátil. No obstante, aquella sensación no duraba mucho. En unos quince minutos resurgía el deseo de comprar algo más. Y volvía a hacerlo para recrear aquel entusiasmo. Tuvo dudas en la siguiente ocasión que sintió la urgencia de comprar. Realizó una pausa atenta y percibió el sentimiento de deseo como una sensación corporal tangible. Se puso una alarma de cinco minutos para intentar percibir el deseo junto a la respiración. Lo consiguió. Sorprendentemente, la urgencia de comprar había desaparecido en unos dos minutos.

Aquella conducta de comprar con el piloto automático desapareció para ser sustituida por la práctica de la meditación. El mindfulness desarrolló una sensación de profundo bienestar en su corazón. Ni todas las compras del mundo podrían ofrecerle aquella paz interior.

PRÁCTICA. Cerrando el círculo

Antes de sumergirte en la sesión de esta semana, empieza con alguna meditación mindfulness, tal como se indica a continuación. Estas meditaciones te ayudarán a adoptar una perspectiva más atenta y presente con respecto a las reflexiones que van después de la sesión.

Escáner corporal

10 minutos.

30 minutos.

Pistas de audio 6 y 7.

Empezaste este curso de mindfulness con la meditación del escáner corporal, en posición tumbada, dedicando hasta media hora a contactar con las sensaciones de tu cuerpo en cada momento. Ahora cerramos el círculo.

Cuando probaste el escáner corporal por primera vez, es posible que tuvieses todo tipo de ideas, opiniones y creencias respecto a lo que podías esperar. Después de casi dos meses de práctica de mindfulness, ya puedes aportar una calidad distinta a la experiencia.

Intenta incorporar las siguientes actitudes al escáner corporal:

1. **Aceptación.** Percibe si tu mente se dispersa una y otra vez, y si puedes aceptarlo. Nota si sientes dolor, incomodidad o el deseo de moverte o de relajarte. Percibe si puedes aceptarlo. Nota las sensaciones que van surgiendo durante la práctica, y si puedes aceptarlas. Da cabida a todas las experiencias tal

como son; no intentes cambiarlas. Sonríe ante pensamientos del tipo «pero llevo dos meses meditando y todavía soy incapaz de controlar mi mente», y empieza de nuevo. Recuerda que no estamos haciendo esto para controlar los pensamientos.
2. **Frescura.** Con esto quiero decir que experimentes la meditación como si la hicieses por primera vez. Es lo que se conoce también como «mente del principiante». Practica el escáner corporal como si nunca lo hubieses hecho, con una actitud curiosa y abierta.

Sé por experiencia propia que el escáner corporal es para mí más complicado que la meditación en posición sentada, porque soy más propenso a quedarme dormido. A pesar de eso, contacto mejor con mis sensaciones corporales a lo largo del día después de practicar esta meditación.

Estiramientos de yoga

10 minutos.

30 minutos.

Pistas de audio 9 y 10 (opcionales).

Después del escáner corporal practica un poco de yoga atento o de estiramientos atentos, lo que prefieras. Puedes utilizar el audio como guía o simplemente conectar con tus sensaciones corporales para decidir qué partes necesitas estirar. Continúa adoptando una actitud de aceptación y de novedad, como con el escáner corporal.

Meditación para expandir la conciencia

Pistas de audio 15 y 16 (opcionales).

Para acabar, después del yoga, invierte unos minutos en esta meditación. Normalmente se practica en posición sentada. De nuevo, utiliza uno de los audios que se indican o bien ponte una alarma con el tiempo que desees practicar la meditación. Observa cómo te sienta practicar esta meditación después del escáner corporal y el yoga. ¿La experiencia te resulta más sencilla o más complicada?

Reflexión

Describe cómo ha ido tu experiencia de las meditaciones de hoy.

1. ¿Has conseguido un poco más de aceptación o has logrado tener un poco de mente de principiante?
2. ¿Te ha supuesto un esfuerzo? ¿Ha habido algo que no hayas podido aceptar? En caso afirmativo, ¿qué?
3. ¿Has disfrutado con algún aspecto de la meditación?
4. ¿Calificarías la práctica como «una buena sesión» o como «una mala sesión»? En este último caso, ¿podrías describirla de otra manera?

Reflexiones sobre el curso
¿Qué joyas has descubierto?

Llegados a este punto, resulta útil reflexionar acerca de lo que has descubierto sobre ti mismo leyendo este libro y practicando las meditaciones. Algunos descubrimientos pueden haber surgido simplemente con la lectura del libro. Otros, a través de la experiencia real de la meditación. Y también es posible que hayas descubierto algo en un momento de atención plena en tu vida cotidiana.

Estos descubrimientos son importantes. Si te tomas el tiempo necesario para repasar el curso y reflexionar sobre lo que has ido aprendiendo, ganarás en sabiduría y te conocerás más a fondo.

Por ejemplo, cuando hice mi primer curso de mindfulness, mi principal descubrimiento acerca de mí mismo fue el siguiente: los pensamientos no son más que pensamientos que aparecen de repente en mi cabeza; no tengo que creerlos ni actuar siempre en consecuencia. También descubrí que en lugar de pasarme la vida pensando, es mucho mejor vivir en el momento presente y disfrutar de la vida tal como es.

Y dicho esto... ¡ahora es tu turno!

EJERCICIO. Meditación de introspección

Dedica diez o quince minutos a esta meditación antes de escribir tus reflexiones en el diario.

1. Empieza con unos minutos de mindfulness de la respiración.
2. Cuando sientas que estás preparado para la meditación, intenta recordar el principio de este curso de meditación. ¿Qué descubriste con la meditación de comer una manzana y con el escáner corporal?
3. También has explorado la meditación para expandir la conciencia, el yoga y la pausa atenta. ¿Qué te ha gustado de esas prácticas? ¿Qué has descubierto con ellas?
4. A medida que ibas avanzando en el curso, has aprendido cosas sobre el estrés, tanto acerca de sus beneficios como de sus inconvenientes. ¿Entiendes mejor el estrés ahora?
5. Con toda la honestidad que puedas, plantéate la siguiente pregunta: ¿Qué es lo más importante que has aprendido en este curso y con qué te quedas de él?

Reflexión

Anota tus respuestas a las preguntas de la meditación anterior, en especial la última.

Relatos sabios. Tres cabellos

Érase una vez una mujer que un día, al mirarse en el espejo, descubrió que solo tenía tres cabellos en la cabeza. Y pensó: «Bueno, creo que hoy me haré una trenza». Así lo hizo, y tuvo un día estupendo.

Al día siguiente, al mirarse al espejo, descubrió que solo tenía dos cabellos. «Hum —pensó—. Ya lo sé; hoy me haré la raya en medio.» Y salió a la calle, y tuvo un magnífico día.

A la mañana siguiente, se levantó, se miró en el espejo y descubrió que solo le quedaba un cabello. «Ah... Hoy puedo hacerme una coleta», pensó. Con su energía habitual, pasó un día encantador.

Al mirarse en el espejo la mañana siguiente, descubrió que no le quedaba un solo cabello. «¡Qué bien! ¡Hoy no tengo que hacerme nada en el pelo!», pensó.

¡La Semana 8 es el resto de tu vida!

Aunque esta es la última sesión, espero que para ti sea también el comienzo de una vida de mindfulness. Este capítulo no solo explora tus siguientes pasos para esta semana, sino que también propone una visión realista e interesante a largo plazo.

Algunas personas desean limitarse a estar plenamente presentes en su vida cotidiana sin pararse a meditar ni siquiera unos minutos. En teoría parece estupendo, pero en la práctica la mente regresa muy fácilmente a sus hábitos rutinarios. Por lo tanto, si de verdad deseas ser una persona más atenta y presente, tendrás que practicar meditación a diario.

Si padeces de estrés crónico, practica tanta meditación mindfulness como puedas. Las investigaciones demuestran que cuanto más practiques, mejor. Los monjes que llevan toda la vida practicando poseen cerebros mejor equipados para la resiliencia al estrés; es algo que está demostrado con escáneres cerebrales. Los treinta minutos diarios de escáner corporal, de meditación para expandir la conciencia y de yoga (que forman parte del programa completo de este libro) podrían ser más adecuados para tus necesidades.

«Antes de este curso veía al estrés como el enemigo. Ahora entiendo que el estrés ha evolucionado para ayudarme. Utilizo el mindfulness para trabajar con mi estrés, no contra él.»

Si tu problema consiste en brotes breves de estrés muy elevado (estrés agudo), te conviene utilizar el mindfulness para responder a ese estrés con eficacia y para hallar descanso entre las fases de mucha presión. Una combinación de minimeditaciones en momentos de estrés y meditaciones más largas de vez en cuando podría irte muy bien.

Si después de realizar este curso consideras que la meditación no es para ti, intenta practicar una actividad diaria, en solitario, de manera completamente atenta y presente. Muchas personas consideran que correr es para ellas una actividad mindfulness, un tiempo para aliviar el estrés y vivir en el presente. Para otras, su actividad mindfulness consiste en pasear al perro todas las mañanas, en hacer punto, en tocar un instrumento, en cocinar o en cuidar de las plantas. Averigua qué te funciona a ti e intenta realizar esa actividad a diario o con la máxima frecuencia posible.

Decidas lo que decidas para el futuro, espero que los ejercicios que encontrarás a continuación te ayuden a definir tus prácticas de mindfulness y a mantenerlas para gestionar el estrés. Cuando no puedas seguir el plan, recuerda aplicar el mindfulness y una actitud curiosa y amable para regresar al camino en vez de tomártelo como otro factor estresante más.

Determina tu visión

El famoso discurso «Tengo un sueño» de Martin Luther King está considerado uno de los mejores de todos los tiempos. Resultó especialmente conmovedor porque King empleó imágenes para explicar cómo veía el futuro. Aquel sueño, aquella visión, se convirtió en un ardiente deseo en los corazones de la gente, que pasó a la acción para convertir la visión en una realidad. El cambio comenzó primero con las imágenes y después con la acción.

Einstein también entendió la importancia de la imaginación: «La imaginación es más importante que el conocimiento», aseguró. Esa afirmación nos puede sorprender viniendo de alguien a quien se considera un sabio. Sin embargo, como tal vez sepas, una de las grandes ideas de Einstein surgió cuando se imaginó cómo sería montar en un haz de luz.

Hoy tienes la posibilidad de utilizar la imaginación para proyectar una visión de tu yo futuro en plena conciencia. Una visión de cómo utilizarás el mindfulness en tu vida para trabajar con el estrés. Puede parecer irónico, ya que el mindfulness hace hincapié en el hecho de vivir en el presente. No obstante, cuando se tiene una visión poderosa, pero asequible, la motivación para emprender acciones en el presente es mucho mayor.

Lo harás en varias etapas, que se muestran en la siguiente figura:

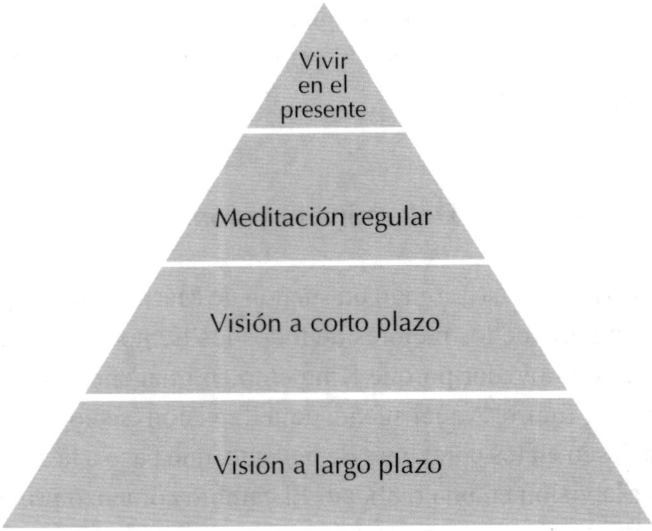

1. Crea una visión a largo plazo mediante un ejercicio que consiste en escribir una carta. A continuación, plantéate tres objetivos a largo plazo que te motiven.
2. Crea una visión a corto plazo mediante un ejercicio de reflexión. A continuación, plantéate tres objetivos a corto plazo que te motiven.
3. Si así lo deseas, decide un plan de meditación basado en tus reflexiones y tus visiones anteriores.
4. Mediante las meditaciones diarias y tus esfuerzos por vivir en el momento presente estarás viviendo con mayores niveles de conciencia plena y trabajarás con tu estrés de manera más creativa.

Tu visión a largo plazo

Una investigación reciente concluye que las personas que no imaginan o sienten una conexión con su yo futuro tienen muchas menos posibilidades de comer bien o de hacer ejercicio. Otra investigación concluyó que las personas que perciben su yo futuro como otra persona, no como ellas mismas, se cuidan menos e incluso ahorran menos para la jubilación.

Si desarrollas una conexión más estrecha con tu yo futuro, tendrás más posibilidades de seguir esforzándote por tu objetivo de practicar meditación mindfulness u otra actividad diaria atenta y presente. El siguiente ejercicio se ha probado en varias personas y les ha ayudado a conseguirlo.

EJERCICIO. Tu yo futuro te escribe una carta

Imagínate a ti mismo en el futuro. Dentro de un año, tres años, o incluso diez; lo que prefieras. Imagina que por entonces has aprendido a responder a tu estrés de un modo positivo. Visualízate como tu yo futuro ideal, que vive con mindfulness, sabiduría, compasión y demás valores que consideres importantes para ti.

Visualiza cómo es practicar la meditación de forma habitual, si es eso lo que deseas. ¿En qué momento del día meditas? ¿Dónde realizas la práctica de meditación habitual? ¿Estás dispuesto a continuar meditando cuando se presentan obstáculos? ¿También cuando escasea el tiempo? Y ¿cuando tienes niveles de estrés elevados?

Imagina también cómo respondes a tus desafíos cotidianos. ¿Cuál es tu respuesta cuando te encuentras con un atasco de tráfico? ¿Cómo te comunicas con tu pareja, con tus amigos o con tus compañeros de trabajo? ¿Cómo gestionas los conflictos? ¿En qué medida estás presente y atento cuando comes, cuando haces ejercicio y cuando trabajas? Y ¿en qué medida eres consciente de tus pensamientos, tus emociones y tus sensaciones corporales en cada momento?

Cuando estés listo, imagina que tú, como tu futuro yo, escribes una carta dirigida a tu yo presente. Sigue los siguientes puntos para escribir la carta:

- Explícale a tu yo presente todas las **buenas cualidades** que te ve tu yo futuro, los puntos fuertes y las capacidades que posees,

que te permitirán estar más presente y ser más eficaz bajo presión.
- Haz que tu yo futuro le exprese a tu yo presente su **agradecimiento** por todos los esfuerzos que realizó para meditar de forma regular, practicar paseos con mindfulness o lo que desees.
- Ofrécele a tu yo presente algunas **palabras autocompasivas de sabiduría** para superar las dificultades actuales que pueda tener para permanecer atento y presente, y para gestionar el estrés.

Veamos un fragmento de una carta que le escribí hace unos años a mi yo presente cuando estaba pasando por dificultades en el trabajo y deseaba ser escritor y profesor de meditación.

> Querido Shamash de hoy,
> ¿Cómo estás? Espero que estés bien. ¡Soy Shamash, tu futuro yo! Te escribo para animarte a continuar con la práctica de mindfulness para afrontar mejor el estrés al que te encuentras sometido actualmente.
>
> *Buenas cualidades*
> Con tantos problemas en el trabajo, sé que las cosas parecen difíciles para ti en este momento. Sin embargo, tienes un gran potencial para superarlos. Eres creativo y encuentras soluciones únicas para los retos a los que te enfrentas. Estás dispuesto a esforzarte para encontrar soluciones; no te rindes fácilmente. Te encanta el mindfulness, y si practicas meditación cada día, estarás mucho más preparado para gestionar el estrés que se vaya presentando. Los días que no puedas meditar, sé indulgente contigo. No te trates nunca con dureza.
>
> *Agradecimiento*
> Sé que estás pasando por un momento difícil: preparar y dar clases, algunos jefes agresivos y problemas personales. Te escribo para agradecerte con todo mi corazón que no hayas dejado de practicar meditación y ejercicios de mindfulness. Los días y medios días de mindfulness te ayudaron mucho. Te esforzaste de verdad por salir de esa época difícil y te convertiste en una persona más resiliente al estrés para conseguirlo.

Palabras autocompasivas de sabiduría

Estás pasando por un momento difícil, pero no estás solo. Si lo miras con perspectiva, no es tan grave. Hay muchas personas que tienen problemas en el trabajo. No es necesario castigarse. Por el contrario, dedícate palabras amables: «Eh, has hecho lo que has podido», o bien «Hoy ha sido duro, pero mañana será otro día». Estas palabras de bondad contigo mismo pueden parecerte extrañas, pero son exactamente las que le dirías a un amigo que lo está pasando mal. Con los años se convertirán en algo normal para ti.

En conclusión, gracias una vez más por perseverar con la meditación diaria y la actitud cotidiana de plena atención, y por ser compasivo contigo mismo y con los demás. Y no olvides que las dificultades a las que te enfrentas son temporales, que pasarán. ¡Vive con mindfulness!

Con cariño,
El futuro Shamash

CONSEJOS

Escribe la carta con tu propio estilo; no tienes que copiarme de ningún modo. No dudes en añadir más secciones y más detalles si lo consideras oportuno.

Tómate tu tiempo para realizar este ejercicio. Puedes hacerlo después de practicar una meditación.

Si escribir una carta no te inspira demasiado, considera la posibilidad de pintar algo, o hacer un *collage* o cualquier otra forma de expresión que te atraiga.

Reflexión

Después de escribir la carta deberías tener algunas ideas para proponerte tres objetivos realistas a largo plazo con el fin llevar una vida más atenta y presente que te permita manejar el estrés. Escríbelas.

Algunos ejemplos: practicar meditación mindfulness durante quince minutos al día; realizar un día de mindfulness varias veces al año; asistir a un curso de mindfulness una vez al año; cultivar las amistades mediante la comunicación atenta o cualquier cosa que desees hacer con toda tu atención.

Tus intenciones a corto plazo: los próximos tres meses

En este momento llevas aproximadamente dos meses practicando mindfulness. Para algunos de los lectores, la meditación se habrá convertido en un hábito diario. A otros les habrá costado más o menos encontrar el tiempo y el espacio necesarios para meditar con regularidad, y es posible que se sientan frustrados por ello.

«Mi visión consiste en ser una persona tranquila y feliz, alguien que se cuida. En las ocho semanas que acaban de pasar, este sueño se ha ido convirtiendo en una realidad. Está mucho más cerca de lo que pensaba.»

Después de haber pensado en tu visión a largo plazo, plantéate los objetivos para gestionar tu estrés relacionados con el mindfulness que te gustaría lograr en los próximos tres meses. Uno de ellos podría ser una meditación diaria, otro podría estar relacionado con el hecho de vivir de manera más presente y atenta, o de practicar alguno de los potenciadores de mindfulness, y el tercero podría ser un paseo diario de quince minutos (con mindfulness, por supuesto). Para definir tus objetivos e incrementar las posibilidades de éxito, en lugar de convertirlos en otra fuente de estrés, redacta los puntos específicos de tu plan.

Reflexión

Redacta tu plan de mindfulness para los tres próximos meses. Responde las siguientes preguntas para aumentar las posibilidades de hacer del mindfulness un hábito:

1. ¿Cuáles son tus tres principales objetivos o intenciones para los próximos tres meses? Es importante que seas realista.
2. ¿Qué meditaciones practicarás cada mes?
3. ¿Cuánto tiempo les dedicarás?
4. ¿En qué momento del día?
5. ¿Qué posibilidades hay de que mantengas el plan?
6. ¿Existe algún modo de incrementar las posibilidades? Si es así, ¿cómo?
7. ¿Con quién puedes hablar acerca de tu plan para mejorar tus posibilidades de éxito? O ¿se te ocurre alguien con quien meditar cada día o una vez por semana?
8. Qué obstáculos te impedirán realizar la práctica de meditación? Intenta responder con total sinceridad.
9. Cuando esos obstáculos aparezcan, ¿qué puedes hacer para superarlos? (Sé realista.)
10. ¿Qué palabras amables podrías utilizar cuando no consigas tus objetivos (tratarte como tratarías a un buen amigo)?

Resulta especialmente importante reflexionar sobre los obstáculos. Muchas personas creen que el mejor modo de perseverar en los objetivos consiste en pensar en ellos con una actitud positiva. Sin embargo, resulta mucho más eficaz pensar en ellos en negativo; es decir, pensar en lo que podría impedirte que consigas tus objetivos y decidir qué harás para solucionarlo si surgen esos problemas.

Para mí, el pensamiento «Ahora no puedo permitirme empezar a meditar» puede ser un grave obstáculo cuando me siento muy cansado o nervioso. Y si me pongo a desayunar directamente y empiezo con las tareas del día, las posibilidades de que practique meditación se reducen. Así que intento captar ese pensamiento y me digo: «Voy a meditar al menos un minuto y después decido». Por lo general, transcurrido ese primer minuto, continúo sin problemas. De hecho, esta técnica me funciona con otras tareas que también intento posponer.

Lo que nos aporta la investigación: alcanzar tus intenciones

Para entender la importancia de definir las intenciones y ponerlas por escrito, debemos tener en cuenta las conclusiones del siguiente estudio, publicado en el *British Journal of Health Psychology* en 2010. Los investigadores pretendían analizar el mejor modo de ayudar a las personas a perseverar en sus objetivos. Repartieron a 248 personas en tres grupos aleatorios; todas debían empezar a hacer ejercicio.

- Grupo 1, Control: les pidieron a los voluntarios que registrasen cuánto ejercicio practicaban durante dos semanas.
- Grupo 2, Motivación: les pidieron a los voluntarios que leyesen un folleto sobre los beneficios del ejercicio en la reducción de los problemas cardíacos. A continuación, les indicaron que registrasen cuánto ejercicio realizaban durante dos semanas.
- Grupo 3, Intención: los integrantes de este grupo recibieron el mismo folleto que el Grupo 2, pero también les pidieron que anotasen de vez en cuando qué día y en qué momento realizarían sus veinte minutos de ejercicio intenso durante la semana siguiente.

Y estos son los sorprendentes resultados:

- Grupo 1: el 38 % hizo ejercicio al menos una vez por semana.
- Grupo 2: el 35 % hizo ejercicio al menos una vez por semana.
- Grupo 3: ¡el 91 % hizo ejercicio al menos una vez por semana!

Estos resultados sugieren, como otros muchos estudios, que si escribes específicamente cuándo y dónde vas a realizar la actividad elegida (en nuestro caso, estar presentes y atentos, y hacer meditación), tienes muchas más probabilidades de lograr tu objetivo. También sugieren que leer acerca de los beneficios del mindfulness para motivarse puede no funcionar; es preciso comprometerse con fechas y horas concretas, y ponerlas por escrito.

Instaurar el hábito de la meditación

Para hacer de la meditación mindfulness una actividad diaria, es preciso que la conviertas en un hábito. Puede parecer extraño, porque ya conoces el problema de vivir de un modo habitual, con el piloto automático. Sin embargo, puedes convertir el hábito de la meditación en un hábito consciente en lugar de en un hábito automático. Los buenos hábitos conscientes son aquellos que sabes que tienes y que te alegras de tener. El hábito de la meditación es un ejemplo de ello.

Yo he hecho de la meditación un hábito diario y matutino. Casi todas las mañanas es lo primero que hago al levantarme. Apenas tengo que pensar, o dudar u obligarme. Por supuesto, en algunos momentos he decaído, pero siempre he conseguido recuperar el hábito en muy poco tiempo. Tú también puedes desarrollar un hábito positivo.

En los últimos años se ha investigado mucho sobre el modo de desarrollar buenos hábitos. Veamos qué sugiere la ciencia.

1. **Da pequeños pasos.** Dado que eres nuevo en esto de la meditación, treinta minutos diarios, e incluso diez cada día, pueden ser demasiado. Si es así, empieza con tres minutos al día; tú decides qué puedes hacer, pero ¡después mantenlo! A partir de ahí, podrás ir aumentando el tiempo.
2. **Céntrate en un hábito cada vez.** Si estás intentando hacer de la meditación un hábito, no te propongas grandes cambios en otras facetas de tu vida (por ejemplo, en la alimentación o el ejercicio). Céntrate en los cambios de uno en uno para incrementar las posibilidades de éxito. Numerosos estudios demuestran que los humanos no tenemos una fuerza de voluntad ilimitada; conviene, por lo tanto, que te pongas los retos de uno en uno.
3. **Pon tu objetivo por escrito.** Utiliza el diario para anotar cuánto tiempo quieres dedicar a la meditación, en qué momento del día piensas practicar y hacia qué fecha esperas haberlo conseguido. Ya lo habrás hecho si realizaste el último ejercicio en tu diario.
4. **Repite, repite.** Para convertir la meditación en un hábito tienes que seguir practicando. ¿Cuántas veces? Depende de cada persona; sabrás que lo has logrado cuando te resulte algo natural, que haces sin pensar.

En *El poder de los hábitos*, Charles Duhigg identifica tres partes en el bucle de un hábito neurológico:

1. Señal
2. Rutina
3. Recompensa

En el caso de la práctica de meditación, la rutina es la práctica en sí misma. Y ¿la señal? Es el desencadenante que le dice a tu mente que ha llegado el momento de meditar. Para mí, la señal se produce simplemente cuando me levanto por la mañana. Me despierto, me estiro un poco en la cama, me pongo la alarma para meditar o sigo una meditación guiada, y practico. Los experimentos demuestran que los desencadenantes pueden clasificarse según las siguientes categorías:

- **Ubicación.** Por ejemplo, uno de mis clientes siempre medita en el tren, durante el trayecto al trabajo. Esa es su señal para meditar.
- **Tiempo.** El momento del día que elijas. Las mañanas son mejores para casi todo, pero no para todo el mundo.
- **Emoción.** Por ejemplo, puedes meditar cuanto estás nervioso, decaído, enfadado o cansado. Estos podrían ser tus desencadenantes para meditar.
- **Otras personas.** Por ejemplo, meditas con un amigo o cuando asistes a un grupo de meditación.
- **Acción previa.** Por ejemplo, después de lavarte los dientes, del desayuno o de ducharte.

Y ¿qué hay de la recompensa? En meditación, la idea consiste en practicar y observar qué ocurre, y no en buscar una recompensa. Sé que si no medito durante una semana, me convierto en una persona más irritable, y pierdo tranquilidad y concentración. El hecho de ser una persona más comprensiva, tranquila y centrada me ayuda a sentirme mejor. Esa es mi recompensa. Algunos maestros dirían que no hay recompensa en la meditación, que practicas por el placer de practicar.

CONSEJO

Cuando estés tratando de desarrollar el hábito de la meditación por primera vez, puedes experimentar con alguna recompensa: una llamada a un amigo o una amiga, tu comida favorita o una buena taza de café. Un pequeño premio después de meditar te ayudará a crear el bucle del hábito en el cerebro. Al cabo de poco tiempo, ya no necesitarás recompensarte con cosas externas; la meditación en sí misma será tu recompensa.

Esto también pasará

Cuando todo ya es demasiado y no puedes más;
cuando dejar la cama parece la tarea más ardua,
existen tres palabras que pueden darte paz;
por muy intensa que sea la ansiedad, sin suda pasará.
Son palabras sencillas, de significado claro,
recuérdalas ahora y siempre.
Porque todas las experiencias son relativamente breves,
piensa que «esto también pasará» y ¡sonríe con alivio!

SHAMASH ALIDINA

El mindfulness es milagroso, pero requiere tiempo

El Gran Cañón está considerado una de las siete maravillas del mundo. Es un milagro de la naturaleza. Su inmensidad embriaga los sentidos. El cañón tiene más de 1 kilómetro de profundidad a lo largo de más de 445 kilómetros. Y en esa profundidad fluye el río Colorado. Para que el río consiguiese esa hazaña, tuvieron que transcurrir millones de años. Cuando estuve allí, hace unos años, ni siquiera veía el río al fondo. La profundidad del cañón me pareció increíble. Un recordatorio de lo que se puede conseguir con el tiempo.

Haciendo un paralelismo, puede ocurrir que te parezca que la práctica de mindfulness no provoca ningún cambio en tu día a día. Es posible que te sientas frustrado porque continúas percibiendo el desagradable efecto de un estrés excesivo. No obstante, el río de la conciencia penetra hasta lo más profundo de tu ser. Día a día, la conciencia presente te suaviza el corazón y te despierta los sentidos a la increíble belleza de la vida que te rodea. Recuerda el río Colorado: cada día avanza una fracción de milímetro, pero con el tiempo crea una maravilla de la naturaleza. Pero la buena noticia es esta: aunque la meditación tarde meses en mostrar realmente sus efectos, ¡no requiere millones de años como el Colorado!

En ocasiones parece que el dolor de la vida podría dejarnos cicatrices permanentes en el interior. La enorme delicadeza del mindfulness puede poner en marcha la sanación de esas heridas. Puede que te sientas roto, averiado, incluso que creas que no hay arreglo posible para ti. No estás solo con esos sentimientos. El mindfulness no es la respuesta a todos tus problemas; es una repuesta. No obstante, he conocido a personas para las que el mindfulness se ha convertido en una solución calmante y sanadora frente a las presiones implacables de la vida. Describen el mindfulness como un salvavidas, una oportunidad de empezar de nuevo.

Por ejemplo, Lucy era contable en prácticas. Tenía mucha presión en el trabajo y estudiaba por las tardes para los exámenes que se acercaban. No tenía tiempo para ver a sus amigos. Por si fuera poco, su jefe nunca parecía satisfecho con su trabajo. Un día, Lucy se puso a llorar sin motivo aparente. Estaba muy estresada. Al cabo de unas semanas, su novio rompió con ella porque aseguraba que no tenía tiempo para él. Lucy sentía que su vida se desmoronaba. No podía con el trabajo. Fue al médico, que le dio la baja y le recomendó un programa de mindfulness. Las meditaciones le enseñaron a distanciarse de las oleadas incansables de pensamientos y sentimientos negativos. De ese modo empezó a sentir que recuperaba el control de su vida. El mindfulness le enseñó que aceptarse es más importante que tratar de ser perfecta en el trabajo. Empezó a dar paseos con mindfulness por un parque próximo a su casa y recuperó el contacto con sus amigos. En unos meses se reincorporó al trabajo, en otro departamento de la misma empresa, y se fue construyendo una carrera brillante. Ahora continúa practicando mindfulness a diario. Han pasado varios años, pero todavía descubre cosas sobre sí misma y sobre los demás mediante los ejercicios de mindfulness y autocompasión. La dolorosa experiencia de la ansiedad y la pérdida le provocaban un inmenso dolor interior, pero las meditaciones le brindaron el tiempo y el espacio para sanar. Tú también posees esa capacidad interior para curarte, y el mindfulness es un poderoso medio para acceder a ella.

Siete claves para un estilo de vida con atención plena

Nos acercamos al final de este capítulo, y también del curso. Voy a ofrecerte algunas sugerencias para vivir con mindfulness; para que las claves te resulten fáciles de recordar, usaré las iniciales de la palabra *MINDFUL* en inglés. Si lo deseas, fotocopia la figura que se ofrece a continuación, o descárgatela (en <www.guilford.com/alidina-materials>) e imprímela; resume estas claves. Colócalas en la nevera o donde prefieras para acordarte de estar presente. Considéralo un resumen de todo el curso.

Siete claves para una vida atenta y presente

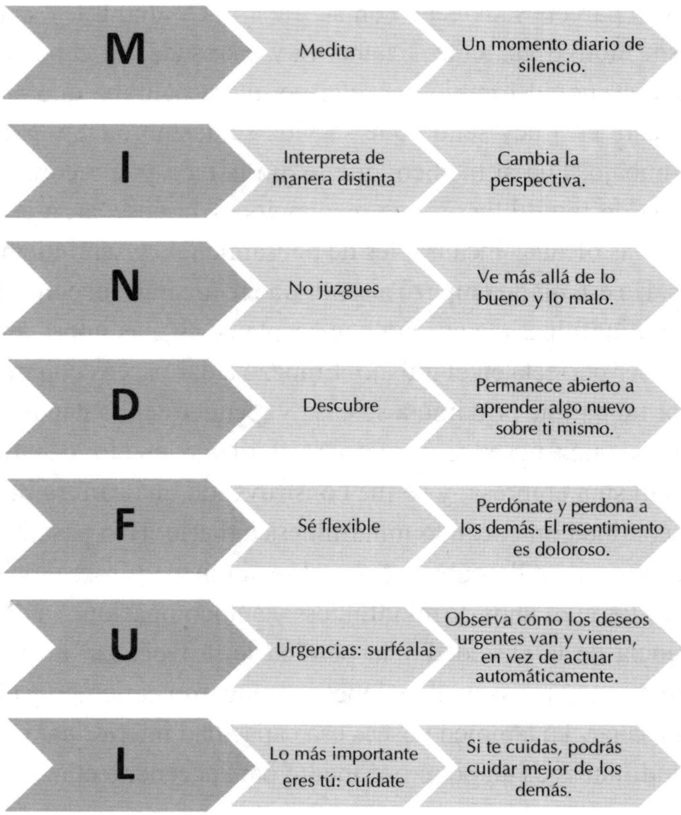

M - Medita

Invierte unos minutos en sentir la respiración durante un escáner corporal completo, una meditación para expandir la conciencia o una práctica de yoga. Meditar significa prestar atención a los propios pensamientos y sentimientos, al cuerpo y a la respiración, o conectar con uno de tus sentidos durante el tiempo que decidas. No dudes en ser creativo en lo que quiera que consideres tu práctica de meditación diaria. Tomar un té, nadar o cuidar las plantas pueden convertirse en una meditación si realizas cualquiera de esas actividades con toda tu atención en el momento presente. Prueba a añadir una pequeña sonrisa mientras meditas para acordarte de que no es preciso que te tomes el ejercicio demasiado en serio; adopta una actitud alegre.

I - Interpreta de manera distinta

Solo el 10% de nuestro bienestar está determinado por las circunstancias externas. Cambia tu actitud, la interpretación de los hechos, para mejorar tu vida. Perder el trabajo es un problema, pero ¿no te brinda también la oportunidad de cambiar de profesión? Una fecha límite muy ajustada no es divertida, pero el estrés te dará energía y te motivará para trabajar de manera más eficaz. Tomando un ejemplo extremo, cuando mis abuelos murieron, yo me puse muy triste, por supuesto. Los quería mucho. Pero a medida que fue pasando el tiempo, me di cuenta de que su muerte ayudó al resto de la familia a estrechar vínculos. Tuvimos la oportunidad de celebrar la vida de mis abuelos. Su muerte fue triste, pero también supuso una ocasión para utilizar los regalos que nos dejaron. La interpretación consiste en dirigir la atención hacia lo positivo, no solo hacia lo negativo.

N - No juzgues

Cuando practicas mindfulness, una idea esencial es no juzgar. Nuestra sociedad perfeccionista nos enseña a buscar incansablemente los errores y tratar de mejorarlos. ¿Recuerdas la última vez que viste una escena de gran belleza? Por ejemplo, un paisaje precioso con suaves montañas y árboles. ¿Pensaste «Ese árbol es un poco bajo» o «Aquella montaña no es lo suficientemente redonda»? ¿Verdad que no? Observaste sin juzgar. Estabas presente y disfrutaste del momento. Puedes juzgar para tomar decisiones, pero resérvate algún momento del día, cada día, para dejar de juzgar.

D - Descubre

El mindfulness te permite descubrir más sobre ti mismo y el mundo que te rodea. Te conviertes así en un científico de tu propio laboratorio, y ese laboratorio es tu cuerpo y tu mente. Percibe tus patrones habituales de pensamiento. Observa qué ocurre cuando meditas todos los días durante una semana. Explora qué efecto ejerce sobre ti el hecho de aceptar plenamente una emoción considerada negativa.

F - Sé flexible

Empieza por perdonarte por los errores cometidos. Si has leído hasta aquí, no me cabe ninguna duda de que tus intenciones son buenas. Quieres ser una persona más presente y más consciente. Acepta que eres humano y, por lo tanto, no eres perfecto. Cometes errores, como todo el mundo. Condenarte solo sirve para añadir más peso a la carga de la vida. Perdónate y aprende de tus errores. Y después aprende a perdonar a los demás; eso no significa que lo que hayan hecho estuviese bien, sino que dejes de guardarles rencor. Los reproches te hacen más daño a ti que a la otra persona.

U - Urgencias: surféalas

Es una recomendación poco habitual, pero te resultará útil. Existe un conocido método para tratar las adicciones que en inglés recibe el nombre de *urge surfing*, cuya traducción literal sería «surfea la urgencia». El *urge surfing* es el acto de percibir cuándo tienes un impulso de hacer algo y decides quedarte a observar cómo aparece y desaparece dicho impulso en lugar de satisfacer el deseo. Se trata de un método utilizado en el tratamiento de las adicciones, pero en nuestra sociedad actual, con tanto alimento excesivamente azucarado y rico en grasas, con un sinfín de ocio al alcance de la mano en todo momento, con teléfonos móviles, correos electrónicos, internet, etcétera, las tentaciones son constantes. Si aprendes a surfearla, percibirás la urgencia de mirar el teléfono y la observarás hasta que haya pasado. ¿Quieres otra galleta? Siente el impulso e intenta entrenar a tu cerebro para que aguante.

L - Lo más importante eres tú: cuídate

Es posible que estés dando demasiado de ti mismo. Ayudar a los demás constantemente sin tomarse el tiempo necesario para descansar y recuperar fuerzas te dejará agotado. Y entonces no podrás ayudar a nadie. Cuidarte con suficiente descanso nocturno, con ejercicio y actividades que te interesan, socializando, divirtiéndote un poco y meditando no es un lujo, sino algo necesario para el funcionamiento.

Buscar apoyo

El mindfulness está de moda, y existen numerosos recursos para apoyarte en tu esfuerzo: libros sobre la aplicación del mindfulness a temas concretos, meditaciones guiadas, grupos de meditación, terapeutas y *coaches* con programas basados en el mindfulness, cursos y grupos online, y retiros de mindfulness. En el apartado de Recursos, al final del libro, tienes una lista completa.

Preguntas frecuentes sobre la Semana 8

Esta última sesión es una oportunidad para aclarar posibles dudas.

P: ¿Qué pasa si no puedo mantener el plan de meditación que me he trazado?

R: Si crees que no serás capaz de mantener tu plan, modifícalo. Reduce el tiempo de meditación o busca el apoyo de un grupo de meditación semanal. Incluso un grupo de meditadores online podría servirte de ayuda. Prueba a seguir el nuevo plan y reevalúa la situación dentro de tres meses.

> **«Ayer, al mirar por la ventana, vi un arcoíris precioso. Antes de aprender mindfulness, no me habría parado a contemplarlo. El mindfulness ha conseguido que vuelva a sentir que la vida vale la pena. La vida no son solo nubes y lluvia. Si miras con atención, también hay sol y arcoíris.»**

P: No siento que haya obtenido demasiados beneficios de este curso. ¿Debería continuar?

R: Tú decides. Recuerda, eso sí, que los beneficios del mindfulness son sutiles y difíciles de notar al principio. Si estás dispuesto, te sugiero que practiques a diario durante algunos meses más. Pero la decisión es tuya, por supuesto.

P: He fallado varias semanas del curso. ¿Empiezo de nuevo?

R: Si quieres, sí. No hay absolutamente ningún inconveniente. De hecho, practicar un curso de mindfulness de ocho semanas de vez en cuando es un gran modo de conseguir cierta estructura si te cuesta planificar el tiempo.

P: Y ?si quiero hacer un curso de mindfulness más largo?

R: Puedes hacer este curso de ocho semanas durante ocho meses. Haz cada práctica durante un mes, en vez de destinarle una semana. Yo lo hice y descubrí muchísimas cosas sobre mí mismo.

P: He seguido el curso completo, pero todavía me siento muy

estresado; el corazón me late a cien por hora y siempre estoy nervioso y tenso. No duermo bien. ¿Qué puedo hacer?

R: En primer lugar, ve al médico para que valore tus síntomas. Entonces sabrás si lo que tienes es un exceso de estrés u otra dolencia, o ambas cosas. El medico debería estar en disposición de derivarte a otros profesionales que puedan ayudarte. Si no es así, cambia de médico. La salud es tu máxima prioridad.

Ejercicios en casa para el resto de tu vida

Como ya he mencionado, la Semana 8 es el resto de tu vida. Por lo tanto, la lista de ejercicios en casa para esta semana podría llegar a ser muy larga. Vamos a simplificar las cosas; la semana que viene podrás seguir el plan que hayas trazado en tu diario utilizando los ejercicios para hoy.

1. **Meditación.** Busca un rato cada día para practicar una meditación, la que prefieras. Puede durar entre uno y cuarenta y cinco minutos, tú decides.
2. **Actitud atenta y presente.** Practica el mindfulness cotidiano; centra la atención en el momento presente cada vez que te acuerdes, sea lo que sea lo que estés haciendo.
3. **Potenciador de mindfulness.** Elige un potenciador de mindfulness que te haya gustado especialmente de las siete semanas anteriores de este curso. Una opción fácil consiste en invertir un momento cada día en pensar y escribir aquello por lo que te sientes agradecido, y por qué.

PRÁCTICA. Meditación de cierre

Esta es la última meditación, la que cierra este curso. Haz que la práctica signifique el comienzo de una nueva aventura en tu vida. Un nuevo capítulo en el que el hecho de cultivar una mayor conciencia y autocompasión formará parte de tu ser más profundo.

1. Siéntate o túmbate en una postura que te resulte cómoda. Cierra los ojos sin fuerza.
2. Respira tres veces profundamente, de manera plena y consciente. A continuación, deja que tu respiración encuentre su propio ritmo natural. Siente cada inspiración y cada espiración.
3. Percibe que es tu cuerpo el que respira por sí solo, que no eres tú haciendo la respiración. Deja que tu cuerpo respire solo y observa; conviértete en observador de la experiencia durante unos minutos.
4. Abre la conciencia a todo tu cuerpo; siente cómo tu cuerpo se expande y se contrae con cada respiración. Percibe las sensaciones corporales con toda tu conciencia.
5. Reflexiona sobre el esfuerzo que te ha supuesto meditar en las últimas siete semanas, todos los momentos en los que has intentado estar presente. Reconoce ese esfuerzo. Enorgullécete de él. Haber llegado hasta aquí, con independencia de lo que hayas meditado realmente, es admirable. Estas prácticas son muy opuestas a lo que propugna la cultura moderna; por lo tanto, felicítate por lo que has hecho en lugar de reprenderte por lo que no has logrado hacer.
6. Cuando estés listo, practica la meditación de la bondad. Comienza contigo, si te apetece. Utiliza las siguientes palabras, o las que prefieras:

   Que sea feliz. Que tenga salud.
   Que viva libre de sufrimiento.

   Si puedes, haz que las palabras lleguen a tu corazón, no solo a tu cabeza.
7. Ahora piensa en todos tus amigos y familiares, incluyéndote a ti. Piensa estas palabras:

Que seamos felices. Que tengamos salud.
Que vivamos libres de sufrimiento.

8. Piensa en todas las personas que practican mindfulness o meditación, del tipo que sea, igual que tú.

Que todos seamos felices. Que todos tengamos salud.
Que todos vivamos libres de sufrimiento.

9. Piensa en todos los seres vivos. Plantas y árboles, todos los humanos y los animales terrestres, los peces del mar y las aves en el aire.

Que todos seamos felices, tengamos salud
y vivamos libres de sufrimiento.

10. A medida que te vas acercando al final de esta meditación, recuerda que no estás solo: en cualquier momento, millones de personas están practicando meditación en todo el mundo para gestionar el estrés, abrir sus corazones o conseguir más paz interior y en el mundo que les rodea. Dedícate esta meditación también a ti mismo y a todas las personas del mundo, deseando que sean felices y que no sufran. Mereces ser tan feliz como cualquier otra criatura de este planeta.
11. Cuando estés preparado, pon fin a la meditación.

VARIACIÓN. A algunas personas les gusta encender una vela o poner unas flores o unas piedras bonitas delante para practicar esta meditación de cierre, como si fuese una ceremonia que marca el comienzo de una vida más atenta y presente.

CONSEJO Puedes utilizar esta meditación para cerrar cualquier viaje o proceso significativo de tu vida. La práctica de la bondad en esta meditación resulta especialmente beneficiosa para calmar las emociones difíciles del corazón y fomentar la resiliencia frente a futuros factores estresantes.

Unas palabras para acabar

Gracias por realizar conmigo este viaje hacia el mindfulness. Me siento profundamente honrado de que hayas compartido conmigo este proceso vital y espero que nuestros caminos se crucen en persona algún día.

Recuerda que, por muy malo que sea tu pasado o muy desalentador que parezca tu futuro, no estás solo. Puedes encontrar alivio en el momento presente. Tómate la vida momento a momento, respiración consciente a respiración consciente. La alegría, la paz y la claridad realmente están a tu alcance. Te deseo lo mejor.

TRECE

Estiramientos y yoga atentos

Nuestro cuerpo es nuestro jardín, nuestra voluntad es el jardinero.

WILLIAM SHAKESPEARE

Mover o estirar el cuerpo puede ser una agradable manera de cultivar el mindfulness. El estímulo que recibes de tu cuerpo cuando empiezas a estirarte lentamente ofrece numerosas sensaciones en las que puedes centrar la atención. A muchas personas las ayuda a permanecer atentas al momento presente y sentirse centradas, con los pies en la tierra y conectadas con su cuerpo.

Existen varias maneras de estirarse de forma atenta y presente. Las disciplinas más populares son el yoga, el taichi y el chi kung. Aunque en este libro se incluyen algunas posturas de yoga, puedes practicar la disciplina que más te apetezca.

¿Qué es el yoga atento?

La palabra *yoga* significa «unir». El yoga consiste en unir la mente y el cuerpo. Muchas personas relacionan el yoga con una serie de posturas físicas concebidas para adquirir mayor flexibilidad y, tal vez, favorecer la relajación o la forma física. Sin embargo, la tradición del yoga consiste en desarrollar la plena conciencia, el mindfulness.

En el programa de MBSR, el yoga no se contempla como un ejercicio físico. La atención se centra en la conciencia plena sobre las diversas posturas que se adoptan y sobre la transición de una postura a otra. Puedes concentrarte en:

- Las sensaciones físicas de cada momento.
- La respiración.
- El modo como empieza la mente a pensar en otros temas y recuperas la concentración.
- Las emociones, que sientes en el interior de tu cuerpo físico.
- Tu relación con el proceso de estiramiento: por ejemplo, los juicios que te vienen a la cabeza, las reacciones emocionales mientras mantienes una postura o el deseo de evitar un estiramiento.
- El hecho de percibir y desprenderse de las comparaciones, la competencia y las críticas hacia ti mismo si practicas con otras personas. Percibir y desprenderse del deseo de «hacer», de progresar y de poder adoptar determinadas posturas.

«Sentía verdadera resistencia a la idea de practicar yoga. Sin embargo, cuando lo vi como unos estiramientos atentos, me pareció mucho más asequible. Y ¡realmente puedo hacer algunos!»

Si no te sientes cómodo practicando yoga debido a tus creencias religiosas, no dudes en optar por los estiramientos atentos. Y practica aquellos con los que te sientas más cómodo; no tienen por qué ser posturas de yoga. Este programa no guarda relación con ninguna religión y desea que el proceso esté al alcance de todo el mundo, sean cuales sean tu procedencia o tus capacidades físicas.

Calentamiento suave

Por favor, no olvides consultar con tu médico antes de empezar a practicar cualquiera de las posturas que se indican en este libro, sobre todo si padeces alguna enfermedad. En este caso, te recomiendo que trabajes con un monitor profesional y experimentado, que podrá adaptar los movimientos a tus necesidades.

En ese caso, piensa en la posibilidad de visualizarte en cada postura durante la misma cantidad de tiempo que dedicarías al estiramiento real. Las imágenes activarán las neuronas del cerebro relacionadas con el estiramiento, y existen pruebas de que los músculos correspondientes saldrán reforzados. Este método solo funciona si practicas las visualizaciones de manera regular (varias veces por semana durante al menos varias semanas). Y cuanto más reales sean las imágenes, más eficaz será el resultado.

Lo que nos aporta la investigación:
toma conciencia de tu postura y ¡siéntete estupendamente!

La postura puede ejercer un efecto directo en el estado de ánimo. Si te sientes decaído, prueba a sentarte con la espalda recta, a caminar erguido, no te encojas. Eso podría ayudarte, incluso, a reducir el estrés, porque sentirás que tienes más control. La ciencia parece estar de acuerdo en ello.

Briñol, Petty y Wagner llevaron a cabo un estudio (publicado en 2009 en el *European Journal of Social Psychology*) en el que le pidieron a la mitad de un grupo que se sentase encorvado y a la otra mitad que mantuviese la espalda recta. Las personas que se sentaron erguidas mostraron niveles considerablemente más altos de confianza en ellas mismas en comparación con las que habían permanecido encorvadas. Por lo tanto, no olvides mantener siempre una postura erguida, de pie o sentado, y ¡sobre todo en tu siguiente entrevista o cita!

El yoga como práctica de mindfulness: estar presente en nuestro cuerpo

El yoga es una excelente manera de entrenarse para vivir en el presente. Si practicas con toda tu atención, incluso podrías llegar a experimentar lo que se denomina un «estado de flujo». El flujo es un estado mental en el que te encuentras tan concentrado que solo percibes aquello que estás haciendo (en este caso, yoga). Tener conciencia de la respiración y del cuerpo puede ayudar a crear ese estado de flujo atento. Te olvidas de la lista de la compra o del trabajo que tienes que hacer en el jardín. Incluso te olvidas de un aspecto de la vida que percibes continuamente: tu sentido del yo. Tu atención se centra por completo en el momento. Por lo general, también te olvidas del tiempo, porque tu conciencia está plenamente en el presente.

Ese estado de flujo puedes experimentarlo con frecuencia, a veces o nunca. Lo más importante es no intentar entrar en ningún estado. Simplemente, estás ahí, en el presente, prestando atención con actitud curiosa y abierta, y a ver qué ocurre.

Los árboles pueden enseñarte mucho sobre el yoga y la reducción del estrés. Cuando el viento sacude un árbol, las ramas y las hojas se mueven. No son rígidas. La copa del árbol es lo que más se zarandea. Sin embargo, la base permanece fija y sujeta a la tierra, casi completamente inmóvil, tal como muestra la ilustración anterior.

El yoga es algo similar. Estiras con cuidado los brazos y las piernas después de haber sufrido las sacudidas del estrés de la jornada. La idea del yoga atento es que permanezcas arraigado en la conciencia (el árbol se vendría abajo sin sus raíces, aunque sean invisibles). La conciencia es tu raíz. Y cuanto más tiempo practiques el estado de conciencia en el presente, más profundas serán tus raíces y menos posibilidades tendrás de que los factores estresantes a los que te enfrentes te hagan caer al suelo.

Antes de empezar a practicar yoga, deberías tener en cuenta los siguientes consejos:

- **El objetivo no es ver cuánto puedes estirar.** ¿Consideras que el mejor árbol es aquel que se dobla más? Por supuesto que no. Del mismo modo, el yoga no consiste en comprobar tu grado de flexibilidad. La idea es que empieces con lo que tienes. Aunque después de años practicando yoga continuases siendo igual de flexible que cuando empezaste, eso sería algo que no tendría importancia: ese no es el objetivo. Lo que importa es el nivel de conciencia presente y atenta que consigas poner en la experiencia.
- **La clave del yoga atento consiste en poner la atención en la respiración y las sensaciones corporales.** Ese es el secreto. Presta atención a tu respiración y a tu cuerpo, nada más. La mente se dispersará con pensamientos que incluirán críticas, recuerdos, interpretaciones, ideas, planes, etcétera. Cuando no-

tes que eso ocurre, date cuenta y vuelve a guiar tu atención hacia la respiración y las sensaciones corporales. No es necesario prohibir los pensamientos. Simplemente, percibe que aparecen, sonríe y recupera la concentración

- **El yoga no es una competición.** Una competición implica comparación, juicios y esfuerzo para conseguir un objetivo: compararte con otros o con tus logros pasados. La competición puede generar mucha motivación, pero casi nunca conlleva una reducción del estrés, que es de lo que trata este libro. Ahora mismo no eres lo suficientemente bueno y quieres hacerlo mejor. Entonces, ¿dónde está tu atención? En el lugar adonde quieres llegar, no donde ahora estás. Así no vives en el presente. El yoga atento consiste en dejar de perseguir un objetivo y, simplemente, estar presente.

Imagina que la respiración es un hilo con el que coses el mindfulness a tu práctica de yoga. Después podrás observar de qué modo cambia la respiración con las posturas: una de las posturas puede exigir una respiración más profunda, mientras que otra te hará respirar de manera más superficial. El hecho de mantener las posturas también influirá en tu respiración; obsérvalo con una actitud curiosa.

Cada vez que adoptas una postura de yoga es una oportunidad para descubrir algo nuevo: la relación entre el cuerpo, los pensamientos y las emociones; qué músculos sientes tensos; tu reacción emocional a las sensaciones intensas y los pensamientos que asaltan tu mente.

Si tienes experiencia en la práctica del yoga, puedes realizar posturas más avanzadas. No obstante, incluso los más fieles seguidores de esta disciplina pueden aprender y crecer practicando cada postura con mindfulness, como si fuese la primera vez, con una sensación de novedad y diversión.

¿Quieres asistir a clases de yoga?

Además de aprender algunas posturas básicas en este libro, es posible que te apetezca asistir a clases. Lo que ganas en tal caso es que el profesor puede enseñarte a realizar las posturas y corregir los errores que puedas cometer. Además, practicar en compañía y conocer a gente nueva contribuyen a aliviar el estrés.

Aquí tienes algunos consejos para buscar un buen profesor:

- ¿Tiene experiencia? ¿Cuántos años? ¿Títulos?
- ¿La clase es de relajación y reducción del estrés, o el objetivo es otro? El *hatha* yoga es más lento y presente, pero casi cualquier tipo de yoga se puede enseñar con vistas a la atención plena.
- ¿La clase es adecuada para principiantes o no?
- Si tienes alguna enfermedad, consulta con el profesor por si tuviese que realizar algún ajuste.

Experimentar el yoga (y la vida) con alegría

La alegría, el carácter juguetón, es una actitud mindfulness. Una manera agradable de practicar yoga consiste en hacerlo con esa actitud. Trata de encontrar la alegría en las diferentes poses. Si lo logras, estupendo. Si por cualquier motivo te cuesta sentir alegría, no pasa nada. Es posible que hayas pasado por un estrés considerable que te impida sentir felicidad en este momento. Si es el caso, aporta toda la conciencia atenta y presente que puedas a cada postura y dibuja una suave sonrisa en tu rostro. Las investigaciones sugieren que los nervios de los músculos faciales empezarán a enviar señales a tu cerebro, y te sentirás un poco más alegre.

Cuando eras pequeño, encontrabas alegría en las actividades más sencillas. Aquel niño interior no se ha ido; ese recurso siempre está ahí. Experimenta y vive con curiosidad infantil tu práctica de yoga de hoy, a ver qué ocurre.

La mayoría de los expertos coincide en que el juego contribuye a reducir el estrés no solo de los niños, sino también de los adultos. Una actitud lúdica en un matrimonio es un indicador de que la unión durará más tiempo. Los psicólogos que estudian la felicidad afirman que la alegría es uno de los veinticuatro puntos fuertes más importantes en el ser humano. Si tienes una afición o practicas una actividad solo por diversión, tienes más posibilidades de realizarla con toda la atención presente y, por lo tanto, de reducir el estrés.

Personalmente, sentía una resistencia interior a practicar yoga cuando probé por primera vez en una clase. La primera ocasión en la que disfruté realmente del yoga fue durante mi formación con Jon Kabat-Zinn, el creador del MBSR, para convertirme en profesor de mindfulness. Jon estaba formando a profesores de mindfulness y nos animó a aportar un espíritu de juego y alegría a la práctica del yoga. Nos invitó a imaginar que éramos bebés, tumbados en nuestras cunas, y que estirábamos nuestro cuerpo por primera vez. De ese modo, el proceso me resultó mucho más divertido y sencillo.

PRÁCTICA. Secuencia mini de yoga atento

Pista de audio 9: 10 minutos.

Postura de la montaña

Empieza de pie, en posición erguida. Los dedos gordos de los pies pueden tocarse, pero los talones deben estar ligeramente separados. Si te cuesta mantener el equilibrio, puedes separar un poco más los pies. Tensa los muslos de manera que las rótulas se eleven, pero intenta mantener el abdomen relajado. Percibe una ligera sensación de que te alargas. Bascula la pelvis de manera que el coxis quede alineado con la espalda y el pubis suba. Coloca los hombros hacia atrás y abajo, abriendo el pecho. Asegúrate de que la cabeza está perfectamente equilibrada y centrada sobre el cuello. Siente cada inspiración y cada espiración.

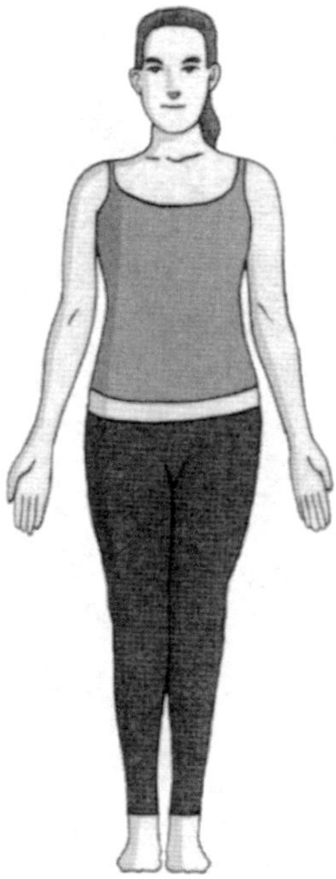

Saludo hacia arriba

Con tu siguiente inhalación, levanta los brazos y estíralos hacia el cielo. Percibe las sensaciones en los brazos y los hombros mientras te estiras. Mantén las palmas de las manos paralelas entre sí, por encima de la cabeza. Inclina la cabeza hacia atrás ligeramente y poco a poco (no la fuerces en una posición incómoda). Estira el coxis como si apuntase al suelo. Continúa respirando con toda tu atención presente manteniendo esta postura durante unas cuantas respiraciones. Espira, baja los brazos a la altura de los hombros y empieza a bajarlos hasta la posición inicial. Mientras lo haces, pasa a la siguiente postura, la flexión hacia delante.

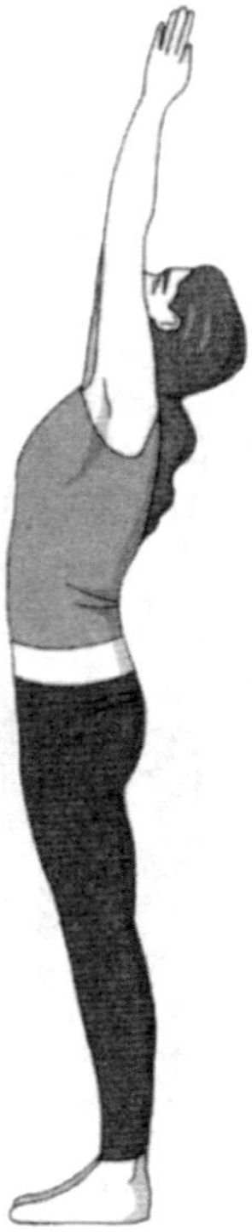

Flexión hacia delante

Mientras espiras, contrae los músculos de los muslos. Mantén las rodillas dobladas ligeramente para protegerte la espalda y flexiona el cuerpo desde la cadera, no desde la cintura.

Siente cómo se libera la respiración y la sensación en las piernas y la espalda mientras vas bajando. Observa hasta dónde puedes llegar.

Relaja la cabeza y el cuello, y deja los brazos sueltos. Continúa sintiendo la respiración y relájate con cada espiración. Si te sientes incómodo, puedes doblar las rodillas un poco más.

Postura de la cobra

Túmbate boca abajo, con las piernas estiradas y los empeines tocando el suelo. Coloca las manos en el suelo a la altura de los hombros. Mantén los codos pegados al cuerpo. Empuja ligeramente con los empeines y los muslos sobre el suelo. Presta atención a la respiración.

Con la siguiente inspiración, empuja lentamente con las manos para elevar el tronco. Sube solo hasta una altura tal que la pelvis y las piernas continúen tocando el suelo. No dejes de sentir cada inspiración y cada espiración. Tira los hombros hacia atrás. Si puedes, distribuye la flexión a lo largo de toda la columna. Tienes que mantener la postura alrededor de diez segundos. A continuación, con la siguiente espiración, baja lentamente hasta el suelo. Puedes repetir la secuencia dos veces más si te apetece.

CONSEJO

La clave de esta postura está en no forzar la espalda. Para comprobar si te estás excediendo, despega las manos del suelo un momento y comprueba si puedes mantener la postura. Recuerda que se trata de centrarse en aplicar la atención plena y consciente para reducir el estrés, no de someter a tu espalda a una tensión física excesiva.

Postura del gato

Postura de la vaca

1. Colócate a cuatro patas con las rodillas por debajo de las caderas. Asegúrate de que los hombros, los codos y las muñecas forman una línea recta. Mantén la cabeza de manera que no mires hacia arriba pero que tampoco quede caída; dirige la vista al suelo. Se trata de una postura recta neutra. Mientras sueltas el aire, arquea la espalda hacia el techo. Puedes bajar la cabeza, pero no es necesario que fuerces la barbilla hacia el pecho. Al inhalar, regresa a la postura neutra y pasa a la postura de la vaca. Siente cómo la respiración expande tu estómago y la parte baja de la espalda. Esta pos-

tura te ofrece una oportunidad única para intentar sentir la respiración en la espalda.

2. Eleva la cadera y el pecho, lo que hará que el estómago baje. Al mismo tiempo, levanta la cabeza de manera que la vista quede al frente.

3. Con la siguiente espiración regresa a la postura del gato.
4. Repite la secuencia entre 10 y 20 veces al ritmo de la respiración, si te sientes cómodo.

CONSEJO	Debes tener cuidado para protegerte el cuello: mantén los hombros hacia abajo, lejos de las orejas.

Postura del niño

Empieza poniéndote de rodillas. Junta los pies y, a continuación, siéntate sobre los talones, que entonces pueden quedar separados más o menos a la anchura de las caderas. Coloca los brazos a los lados del torso, con las palmas de las manos hacia arriba. No dejes de percibir la sensación de la respiración. Cada vez que respires, siente cómo se te relajan los hombros y caen hacia el suelo. Se trata de una postura de descanso, no debes sentir ninguna tensión. Al cabo de un minuto, cuando sueltes el aire, levántate poco a poco.

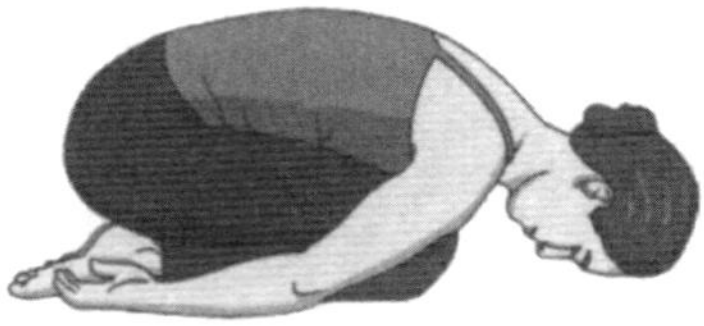

CONSEJO Para que la postura resulte un poco más complicada y el estiramiento más intenso, estira los brazos por delante de ti mientras colocas los hombros hacia atrás y abajo.

Postura del cadáver

Acaba la práctica de yoga de hoy con la postura del cadáver, que se describe en el Capítulo 4.

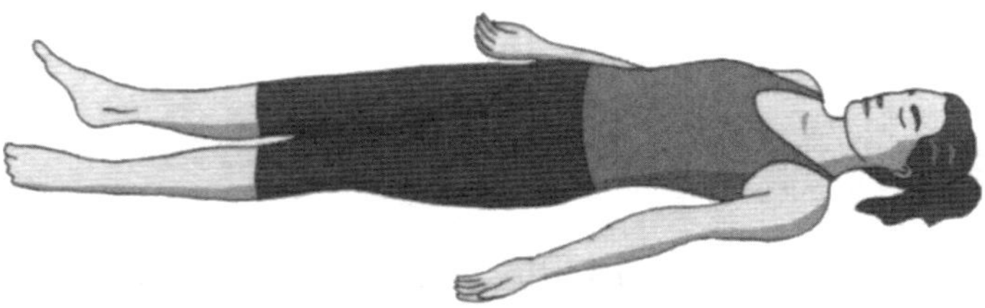

PRÁCTICA. Secuencia completa de yoga atento

Pista de audio 10: 30 minutos.

Si realizas el curso completo de MBSR con este libro, empieza con la secuencia mini que acabamos de ver. A continuación pasa directamente a las posturas de esta sección, que te ocupará otros veinte minutos.

1. Todavía en la postura del cadáver, con la siguiente inspiración pasa los brazos directamente sobre la cabeza y dobla las rodillas en la otra dirección. Inspira y espira; percibe todas las sensaciones en todo el cuerpo. Con la siguiente espiración, vuelve a colocar los brazos a los lados del cuerpo. Respira con atención varias veces.
2. Coloca los pies en el suelo y las rodillas dobladas, mirando al techo. Dobla las rodillas hacia el pecho y sujétate las piernas con las manos. Balancéate suavemente de lado a lado para masajear los músculos de la espalda. Si lo deseas, puedes elevar la cabeza hasta las rodillas. También puedes probar a describir círculos suaves con la espalda. Practica esta postura durante unas cuantas respiraciones y después estira las piernas. Percibe cómo se siente tu cuerpo ahora.

3. Sujétate la rodilla izquierda con las manos y dirígela hacia ti sin forzar. Si deseas intensificar el estiramiento, acércate la cabeza a la rodilla hasta donde te resulte cómodo. Percibe la sensación que te produce el estiramiento. Después de unas cuantas respiraciones, estira la pierna izquierda y repite el proceso con la derecha.

4. Permanece estirado de nuevo con los brazos a los lados. Percibe cómo se siente tu cuerpo ahora; solo estáis tú, tu cuerpo y tu respiración.
5. Eleva las rodillas; sitúa los pies lo más cerca posible de los glúteos. Si lo deseas, ponte una manta bajo los hombros. Mientras espiras, haz fuerza con los pies para despegar del suelo la zona lumbar. Mantén las rodillas por encima de los talones. Hay mucho espacio por encima y por debajo de tu abdomen para respirar: nótalo. Cuando te parezca conveniente, baja muy lentamente. Estira las piernas y toma conciencia de cómo se siente tu cuerpo.

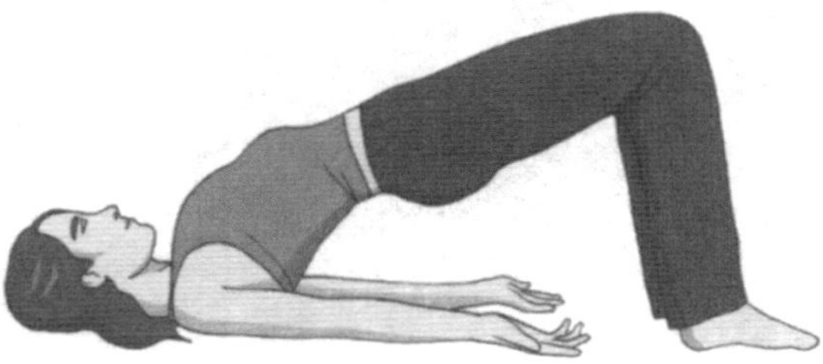

6. Continúa tumbado. Lleva las rodillas hacia el pecho y abrázate las piernas (por debajo de las rodillas) si puedes. Siente unas cuantas respiraciones con toda tu atención. A continuación balancéate de lado a lado o de arriba abajo para masajear la espalda. Si lo deseas, acerca la cabeza a las rodillas con la siguiente espiración. Cuando estés listo, vuelve a estirar las piernas.

7. Tumbado en el suelo, coloca los brazos perpendiculares al cuerpo (como una letra T). Eleva las rodillas sin despegar los pies del suelo. Tensa los músculos abdominales y baja las rodillas lentamente hacia la izquierda. Es posible que la rodilla derecha no pueda bajar del todo; llega hasta donde te resulte cómodo. Al mismo tiempo, gira la cabeza hacia la derecha de manera que tu cuerpo quede un poco «retorcido», tal como se observa en la imagen siguiente. Con cada espiración intenta relajarte de manera que la gravedad intensifique gradualmente la postura. No tienes que forzar nada. Cuando estés listo, vuelve a tensar los abdominales al tiempo que elevas las rodillas y las pasas al lado derecho; la cabeza girará hacia la izquierda. Siente la respiración y deja que la gravedad tire de tus piernas hacia el suelo, pero de forma natural. Después de

«Tengo sobrepeso y nada de flexibilidad, así que nunca pensé ni remotamente en la posibilidad de conseguir nada con el yoga. Sin embargo, con el mindfulness aumentó mi confianza, y empecé a hacer estiramientos y a ejercitar mi cuerpo por primera vez en años.»

varias respiraciones, tensa los abdominales, regresa al centro y estira las piernas.

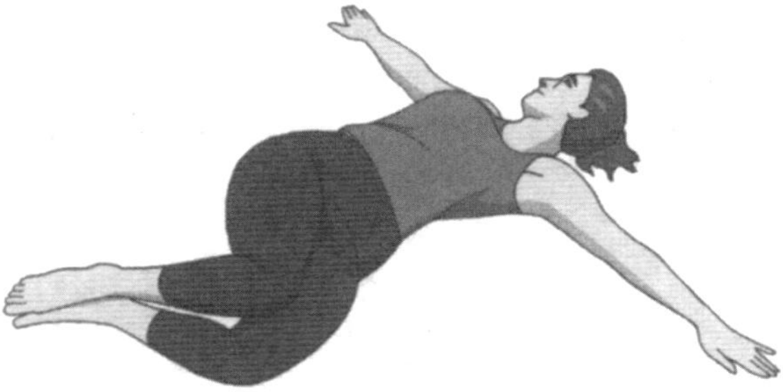

8. Ponte de pie poco a poco y adopta la postura de la montaña. Respira varias veces profundamente y de manera consciente. Deja que la respiración regrese a su ritmo natural. Percibe las sensaciones en tu cuerpo mientras mantienes la postura un minuto, aproximadamente.
9. **Apunta hacia arriba.** Mientras inspiras, levanta los brazos y junta las palmas de las manos de manera que los dedos apunten hacia el techo. Cuanto estés listo, baja los brazos hasta formar una cruz. Mantén esta postura durante unas cuantas respiraciones. A continuación baja los brazos de nuevo para adoptar la postura de la montaña.

10. **Recoge una fruta.** Levanta el brazo izquierdo de manera que quede estirado por encima de tu cabeza; deja el derecho junto al cuerpo. Estira el brazo izquierdo todo lo que puedas, como si intentases recoger una fruta que no está a tu alcance. Para intensificar el estiramiento, apóyate sobre las puntas de los dedos del pie derecho. Siente el estiramiento en la parte izquierda del cuerpo y percibe si el lado derecho se está tensando innecesariamente. Cuando estés listo, baja el brazo izquierdo poco a poco y percibe la sensación, así como la respiración a medida que regresas a la postura de la montaña. Repite el movimiento con el brazo derecho.

11. **Flexión a izquierda y derecha.** Eleva los dos brazos juntos pasando por la posición horizontal y hasta la posición vertical; los brazos deben tocar las orejas y apuntar al techo. Siente el estiramiento. Cuando estés listo, flexiona el tronco ligeramente hacia la derecha. La flexión se realiza desde la cadera, y el cuerpo se doblará para mantener el equilibrio. Mantén la posición; la cabeza debe quedar entre los brazos. Continúa respirando y busca tu límite; no lo superes, pero siente el estiramiento. Después de unas cuantas respiraciones, repite el proceso hacia la izquierda.

12. **Postura de la montaña.** En la siguiente inspiración vuelve a colocar los brazos en la postura de la montaña. Permanece equilibrado y sólido. Percibe qué sientes estando en esta pos-

tura después de realizar los estiramientos. Vuelve a centrar tu atención en el ritmo de tu respiración.

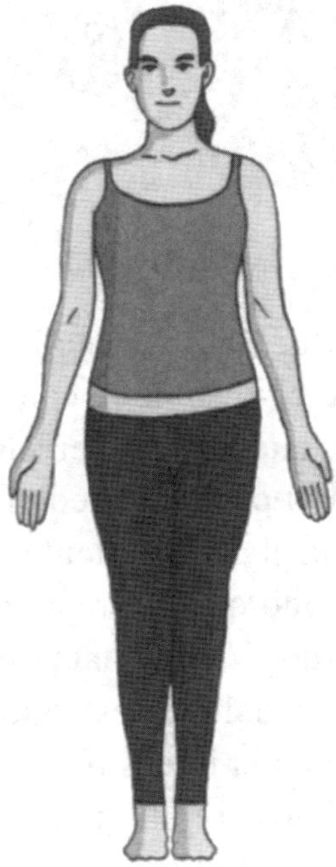

13. **Giros con los hombros.** Cuando estés listo, prueba unos giros con los hombros. Empieza rodando ambos hombros hacia delante; el pecho no debe moverse. A continuación, baja los hombros y después desplázalos hacia atrás. Levanta los hombros hacia las orejas y déjalos caer. Repite el proceso varias veces y después a la inversa: arriba, atrás, abajo y delante. Regresa a la postura de la montaña cuando consideres que has realizado suficientes giros.

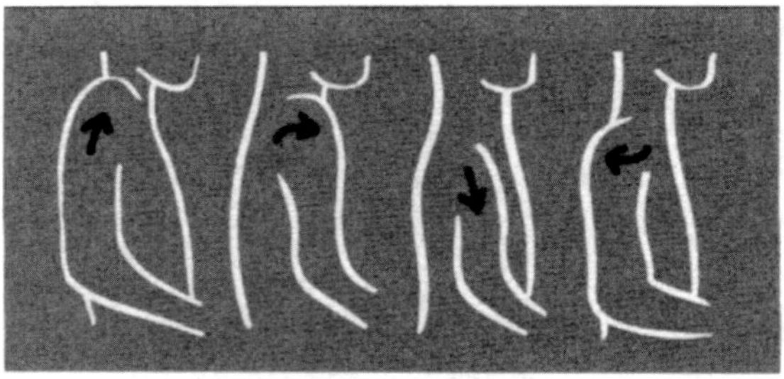

14. **Flexiones de cuello.** Dobla el cuello poco a poco hacia la derecha. Deja que el peso de la cabeza permita el estiramiento, de manera que la oreja derecha se acerque al hombro derecho. Gira el cuello en redondo de manera que la barbilla caiga hacia el pecho. Siente el estiramiento. Continúa el giro de modo que la oreja izquierda quede sobre el hombro izquierdo. Vuelve hacia el hombro derecho y continúa girando el cuello de este modo. Deja que el peso de la cabeza controle la intensidad del estiramiento. Después de varios ciclos, repite el movimiento en sentido contrario. Cuando estés listo, regresa a la postura de la montaña.

15. **Postura de equilibrio.** Con esta conciencia de tu centro de equilibrio, levanta los brazos a los lados de manera que formen una línea horizontal. Si te resulta de ayuda, centra

la atención en un punto en el suelo o en la pared. Forma una cruz con el cuerpo y mantén el equilibrio con el pie derecho. Mientras desplazas todo el peso al pie derecho, levanta el izquierdo poco a poco y colócalo señalando al pie derecho. Es posible que tengas que bajar la pierna izquierda de vez en cuando; también puedes encontrar un punto de equilibrio con la pierna izquierda levantada. De nuevo, cuando estés listo, baja la pierna izquierda y repite el proceso: casi todo el peso en la pierna izquierda y la pierna derecha levantada. Cuando acabes, baja lentamente la pierna y los brazos, al mismo tiempo, y adopta la postura de la montaña.

16. En la **postura de la montaña,** percibe cualquier posible liberación física que se produzca. La sensación de alivio al final de la última postura, los cambios en el ritmo o la profundidad de la respiración, las posibles sensaciones de hormigueo

en el cuerpo... Permanece en esta postura hasta que estés listo y desees moverte.

17. **Mirar a izquierda y derecha.** Coloca las manos en las caderas y gira la cabeza hacia la derecha. Empieza mirando solo con los ojos, y después gira el cuello. Llega hasta donde puedas sin sentir dolor. Relaja los hombros si los notas tensos. Cuanto estés listo, regresa a la posición de partida. Y repite el movimiento a la izquierda, empezando con los ojos y siguiendo con la cabeza. Regresa al centro.

18. **Girar todo el cuerpo a izquierda y derecha.** Repite el proceso mirando a la derecha, pero cuando llegues al punto máximo, continúa el giro desde la cintura y hasta las rodillas y los tobillos. Así, el cuello, la cabeza, la cintura, las rodillas y los tobillos estarán girados al máximo hacia la derecha. Percibe qué músculos participan en la postura y cuáles no.

Explora tus límites. Cuando estés listo, regresa a la posición central y gira a la izquierda todo lo que puedas. Finalmente, deja los brazos sueltos y vuelve a la postura de la montaña.

19. **Postura de la montaña.** Acaba en la postura de la montaña. Percibe cómo te sientes. Toma conciencia de todo tu cuerpo, desde la coronilla hasta los dedos de los pies. Percibe las posibles sensaciones de calor o frío.
20. **Agradece** este tiempo que te has dedicado y da gracias porque este sutil proceso ejercerá un efecto positivo, como una onda, en tu día y en toda tu vida.

Reflexión

¿Cómo has respondido al yoga atento? ¿Qué pensamientos, sentimientos y sensaciones corporales has notado especialmente? ¿Qué efectos positivos crees que te aportaría esta secuencia si la practicases de forma regular? Apunta tus observaciones en el diario.

Recursos

Tu audio de mindfulness

Este libro va acompañado de un conjunto de meditaciones mindfulness guiadas en inglés que puedes descargarte gratuitamente. Visita <www.guilford.com/alidina-materials> para descargarlas en tu ordenador o en tu dispositivo móvil.

Buscar un profesor de MBSR en tu localidad

INTERNACIONAL

Escuela de Medicina de la Universidad de Massachusetts (UMMS): Centro de Mindfulness en Medicina, Cuidado de la Salud y Sociedad

<www.umassmed.edu/cfm>

Para encontrar un profesor de MBSR, puedes empezar por contactar con el Centro de Mindfulness de la UMMS. Es probable que en un futuro próximo incluya una lista en su página web.

España

AEMIND: Asociación Española de Mindfulness

<www.aemind.es>

Asociación sin ánimo de lucro. La página incluye actividades y enlaces, entre otras cosas.

Internet

Muchas listas online no están actualizadas. El mejor método para encontrar un curso de mindfulness en tu localidad consiste en utilizar un motor de búsqueda, como Google. Por ejemplo, si quieres buscar un profesor de mindfulness en San Francisco o en Holborn, teclea «mindfulness holborn»/«mindfulness san francisco» o «mbsr holborn»/«mbsr san francisco». También puedes probar con «mbct holborn»/«mbct san francisco».

Muchos profesores de MBCT (terapia cognitiva basada en el mindfulness) están capacitados para enseñar MBSR. Y los programas son bastante similares.

Es preciso que investigues el currículo de los posibles profesores para poder decidir si te parecen suficientemente cualificados y si tienen la experiencia necesaria. Pregunta con quién se han formado y cuánto tiempo llevan enseñando mindfulness.

Cursos de mindfulness online

<www.shamashalidina.com>

Ofrezco un curso gratuito de veintiún días a modo de introducción al mindfulness en el momento de registrarse en la página web. También es un modo de estar al día de mi trabajo.

<www.livemindfulonline.com>

Este es mi popular curso de mindfulness de ocho semanas, con vídeos y meditaciones descargables en audio.

<www.bemindfulonline.com>
Esta página incluye un curso mindfulness de cuatro semanas.

Páginas web recomendadas

Mindful
<www.mindful.org>
Página bien redactada y diseñada, y revista mensual con las últimas noticias y consejos del mundo del mindfulness. Incluye algunos artículos excelentes de los mejores profesores.

Mindfulnet
<www.mindfulnet.org>
Página con numerosos recursos, enlaces e información sobre mindfulness para gestionar el estrés y el mindfulness en el trabajo.

Greater Good Berkeley Center
<http://greatergood.berkeley.edu>
Una gran página con recursos probados sobre la práctica de la gratitud, el altruismo, la compasión, la empatía, el perdón, la felicidad y el mindfulness. Todas estas cualidades se relacionan con un aumento de la resiliencia frente al estrés.

Action for Happiness
<www.actionforhappiness.org>
Estupenda organización sin ánimo de lucro con abundantes recursos para ayudarte a cultivar tu propia felicidad y ayudar a los demás a ser más felices.

Dalái lama
<www.dalailama.com/messages/compassion>
Fantástico texto escrito por Su Santidad el dalái lama sobre la compasión y el individuo. Estoy seguro de que encontrarás ideas inspiradoras para afrontar tu estrés e incrementar tu felicidad.

American Institute of Stress
<www.stress.org>
Organización sin ánimo de lucro que ofrece información sobre reducción del estrés, estrés en el trabajo, efectos del estrés y otros temas relacionados con el estrés.

Retiros de mindfulness

Dirijo retiros seglares de mindfulness una o dos veces al año. Contacta conmigo si deseas más detalles. También puedes buscar retiros de mindfulness en tu localidad. Cada vez hay más profesores de mindfulness en todo el mundo, de manera que también podría haber alguno en tu localidad.

Las siguientes páginas web incluyen listas de centros que ofrecen retiros de mindfulness. En muchos casos incluyen también enlaces con centros recomendados.

Gaia House, en Devon, Reino Unido
<http://gaiahouse.co.uk>

Spirit Rock, en Woodacre, California
<www.spiritrock.org>

Insight Meditation Society, en Barre, Massachusetts
<www.dharma.org>

Plum Village, en el sur de Francia
<http://plumvillage.org>

Deer Park Monastery
<http://deerparkmonastery.org>

Libros

Mindfulness y bienestar

Alidina, Shamash, *Mindfulness for dummies*, Chichester, West Sussex, Reino Unido, Wiley, 2010.

Brahm, Ajahn, *Opening the door of your heart: And other Buddhist tales of happiness* (nueva ed.), Sídney, Read How You Want, 2010.

Cutler, Howard C. y Dalái lama, *The art of happiness: A handbook for living*, Nueva York, Riverhead Books, 1998 (trad. cast.: *El arte de la felicidad: manual para la vida*, Madrid, Kailas, 2008).

Hanh, Thich Nhat, *Peace is every step: The path of mindfulness in everyday life*, Nueva York, Bantam Books, 1991.

Kornfield, Jack, *A path with heart: The classic guide through the perils and promises of spiritual life*, Londres, Rider, 2002.

Ricard, Matthieu, *Happiness: A guide to developing life's most important skill*, Nueva York, Little, Brown, 2006.

Mindfulness para el estrés

Kabat-Zinn, Jon, *Full catastrophe living: Using the wisdom of your body and mind to face stress, pain, and illness* (ed. rev.), Nueva York, Bantam Books, 2013.

Williams, Mark, y Penman, Danny, *Mindfulness: An eight-week plan for finding peace in a frantic world*, Nueva York, Piatkus, 2011 (trad. cast.: *Mindfulness. Guía práctica para encontrar la paz en un mundo frenético*, Barcelona, Paidós, 2013).

Autocompasión

Germer, Christopher K., *The mindful path to self-compassion: Freeing yourself from destructive thoughts and emotions*, Nueva York, Guilford Press, 2009 (trad. cast.: *El poder del mindfulness. Libérate de los pensamientos y las emociones autodestructivas*, Barcelona, Paidós, 2011).

Neff, Kristin, *Self-compassion*, Londres, Hodder & Stoughton, 2011 (trad. cast.: *Sé amable contigo mismo*, Barcelona, Oniro, 2012).

Salzberg, Sharon, *Loving-kindness: The revolutionary art of happiness*, Boston, Shambhala, 1995.

Gestión del estrés

Alidina, Shamash, *Relaxation for dummies*, Chichester, Wiley, 2012.

Charlesworth, Edward A. y Nathan, Ronald G., *Stress management: A comprehensive guide to wellness*, Nueva York, Atheneum, 2001.

Davis, Martha; Robbins Eshelman, Elizabeth, y McKay, Matthew, *The relaxation and stress reduction workbook*, Oakland, New Harbinger, 2008.

Movimiento consciente

Boccio, Frank, *Mindfulness yoga: The awakened union of breath, body and mind*, Boston, Wisdom, 2004.

Hanh, Thich Nhat, y Vriezen, Wietske Vriezen, *Mindful movements: Ten exercises for well-being*, Nueva York, Parallax Press, 2008.

Si necesitas ayuda urgente

Si te sientes angustiado y no sabes qué hacer, o si tienes ideas suicidas, contacta con Befrienders Worldwide. Se trata de una red de 169 centros de apoyo emocional en 29 países, con enlaces a centros que proporcionan un apoyo esencial y gratuito a personas en crisis. Te escucharán sin juzgarte.

<www.befrienders.org>

Referencias

Capítulo 1

Barnes, S.; Brown, K. W.; Krusemark, E.; Campbell, W. K., y Rogge, R. D., «The role of mindfulness in romantic relationship satisfaction and responses to relationship stress», *Journal of Marital and Family Therapy*, 33 (4), págs. 482-500, 2007.

Borders, A.; Earleywine, M., y Jajodia, A., «Could mindfulness decrease anger, hostility, and aggression by decreasing rumination?», *Aggressive Behavior*, 36 (1), págs. 28-44, 2010.

Carmody, J., y Baer, R., «Relationships between mindfulness practice and levels of mindfulness, medical and psychological symptoms and well-being in a mindfulness-based stress reduction program», *Journal of Behavioral Medicine*, 31 (1), págs. 23-33, 2008.

Creswell, J. D.; Irwin, M. R.; Burklund, L. J.; Lieberman, M. D.; Arevalo, J. M.; Ma, J., y otros, «Mindfulness-based stress reduction training reduces loneliness and pro-inflammatory gene expression in older adults: A small randomized controlled trial», *Brain, Behavior, and Immunity*, 26 (7), págs. 1095-1101, 2012.

Creswell, J. D.; Myers, H. F.; Cole, S. W., e Irwin, M. R., «Mindfulness meditation training effects on CD4+ T lymphocytes in HIV-1 infected adults: A small randomized controlled trial», *Brain, Behavior, and Immunity*, 23 (2), págs. 184-188, 2009.

Csíkszentmihályi, M., *Flow: The psychology of optimal experience*, Nueva York, Harper & Row, 1990 (trad. cast.: *Fluir: una psicología de la felicidad*, Debolsillo, Barcelona, 2008).

Davidson, R. J., «Alterations in brain and immune function produced by mindfulness meditation», *Psychosomatic Medicine*, 65 (4), págs. 564-570, 2003.

DeLongis, A.; Folkman, S., y Lazarus, R. S., «The impact of daily stress on health and mood: Psychological and social resources as mediators», *Journal of Personality and Social Psychology*, 54 (3), págs. 486-495, 1988.

Deyo, M.; Wilson, K. A.; Ong, J., y Koopman, C., «Mindfulness and rumination: Does mindfulness training lead to reductions in the ruminative thinking associated with depression?», *Journal of Science and Healing*, 5 (5), págs. 265-271, 2009.

Farb, N. A.; Anderson, A. K.; Mayberg, H.; Bean, J.; McKeon, D., y Segal, Z. V., «Minding one's emotions: Mindfulness training alters the neural expression of sadness» [corrección a Farb y otros, 2010], *Emotion*, 10 (2), pág. 215, 2010.

Goeders, N. E., «The impact of stress on addiction», *European Neuropsychopharmacology*, 13 (6), págs. 435-441, 2003.

Gregg, J. A.; Callaghan, G. M.; Hayes, S. C., y Glenn- Lawson, J. L., «Improving diabetes self-management through acceptance, mindfulness, and values: A randomized controlled trial», *Journal of Consulting and Clinical Psychology*, 75 (2), págs. 336-343, 2007.

«How stress can cause depression», *ScienceNordic.com*. Consultado en <http://sciencenordic.com/how-stress-can-cause-depression>.

Howell, A. J.; Digdon, N. L., y Buro, K., «Mindfulness predicts sleep-related self-regulation and well-being», *Personality and Individual Differences*, 48 (4), págs. 419-424, 2010.

Jha, A. P.; Stanley, E. A.; Kiyonaga, A.; Wong, L., y Gelfand, L., «Examining the protective effects of mindfulness training on working memory capacity and affective experience», *Emotion*, 10 (1), págs. 54-64, 2010.

Killingsworth, M. A., y Gilbert, D. T., «A wandering mind is an unhappy mind», *Science*, 330 (6006), pág. 932, 2010.

Lieberman, M. D., «Dispositional mindfulness and depressive symptomatology: Correlations with limbic and self- referential neural activity during rest», *Emotion*, 10 (1), págs. 12-24, 2010.

Lucas, M., *Rewire your brain for love: Creating vibrant relationships using the science of mindfulness*, Carlsbad, Hay House, 2012.

Moore, A., y Malinowski, P., «Meditation, mindfulness and cognitive flexibility», *Consciousness and Cognition*, 18 (1), págs. 176-186, 2009.

Parswani, M. J.; Sharma, M. P., e Iyengar, S. S., «Mindfulness-based stress reduction program in coronary heart disease: A randomized control trial», *International Journal of Yoga*, 6 (2), págs. 111-117, 2013.

Perkins, A., «Saving money by reducing stress», *Harvard Business Review*, 72 (6), pág. 12, 1994.

Vøllestad, J.; Nielsen, M. B., y Nielsen, G. H., «Mindfulness- and acceptance-based interventions for anxiety disorders: A systematic review and meta-analysis», *British Journal of Clinical Psychology*, 51 (3), págs. 239-260, 2012.

Zeidan, F.; Martucci, K. T.; Kraft, R. A.; Gordon, N. S.; McHaffie, J. G., y Coghill, R. C., «Brain mechanisms supporting the modulation of pain by mindfulness meditation», *Journal of Neuroscience*, 31 (14), págs. 5540-5548, 2011.

Capítulo 3

Ullrich, P. M., y Lutgendorf , S. K., «Journaling about stressful events: Effects of cognitive processing and emotional expression», *Annals of Behavioral Medicine*, 24 (3), págs. 244-250, 2002.

Capítulo 4

Bjergegaard, M., y Milne, J., *Winning without losing: 66 strategies for succeeding in business while living a happy and balanced life*, Londres, Profile, 2013 (trad. cast.: *Ganar sin tener que perder*, Barcelona, Urano, 2013).

Jain, S.; Shapiro, S. L.; Swanick, S.; Roesch, S. C.; Mills, P. J.; Bell, I., y otros, «A randomized controlled trial of mindfulness meditation versus relaxation training: Effects on distress, positive states of mind, rumination, and distraction», *Annals of Behavioral Medicine*, 33 (1), págs. 11-21, 2007.

Shapiro, S. L.; Carlson, L. E.; Astin, J. A., y Freedman, B., «Mechanisms of mindfulness», *Journal of Clinical Psychology*, 62, págs. 373-386, 2006.

Surawy, C.; Roberts, J., y Silver, A., «The effect of mindfulness training on mood and measures of fatigue, activity, and quality of life in patients with chronic fatigue syndrome on a hospital waiting list: A series of exploratory studies», *Behavioural and Cognitive Psychotherapy*, 33 (1), págs. 103-109, 2005.

Capítulo 5

Joseph, S., *What doesn't kill us: The new psychology of post-traumatic growth*, Nueva York, Basic Books, 2011.

Rosenkranz, M. A.; Davidson, R. J.; MacCoon, D. G.; Sheridan, J. F.; Kalin, N. H., y Lutz, A., «A comparison of mindfulness-based stress reduction and an active control in modulation of neurogenic inflammation», *Brain, Behavior, and Immunity*, 27 (1), págs. 174-184, 2013.

Rozin, P., y Royzman, E. B., «Negativity bias, negativity dominance, and contagion», *Personality and Social Psychology Review*, 5 (4), págs. 296-320, 2001.

Capítulo 6

Farb, N. A. S.; Segal, Z. V.; Mayberg, H.; Bean, J.; McKeon, D.; Fatima, Z., y otros, «Attending to the present: Mindfulness meditation reveals distinct neural modes of self-reference», *Social Cognitive and Affective Neuroscience*, 2 (4), págs. 313-322, 2007.

Killingsworth, M. A., y Gilbert, D. T., «A wandering mind is an unhappy mind», *Science*, 330 (6006), pág. 932, 2010.

Mark, G. J.; Voida, S., y Cardello, A. V., «A pace not dictated by electrons: An empirical study of work without email», en *Proceedings of the SIGCHI Conference on Human Factors in Computing Systems* (CHI '12), Nueva York, págs. 555-564, 2012.

Ophir, E.; Nass, C., y Anthony, D. W., «Cognitive control in media multitaskers», *Proceedings of the National Academy of Sciences USA*, 106, págs. 15583-15587, 2009.

Capítulo 7

A new stress paradigm for women, en <www.apa.org/monitor/julaug00/stress.aspx>.

Aschbacher, K.; O'Donovan, A.; Wolkowitz, O. M.; Dhabhar, F. S.; Su, Y., y Epel, E., «Good stress, bad stress, and oxidative stress: Insights from anticipatory cortisol reactivity», *Psychoneuroendocrinology*, 38 (9), págs. 1698-1708, 2013.

Cannon, W. B., *The wisdom of the body*, Nueva York, Norton, 1939.

«Could stress be good for you?». Investigación que sugiere que el estrés aporta beneficios (TED blog); recuperada de <http://bit.ly/stresscanbegood>.

Holmes, T. H., y Rahe, R. H., «The social readjustment rating scale», *Journal of Psychosomatic Research*, 11 (2), págs. 213-218, 1967.

Keller, A.; Litzelman, K.; Wisk, L. E.; Maddox, T.; Cheng, E. R.; Creswell, P. D., y otros, «Does the perception that stress affects

health matter? The association with health and mortality», *Health Psychology*, 104 (4), págs. 716-733, 2011.
Pace, T.; Negi, L.; Adame, D.; Cole, S.; Sivilli, T.; Brown, T., y otros, «Effect of compassion meditation on neuroendocrine, innate immune and behavioral responses to psychosocial stress», *Psychoneuroendocrinology*, 34 (1), págs. 87-98, 2009.
Selye, H., *The stress of life*, Nueva York, McGraw-Hill, 1956.

Capítulo 8

«Can mindfulness increase our resilience to stress?», archivo de vídeo, en <www.youtube.com/watch?v=ALjF1yb-VLw>.
Creswell, J. D.; Way, B. M.; Eisenberger, N. I., y Lieberman, M. D., «Neural correlates of dispositional mindfulness during affect labeling», *Psychosomatic Medicine*, 69 (6), págs. 560-565, 2007.
«The science of mindfulness meditation», en <http://psychcentral.com/news/2007/06/22/the-science-of-mindfulness-meditation/910.html>.

Capítulo 9

Carney, D. R.; Cuddy, A. J., y Yap, A. J., «Power posing: Brief nonverbal displays affect neuroendocrine levels and risk tolerance», *Psychological Science*, 21 (10), págs. 1363-1368, 2010.
Chapman, S. G., *The five keys to mindful communication: Using deep listening and mindful speech to strengthen relationships, heal conflicts, and accomplish your goals*, Boston, Shambhala, 2012.
Cuddy, A., Your body language shapes who you are, en <www.ted.com/talks/amy_cuddy_your_body_language_shapes_who_you_are>.
Hanh, T. N., *The miracle of mindfulness: An introduction to the*

practice of meditation, Boston, Beacon Press, 1975 (trad. cast.: *El milagro de mindfulness*, Barcelona, Oniro, 2014).
Open up! Writing about trauma reduces stress, aids immunity, en <www.apa.org/research/action/writing.aspx>.
Pennebaker, J. W.; Kiecolt-Glaser, J. K., y Glaser, R., «Disclosure of traumas and immune function: Health implications for psychotherapy», *Journal of Consulting and Clinical Psychology*, 56, págs. 239-245, 1988.
Smyth, J. M.; Stone, A. A.; Hurewitz, A., y Kaell, A., «Effects of writing about stressful experiences on symptom reduction in patients with asthma or rheumatoid arthritis», *Journal of the American Medical Association*, 281, págs. 1304-1309, 1999.

Capítulo 10

Klimecki, O. M.; Leiberg, S.; Ricard, M., y Singer, T., «Differential pattern of functional brain plasticity after compassion and empathy training», *Social Cognitive and Affective Neuroscience*, 9 (6), págs. 873-879, 2104.
Klimecki, O.; Ricard, M., y Singer, T., «Empathy versus compassion: Lessons from 1st and 3rd person methods», en T. Singer y M. Bolz (comps.), *Compassion: Bridging practice and science* (págs. 272-287), 2013, extraído de <www.compassiontraining.org>.
Kok, B. E., y Fredrickson, B. L., «Upward spirals of the heart: Autonomic flexibility, as indexed by vagal tone, reciprocally and prospectively predicts positive emotions and social connectedness», *Biological Psychology*, págs. 432-436, 2010.
Lanxon, N., *Compassion over empathy could help prevent emotional burnout*, en <www.wired.co.uk/news/archive/2012-07/12/tania-singercompassion-burnout> (12 de julio de 2012).
Neff, K., *Self compassion*, Londres, Hodder & Stoughton, 2011 (trad. cast.: *Sé amable contigo mismo*, Barcelona, Oniro, 2012).

Ricard, M., *Empathy fatigue*, en <www.matthieuricard.org/en/blog/posts/empathy-fatigue-2> (9 de octubre de 2013).

Capítulo 11

Aked, J.; Marks, N.; Cordon, C., y Thompson, S., *Five ways to well-being: A report presented to the Foresight Project on communicating the evidence base for improving people's well-being*, Londres, NEF, 2009.

Boehm, J. K., y Kubzansky, L. D., «The heart's content: The association between positive psychological well-being and cardiovascular health», *Psychological Bulletin*, 138 (4), págs. 655-691, 2012.

«Does self-compassion or criticism motivate self-improvement?», en <www.psychologytoday.com/blog/the-science-willpower/201206/does-self-compassion-or-criticism-motivate-self-improvement>.
.

Oman, D.; Thoresen, C. E., y McMahon, K., «Volunteerism and mortality among the community-dwelling elderly», *Journal of Health Psychology*, 4 (3), págs. 301-316, 1999.

«What you need to know about willpower: The psychological science of self-control», en <www.apa.org/helpcenter/willpower.aspx>.

Capítulo 13

Brinol, P.; Petty, R. E., y Wagner, B., «Body posture effects on self-evaluation: A self-validation approach», *European Journal of Social Psychology*, 39, págs. 1053-1064, 2009.

Sobre el autor

Shamash Alidina lleva más de catorce años ayudando a la gente a gestionar el estrés mediante el mindfulness. Es autor del bestseller *Mindfulness for Dummies*. Vive en Londres y enseña mindfulness a profesionales de la salud, *coaches* para ejecutivos y público en general de todo el mundo. También ofrece programas de formación para profesores de mindfulness online. Su página web es <www.shamashalidina.com>.

Lista de pistas de audio

PISTA 1. Two-Minute Mindfulness Exercise (Ejercicio de mindfulness en dos minutos) - 2 minutos (Capítulo 1)

PISTA 2. Opening Awareness Meditation (Meditación para abrir la conciencia) - 10 minutos (Capítulo 4)

PISTA 3. Uncovering Your Intention: Mindful Ocean Visualization (Descubrir tus intenciones: visualización mindfulness del mar) - 10 minutos (Capítulo 4)

PISTA 4. Mindfully Eating an Apple (Comer una manzana de manera atenta y presente) - 10 minutos (Capítulo 4)

PISTA 5. Mindful Belly Breathing (Respiración ventral consciente) - 10 minutos (Capítulo 4)

PISTA 6. Mini-Body Scan Meditation (Minimeditación del escáner corporal) - 10 minutos (Capítulo 4)

PISTA 7. Full Body Scan Meditation (Meditación completa del escáner corporal) - 30 minutos (Capítulo 4)

PISTA 8. Mindful Pause Meditation (Meditación de la pausa atenta) - 3 minutos (Capítulo 5)

PISTA 9. Mini-Mindful Yoga (Yoga atento, secuencia mini) - 10 minutos (Capítulo 6)

PISTA 10. Full Mindful Yoga (Yoga atento, secuencia completa) - 30 minutos (Capítulo 6)

PISTA 11. Mindful Walking (Caminar con mindfulness) - 10 minutos

PISTA 12. Mindfulness of Breath Meditation (Meditación mindfulness de la respiración) - 10 minutos (Capítulo 6)

PISTA 13. Mini-Mindfulness of Breath and Body Meditation (Minimeditación mindfulness de la respiración y el cuerpo) - 10 minutos (Capítulo 7)

PISTA 14. Full Mindfulness of Breath and Body Meditation (Meditación mindfulness de la respiración y el cuerpo completa) - 20 minutos (Capítulo 7)

PISTA 15. Mini-Expanding Awareness Meditation (Minimeditación para expandir la conciencia) - 10 minutos (Capítulo 8)

PISTA 16. Full Expanding Awareness Meditation (Meditación completa para expandir la conciencia) - 30 minutos (Capítulo 8)

PISTA 17. Responding to Stress meditation (Meditación de respuesta al estrés) - 10 minutos (Capítulo 9)

PISTA 18. Mountain Meditation (Meditación de la montaña) - 20 minutos (Capítulo 10)

PISTA 19. Lake Meditation (Meditación del lago) - 20 minutos (Capítulo 10)

PISTA 20. Loving-Kindness meditation (Meditación de la bondad) - 30 minutos (Capítulo 10)

PISTA 21. Silence with a Bell in Between (Silencio con una campanilla intercalada) - 10 minutos en total

PISTA 22. Silence with Bells every 5 Minutes (Silencio con campanillas cada 5 minutos) - 30 minutos en total

PISTA 23. Silence with Bells every 10 Minutes (Silencio con campanillas cada 10 minutos) - 30 minutos en total

PISTA 24. Silence with Bells every 15 Minutes (Silencio con campanillas cada 15 minutos) - 45 minutos en total

Condiciones de uso

El editor original otorga a los compradores de la versión española de *The Mindful Way through Stress* (*Vencer el estrés con mindfulness)* el permiso no atribuible para ver y descargar los archivos de audio ubicados en <www.guilford.com/alidina-materials>. Esta licencia está limitada a ti, el comprador individual, para uso personal. Esta licencia no da derecho a reproducir estos materiales para su venta, redistribución, emisión o cualquier otro fin (incluyendo, pero no limitado a ello, libros, folletos, artículos, cintas de vídeo o de audio, blogs, sitios para compartir archivos, sitios de internet o intranet, e impresos o diapositivas para conferencias, talleres o webinarios, tanto si se cobra una tarifa como si no) en forma de audio o por transcripción. El permiso para reproducir estos materiales para los mencionados propósitos u otros debe ser obtenido por escrito del departamento correspondiente de Guilford Publications.

Impreso en
Limpergraf, S. L.
Barberà del Vallès (Barcelona)